맹지 탈출 노하우

건축과 도로

맹지 탈출 노하우
노하우
건축과
도로

《 개정판 》

서영창 지음

맑은샘

추천사

 건축법은 건축물의 이용자로 하여금 교통상, 피난상, 방화상, 위생상 안전한 상태를 유지·보존케 하기 위하여 건축물의 대지와 도로와의 관계를 특별히 규제하여 도로에 접하지 아니하는 토지에는 건축물을 건축하는 행위를 허용하지 않는 '대지의 접도의무'를 규정하고 있다.

 따라서 도시지역 및 비도시지역 중 읍·동지역은 일부 예외 사유를 제외하고는 건축법 도로에 접하여야 건축물을 건축할 수 있다. 또한 비도시·면지역의 경우에도 대지로의 형질변경을 통해 건물을 건축하고자 하는 경우에는 개발 규모에 따라 폭 4m 이상의 도로에 접하여야만 개발행위허가가 가능하다.

 이처럼 도시지역은 물론이고 비도시지역의 경우에도 도로의 확보 여부는 개발의 성공 여부를 갈음하는 중요한 분수령이 되고 있다. 현재 법원에서 일반인이 허가청 또는 소유자를 상대로 소송을 하고 있는 맹지탈출 사례를 보면 배타적 사용·수익권의 포기 또는 제한에 대한 내용이 대부분이다.

 그런데 허가권자의 재량권 행사와 재판부의 판단은 조금 다른 것 같다. 예를 들어 허가권자는 오랫동안 건축물 진입로로 사용되던 현황도로도 건축법 제2조 1항 11호 나목의 도로지정을 하기 위하여는 경우를 막론하고 모두 현황도로 소유자의 사용승낙이 필요하다고 하고 있다.

 그러나 법원은 건축법 제44조의 접도의무 예외인 '해당 건축물의 출입에 지장이 없다고 인정되는 경우'이거나(대법원 98두18299), 건축법 제45조 1항 단서2호에 의하여 토지소유자의 동의 없이 건축법 도로('조례도로')로 건축허가가 가능하다면서 허가권자가 종합적·재량적 판단을 하라고 한다. 결국 분쟁 해결을 회피하려는 허가권자의 소극행정이 가장 소극적이어야 하는 법원으로 하여금 적극으로 행정에 관여하게 하는 양상이다.

또 대법원은 건축법 지정도로라는 이유만으로는 통행권이 인정되지 않는다고 한다.(대법원 2002다9202) 건축법 지정도로를 통행로로 하여 공사를 하고 있는데 도로 소유자가 도로의 통행을 방해한 경우, 또 주택을 분양하면서 같이 분양되지 않은 진입로의 소유권을 경매로 취득한 사람이 통행을 방해한 경우, 종래 위 대법원의 입장대로라면 건축허가 과정에 있었던 진입로 토지사용승낙서를 찾아내는 등의 특별한 노력이 없다면 건축법 지정도로라는 이유만으로 통행방해금지를 구할 수 없다는 결론에 이르게 된다.(대법원 2002다9202)

이처럼 현황도로는 물론이고 건축법 지정도로의 경우에도 통행권이 인정되는지 여부는 법원을 통해서도 쉽게 판단받기 어려운 문제로써, 결국 진입로 문제의 분쟁 당사자는 토지 전문 유능한 변호사를 찾아 헤매거나 국가 및 지자체가 건축 및 개발행위허가의 진입로를 해결하기 위해 적극행정에 나서길 기대할 수밖에 없다.

이 책은 맹지 여부를 판별하기 위한 건축법 기준을 설명하고, 현황도로의 배타적 사용권의 포기 여부를 찾아 맹지를 탈출하는 방법을 저자가 직접 경험한 구체적인 사례를 통해 설명하고 있다. 또한 이 책은 진입도로의 통행과 관련된 정책적 문제점을 곳곳에서 지적하고 있어 국가의 비법정도로 관리계획수립에도 참고할 만한 내용이 다수 수록되어 있다.

따라서 이 책은 건축허가 및 개발행위허가에서 진입로 문제로 어려움을 겪고 있는 일반인, 허가 관련 공무원, 건축사, 토목기사 등에게 공공시설인 진입로를 찾아내는 데 소요되는 시간과 비용을 줄여주는 훌륭한 지침서가 될 수 있을 것이다.

법무법인 나은
변호사 이 헌 제

이 책을 내고 3년여 동안 많은 상담을 받았다. 의외로 많은 국민이 건축허가 및 개발행위허가의 진입로 때문에 고통을 받고 있다. 이 어려움의 대부분이 도시지역의 골목길과 비도시지역의 마을안길 및 농로에 대한 허가기준 미달과 사용승낙 여부이었다.

법은 온 국민이 지켜야 한다. 또한 사유재산권의 제한은 비례의 원칙이 적용되어야 한다. 이때 국가가 지켜주어야 할 재산권은 현황도로 소유자의 배타적 사용권만이 아니라 그 현황도로를 이용하는 주민들의 이용권(=기득권)도 포함되어야 한다.

그런데 지자체는 법률조문에 명확한 규정이 없으면 지금 허가신청하려는 건축주에게 현행법 기준에 맞추라고 부당한 처분을 하고 있다. 법은 추상적이기 때문에 허가권자의 재량권을 존중할 수밖에 없지만, 국민의 입장에서는 굉장히 억울하다.

건축허가 및 개발행위허가에서의 진입로 기준을 맞추려면 첫 번째가 도로(통로)의 구조·너비기준이고 두 번째가 통행권 확보이다. 그런데 주민들이 오랫동안 마을길로 사용해온 사유도로를 그 소유자가 배타적 사용권을 주장하였을 때에 왜 지자체는 미온적 대응을 하고 있으며 국토부는 왜 그것을 방관하고 있는지 궁금하다.

원래 건축허가 및 개발행위허가에서의 진입로는 '건축물 이용자의 편의 및 긴급차량의 통행로 확보'에 불과한 것인데, 1934년 '조선시가지계획령'에서부터 건축 및 형질변경 법령이 진화하면서 (명확한 규정을 미리 만들지 못해서) 발생되는 사유도로에 대한 분쟁을 국가 및 지자체가 부처 간 협력으로 해결될 수 있는데도, 지금 허가를 신청하는 연약한 국민에게 그 해결책임을 모두 떠밀고 있다.

예를 들어 자연발생적이거나 주민자조사업으로 오랫동안 주민들이 자유롭게 사용해

왔고 허가청에서도 그 현황도로 소유자의 사용승낙 없이 건축법의 진입로 또는 개발행위허가의 진입로로 인정하여 이미 공도公道가 된 마을길을 지금 소유자가 지금 배타적 사용권을 주장하면 허가청은 사용승낙이 필요하다면서 국민에게 떠밀고 있다.

그리고 국토부 및 법원은 지자체에게 종합적 판단을 하라고 미루고 있는데, 지자체가 각종 허가법령의 연혁법과 재산권에 대한 대법원 판례 등을 종합적으로 판단할 능력이 부족한데도 국토부는 일선허가공무원이 사용할 지침서를 만들어주지 않고 있어, 지자체는 사유도로는 원칙적으로 사용승낙이 필요하다고 해석하여, 결국 이미 통행자유권을 가진 주민들만 피해를 보고 있는 현실이다.

그러므로 국토부는 지난 80여 년(1934-2020년) 동안의 연혁법령과 대법원 판결문을 해석하고(대법원 2019.1.24. 선고 2016다264556 전원합의체 판결), 건축허가가 복합민원이 되기 전에 개별법에 의하여 만들어진 현황도로의 배타적 사용권의 포기 또는 제한된 근거를 모으는 작업을 하여야 한다.

즉 합법적으로 개설된 도로는 지자체가 그 배타적 사용권의 제한여부를 전수조사하여, 억울한 소유자는 보호하고 반대로 이미 배타적 사용권을 스스로 포기했다고 법원이 판결한 (유사한) 사례에서는 주민들의 이용권을 보호해야 한다. 특히 이런 현황도로가 개설된 후에 지자체가 그 도로를 유지관리하면서 이용권을 확보한 것도 많은데 이런 정보는 현황도로 이용자에게 제공되지 않고 있다.

지금처럼 민사사안이므로 국가 및 지자체가 개입할 수 없다면서 뒤로 빠져서는 안 된다는 것이다. 지자체는 소유자의 권리도 보호하면서 이용자의 권리도 보호하는 공권력을 가지고 있는데도 혹시 있을지 모르는 두려움 때문에 소극행정을 할 수밖에 없다.

그러므로 허가공무원이 배타적 사용권의 유무에 대하여 적극적으로 재량적 판단을 하였을 때는 면책규정을 국토부가 만들어주어야 한다.

적극행정이란 사유도로를 모두 공도公道로 만들라는 것이 아니다. 지자체가 주민간의 도로 이용권 분쟁해결에 적극 참여하는 것이 결국 국가 및 지자체 발전에 도움이 된다. 이제는 국가-지자체-소유자-이용자의 사회적 합의를 통하여 공공시설인 도로분쟁을 해결하여야 할 것이다.

특히 귀농·귀촌하려는 도시인의 발목을 잡는 사유인 마을길에 대한 분쟁해결은 지역균형발전의 첫걸음이므로 행정안전부도 대법원 전원합의체 판례 법리를 근거로 적극 해결에 참여하여야 한다.

끝으로 필자가 개발 인허가에 대해서 질문할 때마다 자상하게 답변해준 (주)웅진설계 김종수 대표, 유신(주) 이동훈 이사, 이천시 이상훈 팀장(건축사) 그리고 이 책의 감수監修를 위해 애쓰신 법무법인 나은의 이헌제 변호사, 유튜브 동영상 제작에 애쓴 배연자 원장, 고유진 대리에게 감사드린다.

디디알부동산연구원
서 영 창

디디알부동산연구원 www.ddr114.co.kr

차례

PART 1 맹지와 건축법 도로

PART 2 **공도(公道) 찾기와 사용승낙**

PART 3 건축법 도로로 맹지탈출하기

PART 4 현황도로로 맹지탈출하기

06 도시지역(주·상·공)의 현황도로 이용하기

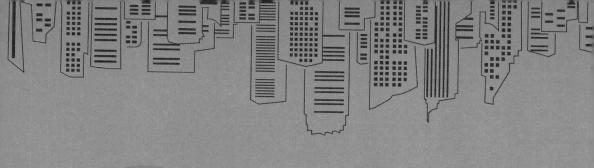

맹지와
건축법
도로

디디알부동산연구원   www.ddr114.co.kr

건축법의 진화 (대지와 도로)

2023.1.8

건축법	44조		제2조 1항 11호				45①	45③	45①	45②	3/5	46조
개정일–시행	접도의무		건축법의 도로				지정공고	도로대장	조례지정	변경폐지	적용제외[1]	건축후퇴
	4M	6M	너비	기능	종류	부칙						
(현행)	2M	4M	4M 이상	보행 차량	법정 지정		이해 동의	사용 동의	건축 심의	이해 동의		4M↓ 중심선 2M
99.2.8. – 99.5.9.		건물 2천[2]					공고[3] 도입	대장 관리	최초 도입			
94.7.21.								법정 양식				
91.5.31. – 92.6.1.		1천 4M					신고 지정					
86.12.31.			지형[4] 곤란									
81.10.8.								지정·대장 비치 의무[5]				
75.12.31. – 76.2.1.		3천 2면	막다른 도로[6]	최초 구분	4m↑ 지정[7]	93누[8] 20023						73.7.1. 4M↓
72.12.30.	전용 도로											
68.2.17.										전체 도로		
67.3.30. – 67.4.30.		1천 특수		예정[9] 도로	현행							
63.6.8. – 63.7.9			4M↓ 지정									3M 미만
62.1.20.	최초 도입		4m 모두	×			위치 지정			사도	도시계획 외지역	

【도로확인】① 토지이용계획(2009.8.13.) ② 도로대장(81.10.8.) ③ 현장조사서 ④ 허가건물 ⑤ 조례

1) 비도시·면지역은 건축법 제44~47조까지 적용하지 않으며, 제5조의 적용완화가 있다.

2) 공장은 3천㎡ 이상임. 99.4.30 건축물 연면적 2천㎡ 이상으로 개정됨(건축법시행령)

3) 부칙〈법률제5895호, 1999.2.8.〉제4조(기존의 도로에 관한 경과조치) 종전의 규정에 의하여 지정된 도로는 제2조제1항제11호 나목의 개정규정에 의하여 지정·공고된 것으로 본다.

4) 지형적 조건 또는 지역의 특수성으로 인하여 자동차통행이 불가능한 도로는 3m

5) 영 제140조 1항에, 이해관계 주민의 동의를 얻어 지정하고, 도로대장 작성의무가 처음 도입되었으나, 그 양식은 90.1.18.신설, 법정양식은 94.7.21. 신설됨.

6) 10m↓,10m~35m↓, 35m이상 : 2m~3m~6m(도시지역이 아닌 읍·면지역은 4m)

7) 4m 이상 도로도 지정해야 건축법 도로가 되고, 사도법의 도로도 건축법의 도로로 규정함.

8) 건축법(법률제2852호) 부칙 ②(기존도로에 대한 경과조치) 이 법 시행당시 종전의 규정에 의한 도로로서 제2조제15호의 규정에 적합하지 아니한 것은 동 규정에 불구하고 이를 도로로 본다.

9) 예정도로로 허가(신고)를 받을 수 있으나, 준공(사용승인) 시는 건축법 기준에 맞아야 한다.

01 맹지盲地란 무엇인가

1 부동산 용어의 이해

우리가 흔히 쓰고 있는 부동산 용어를 대충 이해하고 거래하면 토지 투자에서 낭패를 볼 수 있다. 사실 부동산 규제를 정한 법령에서의 용어 정의가 너무 어려워서 이를 제대로 이해하지 못하고 실제 거래 현장에서 잘못 사용하거나, 반대로 법령의 정의보다 더 구체적으로 사용하기도 한다. 특히 (현황)도로에 관한 용어는 관련법 및 기관에 따라서 조금씩 다르게 사용하고 있으므로 정확한 이해가 필요하다.

(1) 먼저 대지垈地와 대垈는 다른 용어인데 혼용하고 있다. 대지는 건축법에서 정의하고 있고, 대는 「공간정보관리법」(구. 지적법)에서 정의하고 있다.

① 대지垈地란 건축법에서 「공간정보관리법」에 따라 각 필지로 나눈 토지'라고 정의하고 있으나, 둘 이상의 필지를 하나의 대지로 또는 하나의 필지 일부를 대지로 할 수 있기 때문에, 대지垈地란 지목에 구애됨 없이 건축할 수 있도록 허가받은 또는 신고된 특정의 토지라고 이해하여야 한다.

② 대垈란 공간정보관리법에 의한 28가지 지목 중 하나로써, ㉠영구적 건축물 중 주거·사무실·점포 등의 부지와 ㉡국토계획법에 의하여 택지 조성 공사가 준공된 토지를 말한다(공간정보의 구축 및 관리 등에 관한 법률 시행령 제58조 제8호). 그리고 공장 용지, 학교 용지,

주유소 용지, 주차장 용지, 창고 용지, 종교 용지, (지목과 무관하게) 합법적 건축물이 있는 토지, 일부 잡종지(형질변경된 것) 등은 형질이 대(垈)와 비슷한 토지이므로, 추후 위 건축물 용도가 주거·사무실·점포 등으로 변경되면, 별도허가 또는 전용절차 없이 곧바로 지목이 대(垈)로 바뀐다.

(2) 허가와 신고의 차이는 매우 크다. 신고는 법적 기준에 맞으면 수리된다.

① 허가 : 특정인에 한해 특정 조건에 맞으면 허락하는 것. 즉, 법령에 의하여 금지된 행위를 일정한 경우에 해제하여 적법하게 행할 수 있도록 한 행정처분으로 허가권자의 재량권이 있어 불허될 수 있다.(대법원 2004두6181)

② 신고 : 법적 기준에 맞으면 허가권자(=신고수리자)의 재량적 판단으로 불허할 수 없는 행정처분. 즉, 일정한 행위를 하고자 할 때에 승인이나 허가, 인가 등의 절차 없이 단순히 행정관서에 자신의 의무에 의해 알리는 기능을 의미하나, 건축신고는 개발행위허가가 의제되는 경우 재량권이 있어 불허될 수 있다.(대법원 2010두14954 전원합의체)

(3) 또한, 대지(垈地)와 나대지(裸垈地)를 살펴보면, 나대지란 공법상의 제약이나 행정적 규제도 받고 사법상의 제약도 받는 토지로, 건물 등 지상물이 없어 언제라도 최유효이용과 자유로운 이용·수익·처분이 가능한 지목이 '대'인 토지를 말하는데, 실제 현장에서는 개발행위허가로 형질변경이 되지 않았지만, 대지처럼 평평한 토지 또는 지목이 '대'가 아닌 건물이 없는 대지까지도 나대지라고 한다. 즉, 두 용어는 개발행위허가의 난이도에 따라 굉장한 차이가 있을 수 있기 때문에, 토지에 대한 용어의 정확한 개념을 서로 일치시킨 후에 부동산 거래를 해야 안전한 투자가 될 것이다.

(4) 대지와 맹지의 차이는, 대지가 지적도의 지목이 도로인 도로에 접하지 않으면 맹지라고 생각하는데 그렇지 않고 접도의무를 충족하지 못하는 대지는 맹지이다. 구체적으로 보면 ①건축법 기준(너비, 기능, 종류)에 미달한 도로에 접한 토지 ②건축법 도로가 되지 못한 현황도로(위치 미지정 또는 도로대장에 없는 도로)에 접한 토지 ③아예 도로에 접하지 못한 토지(개발행위로 도로를 만들어야 하는 것 포함) 등이 맹지이다.

(5) 법정도로와 비법정도로의 구분이다. 법정도로는 건축법 제2조①항11호 가목의 국토계획법, 도로법, 사도법, 그 밖의 관계법령에 따라 신설·고시된 도로를 말하고, 반면 비법정도로란 자연적 필요에 의하여 만들어진 현황도로(≒사실상도로≒관습상도로) 또는 도로관련법으로 관리하지 못하는 도로를 말한다. 다만, 건축법 제2조1항11호 나목의 도로는 건축법 도로로서 공로이지만(대법원 2008두4008), 사유私有인 경우에는 지자체가 제대로 관리하지 못했는데 전원합의체 판결로 대부분 해결될 수 있다(대법원 2002다9202 → 2016다264556).

(6) 현황現況도로를 서울시 도시계획 용어사전에서는 '도로로 이용은 하고 있지만, 지적도 상에 표기되지 않은 도로'라고 정의하고 있는데, 현황도로에 대한 정의는 각 법령에 따라 다르다. 이 책에서는 넓은 의미로 '아직 건축법 (지정)도로가 되지 못한 보행 또는 자동차 통행의 목적으로 누군가에 의해서 만들어진 모든 사실상 도로(통로)'를 말한다. 반면 개설도로란 각종 도로법령 또는 개발행위허가로 신설되는 기반시설인 도로를 말한다.

(7) 사실상 도로 또는 사실상 통로란 주로 건축법 및 법원에서 사용되는 용어로써, 건축법 도로가 아닌 '실제 이용 상황이 도로'라는 뜻으로 현황도로와 비슷한 개념이다.

(8) 관습상 도로는 민법에서 사용되는 용어로써 주민들이 오랫동안 도로로 사용한 경우 배타적 사용수익권의 포기 여부를 가리기 위한 목적으로 사용되는데, 현황도로와 비슷한 개념이다.

(9) 공도와 사도, 공로의 구분이다. 공도는 소유권이 국가 또는 지방자치단체에 있고, 사도는 소유권이 개인에게 있다. 그리고 공도는 공법용어이고, 공로公路는 주로 민법의 '일반 공중의 통행로'를 말하는데, 이 책에서 공도 또는 공로란 '토지소유자의 동의 없이 누구나 (건축허가 등에) 사용할 수 있는 도로'라는 의미이다.

⑽ 통과도로와 막다른 도로의 차이이다. 통과도로란 그 도로의 지목, 면적, 너비, 허가여부와 상관없이 그 도로가 연속하여 보행과 자동차통행이 가능한 형태로 만들어지고, 그 도로의 양쪽 끝이 (법정 또는 비법정의) 다른 도로에 연결된 도로를 말한다. 반면 막다른 도로란 그 도로의 시작 부분은 도로에 연결되어 있으나, 반대쪽 끝은 도로 아닌 다른 지목(사실상 지목 포함)의 토지에 연결되어 더 이상 보행과 자동차통행이 불가능한 상태를 말한다. 그런데 소규모 골목길은 대부분 막다른 도로이지만, 통과도로인 경우에 건축법 (지정)도로가 아니면 오히려 불이익도 생길 수 있다.

② 맹지 여부를 검토하는 목적

(1) 건축허가를 받기 위하여

토지의 가치를 분석하면서 맹지여부를 판단하는 첫 번째 이유는 건축허가를 받기 위함이다. 국가는 '국토의 효율적 이용'을 달성하기 위하여 건축법의 '건축허가(신고) 제도'를 통하여 국민의 사유재산권私有財産權을 제한하고 있는데, 허가권자가 건축허가를 통하여 얻고자 하는 공익公益은 아래와 같다고 각 국가기관은 유권해석하고 있다. (대지와 도로의 관계)

① 국토부 – 건축행정길라잡이, 2013.12. 국토부 발행. p.323

"이는(=건축허가신청자에게 허가권자가 진입로 확보 의무를 부여하는 이유는) 건축물의 건축 이후 해당 건축물에 주거하는 자가 해당 건축물의 이용에 불편함이 없어야 함은 물론 화재·재난 등의 발생 시 긴급 차량의 진입 등에 지장이 없도록 하여 건축물의 안전 기능의 향상과 공공복리의 증진에 이바지하고자 하는 건축법의 목적에 부합하기 위한 것이며"

② 대법원 – '건축허가 신청 불허가 처분 취소'(1999.6.25. 선고 98두18299 판결)

"건축법에서 위와 같은 건축물 대지의 접도의무를 규정한 취지는 건축물의 이용자로 하여금 교통상·피난상·방화상·위생상 안전한 상태를 유지·보존케 하기 위하여 건축물의 대지와 도로와의 관계를 특별히 규제하여 도로에 접하지 아니하는 토지에 는 건축물을 건축하는 행위를 허용하지 않으려는 데에 있다(91누8319)."

③ 법제처 유권해석

국토해양부 : 건축물의 대지가 반드시 「건축법」상 도로에 접하여야 하는지(「건축법」 제44조 등 관련)

안건 번호 12-0559, 회신 일자 2012.10.31.

"「건축법」 제44조 제1항에서 건축물 대지의 접도의무를 규정한 취지는, 건축물의 이용자로 하여금 교통상·피난상·방화상·위생상 안전한 상태를 유지·보존하게 하기 위하여 건축물의 대지와 도로와의 관계를 특별히 규제하여 도로에 접하지 아니하는 토지에는 건축물을 건축 하는 행위를 허용하지 않으려는 것인바 (대법원 2003.12.26. 선고 2003두6382 판결 및 대 법원 1999.6.25. 선고 98두18299 판결 참조)"

(2) 개발행위허가를 받기 위하여 (기반시설인 도로 확보)

(건축허가를 받으려는) 대지(垈地)가 6가지 지목(대, 공장 용지, 학교 용지, 주차장, 주유소 용 지, 창고 용지)으로 이미 형질변경이 되어 개발행위허가를 받지 않아도 되면서(개발행 위허가 운영지침 1-5-4 (3) ③), 대지가 건축법의 도로(건축법 제2조)에 접해 있으면 건축허 가에 문제가 없으나, 만약 ①대지가 개발행위허가 대상이거나 ②건축법의 도로에 접 해 있지 않거나 ③(접해 있어도) 접도 기준 미달이거나 ④외형상으로는 건축법의 도로 로 보이지만 실제로는 건축법의 도로로 지정되지 않은 사실상의 도로에 접해 있거나 ⑤아예 맹지이면 허가신청자가 도로를 확보해야 한다.

이 경우에 건축법의 허가 기준(=접도의무)에 맞게 진입로를 만드는 것은 허가신청자 의 의무인데, 이때 진입로가 형질변경 대상이면 토지소유자의 동의를 얻어 개발행위 허가를 받아야 하고, 형질변경할 필요 없는 현황도로라면 개발행위허가 절차 없이 그 도로소유자의 '토지사용승낙'을 받아서 건축법 도로로 지정받는 것이 원칙이다.

그런데 건축목적의 개발행위허가는 너비 4m 이상의 진입로가 있어야 하는데, 1천㎡

미만의 단독주택 및 제1종 근린생활시설은 마을안길 또는 농로로 건축허가가 가능하다. 그런데 그 마을길이 사유지인 경우 사용승낙 여부는 대법원이 허가권자에게 여러 사정을 종합적으로 판단하라고 하였는데 (지자체가 정확하지 판단하지 않아) 오히려 주민 간 또는 허가청과 민원인 간에 분쟁이 생기고 있다.

(3) 도로법의 도로 등에 연결허가를 받기 위하여

건축허가의 진입로를 도시계획시설 도로 또는 도로법 도로(국도, 지방도, 시·군·구도 등)에 연결하기 위해서는 도로관리청으로부터 점용(연결)허가를 받아야 하는데, 만약 이 도로법 도로를 통행하는 차량의 안전에 지장을 주는 새로운 진입로의 연결허가는 불가하여 건축허가가 되지 않기 때문에, 사전에 검토하여야 한다.

3 맹지의 종류(사례)

흔히 (대지가 되지 못한) 맹지는 지적도의 도로에 접하지 않는 토지라고 생각하고 있다. 그런데 지적도의 맹지 이외에도 건축법의 맹지, 주차장법의 맹지, 개발법의 맹지가 있다. 맹지의 종류를 하나씩 살펴보자.

맹지의 종류 (사례)

(1) 지적도의 맹지	① 지적도 접도	② 지목/분할/공시	③ 사용승낙
(2) 건축법의 맹지	① 정의(제2조)	② 접도(제44조)	③ 건축물대장(제45조)
(3) 주차장법 맹지	① 부설주차장	② 출입구폭	③ 노외주차장
(4) 개발법의 맹지	① 국토계획법	② 도로법	③ 관련법

(1) 지적도의 맹지

지적도地籍圖란 토지의 소재, 지번, 지목, 경계(땅 모양) 등이 표시된 공부公簿이다. 이 도면에 나타난 토지의 지목 중 '도로道路'가 있는데, 여기서 지목地目이란 공간정보관리법 (구. 지적법)에 의하여 토지의 용도를 28가지로 나눈 것을 말한다.

지적도의 맹지란 ①대지가 도로에 2m 이상 접하지 않았거나 ②접하였어도 그 도로의 너비가 건축법 기준에 미달한 도로이거나 ③도로가 사유이면 사용승낙을 받을 경우가 있는데, 사용승낙을 받지 못하면 결국 건축허가(신고)를 받을 수 없어 그 토지는 사실상 맹지가 되는 것이다. 그러나 지적도의 도로에 접하지 않았어도 맹지가 아닐 수 있다.

지적도의 맹지 ① 【사례 ①】

① 지적도 접도	㉠ 지적도/토지이용	㉡ 현황도로	㉢ 너비미달 도로

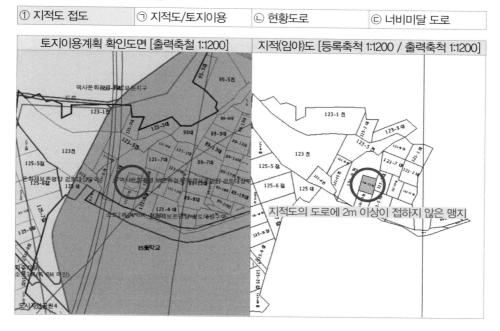

㉠ 이 사례는 부동산종합증명서를 보면 '토지이용계획 확인도면'의 도시계획 도로 또는 '지적도'의 도로에 접하지 않았지만, 불법건축물은 아니고 맹지도 아니다. 골목길(현황도로)이라도 건축법의 막다른 도로 기준에 맞는 통로가 있으면 그 통로를 건축법 도로로 지정하면 건축허가가 될 수 있다. 그러나 전국의 골목길은 대부분 건축법 도로로 지정되지 않아서 사유지이면 분쟁이 있다.

【참고】
그래서 막다른 도로소유자의 동의가 없으면 신축이 되지 않는다고 해석하고 있으나, 건축법 제6조의 '기존 건축물의 특례'로 증개축은 가능해야 한다. 왜냐하면 건축법 제44조1항 단서1호인 접도의무의 예외('해당 건축물의 출입에 지장이 없다고 인정되는 경우')가 되기 때문이

지적도의 맹지 ① 【사례 ②】

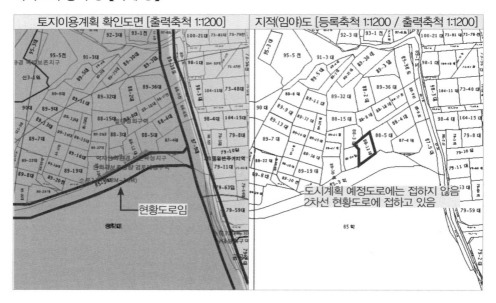

ⓛ 이 사례는 건축법 도로가 아닌 현황도로에 접해 있어도 건축허가가 될 수 있다. 대지와 도시계획시설 도로 사이에 공간이 있다. 이곳은 도시계획시설 도로가 결정되기 전부터 현황도로(건축법 도로로 지정되었으나 그 근거가 없는)가 있었던 곳인데, 그 현황도로 경계와 다르게 도시계획시설 도로가 개설되면서 그 현황도로의 일부가 남게 된 것이다. 이런 현황도로가 국공유지인 경우에는 지자체장이 관리해온 도로이므로 건축허가(신고)에서 그 소유자의 사용승낙을 요구하지 않는다.

또한 사유라도 오랫동안 마을안길로 사용되거나 선행허가에서 배타적 사용·수익권이 제한되었다고 판단하였다면, 이번 허가에서 '해당 건축물의 출입에 지장이 없다고 인정'하여 허가해야 할 것이다.

지적도의 맹지 ① 【사례 ③】

ⓒ 이 사례는 도시지역의 달동네나 비도시지역의 취락지구 내에 있는데, 이런 소규모 골목길은 대부분 막다른 도로로써 건축법 제2조1항11호의 너비기준에 미달되지만 기존 건축물의 개축은 가능하다. 다만, (신청 대지에만) 건축법 제46조의 건축(후퇴)선이 적용되는 것을 유의하여야 한다.

┌───
【참고】
이 골목길의 지목은 '대'이다. 그런데 지자체가 이 골목길의 지목이 도로가 아니기 때문에 소유자의 동의가 없으면 증개축 조차되지 않는다고 하면 건축법 제정 전부터 있었던 건축물의 소유자는 거주지를 잃거나 엄청난 경제적 손실을 입게 될 것이다. 만약 국토교통부 및 법제처도 같은 해석이라면, 국민은 법원에 행정소송 또는 주위토지통행권 소송으로 호소하거나, 국회에 건축법 개정을 요구할 수밖에 없다. 이 엄청난 상황을 현행 건축법 기준에 맞지 않아서 어쩔 수 없다는 지자체와 그런 판단은 지자체가 해야 한다는 국토부의 입장 또는 방관이 정말 안타깝다.
└───

지적도의 맹지 ②

② 지목/분할/공시	⊙ 지목 무관	ⓒ 분할·지목변경	ⓒ 지정·공시

⊙ 건축법의 도로는 지목이 '도로'이어야만 된다는 규정은 건축법에 없기 때문에, 지목과 관계없이 건축법 제2조1항11호의 건축법 도로기준에 맞으면 된다. 이 사례처럼 구도심의 주거지역에는 지적도 및 도시계획 확인도면에 나타나지 않는 현황도로(=사실상 도로)가 많다.

이 현황도로는 건축물의 대지^{垈地}로 진출입하는 사람과 차량의 통행로가 되는데, 이 통로는 지목이 도로가 아니어도 되고, 도로로 사용하는 부분만 토지분할이 되지 않아도 된다고 국토부는 유권해석하고 있다. 그러므로 이런 현황도로가 건축법 기준에 맞으면 건축허가가 될 수 있다. 그러나 건축허가를 받기 위해 대지 또는 진입로를 개발행위로 형질변경할 때에는 진입로의 분할 및 지목변경이 요구된다.

ⓒ 현황도로를 건축법 도로로 지정하려면 분할 및 지목변경은 의무가 아니다. 그런데 지자체는 이런 미흡한 지적^{地籍}을 정리하기 위하여 지금 허가신청자에게 도로소유자의 동의를 받아오라고 요구(행정지도)하고 있다.

– 건축행정길라잡이, p.331(2013.12. 국토교통부 건축행정관)

[문] 건축법상 도로로 지정할 경우 반드시 지적 분할과 지목변경을 하여야 하는지

[답] 건축법상 도로로 지정하고자 할 경우 지적 분할과 지목변경을 의무화하고 있지 아니함.

ⓒ 지목이 도로라도 건축법 도로가 아닐 수 있다. 건축법 도로는 법 제45조에 의하여 지정되어 도로관리대장에 등재되어야 한다. 그러나 건축법 도로로 지정되었는데 그 지정근거가 없거나 공고된 근거가 없는 도로도 많은데, 허가권자는 이런 현황도로는 건축법 도로가 아니라면서 허가신청자에게 사용승낙을 요구하고 있다.

– 건축행정길라잡이, p.45~46

[문] 공간정보관리법(구. 지적법)의 지목이 도로이나 건축법 또는 도로법 등 관계법에서 결정·고시되지 아니한 경우 도로로 볼 수 있는지

[답] 공간정보관리법(구. 지적법)에서 비록 지목은 도로라 하더라도 관계법에서 도로로 결정·고시된 것이 아니고, 시장·군수 등 허가권자가 이를 도로로 지정한 것이 아니라면 건축법상의 도로로 볼 수 없는 것임.

【참고】
현황도로는 모두 현행법 기준에 맞고 사용동의가 필요하다고 해석하나, 건축법 제정 전 그리고 76.2.1. 건축법의 개정·시행 이전에 배타적 사용·수익권이 법으로 제한되거나 스스로 포기한 현황도로 등 대법원 판례 법리에 따라 통행권이 있는 경우에도 국가·지자체는 사유이면 당사자 간에 민법으로 해결하라면서 적극적으로 나서지 않아서 국민의 고통이 큰 실정이다.

지적도의 맹지 ③

③ 사용승낙	㉠ 허가 건축물	㉡ 국공유지	㉢ 배타적 사용·수익권

㉠ 건축허가 및 신고 시에 허가권자가 '건축법의 도로'로 지정한 근거가 있는 도로는 사용승낙이 필요 없지만, 그 지정한 근거가 도로관리대장 등에 없다면 사용승낙이 필요하다고 한다. 그러나 모든 건축허가에서 허가권자는 그 진입로를 건축법 도로로 지정하는 것이 원칙이나 예외도 있으므로, 지금 지정한 근거가 없다고 하여 무조건 사용승낙을 요구해서는 안 되고, 민원인의 정보공개 요청에 적극 응하거나 또는 허가신청 시 도로관련실과의 '실무종합심의회' 등을 통하여 현황도로 소유자의 배타적 사용권이 포기 또는 제한된 근거를 찾기 위한 노력을 하여야 할 것이다.

㉡ 국유지는 그 소재지 지자체가 관리하는데(국가하천 등은 예외), 지목이 도로이면서

오랫동안 주민이 통행로로 사용한 국공유재산은 형질변경이 없다면 사용승낙을 받을 필요가 없고, 지목이 도로가 아닌 현황도로도 그 도로를 이용하여 건축허가(신고)된 사례 등이 있다면 사실상 건축법 도로로 볼 수 있다.

ⓒ 현황도로가 사유私有인데 배타적 사용·수익권이 제한되거나 포기된 도로가 있다. 이런 현황도로 사례는 아주 다양하여 허가권자가 종합적으로 판단하라고 대법원이 유권해석하고 있으므로, 먼저 건축법을 정확히 이해하고 그 현황도로가 왜 만들어졌는지 등을 확인하여 올바로 대처해야 할 것이다.(대법원 2005다31736, 2016다264556)

(2) 건축법의 맹지

건축법의 맹지란 건축법 제44조의 접도의무가 미달하는 상황을 말하는데, ①건축법 도로의 정의(제2조11호)에 맞지 않은 도로 ②제44조의 접도의무가 안 되는 대지 ③건축법의 도로관리대장에 등재되지 않은 '사실상 도로'에 접한 토지는 맹지가 될 수 있다. 건축법 도로의 정의 및 건축허가기준은 다음 절에서 구체적으로 설명하기로 한다.

건축법의 맹지

① 정의(제2조)	㉠ 보행·차량	㉡ 4m↑ (예외)	㉢ 종류(5)
② 접도(제44조)	㉠ 2m(예외)	㉡ 공지	㉢ 연면적2천㎡
③ 대장(제45조)	㉠ 지정도로	㉡ 지정도로 폐지·변경	㉢ 도로대장관리

(3) 주차장법의 맹지

건축법 제44조1항 단서1호에서 '해당 건축물의 출입에 지장이 없다고 인정되는 경우'에 해당되면 건축법 도로가 아닌 현황도로에 접도하여도 건축이 가능할 수 있으나, 주차장법이 적용되는 건축물의 경우에는 주차장법이 요구하는 진입통로 폭을 갖추어야 건축이 가능하다.

주차장법의 맹지

① 부설주차장	차로의 너비가 2.5m 미만인 경우	규칙 제11조
② 출입구 폭	폭 출입구의 너비가 3m 미만인 경우	규칙 제11조
③ 노외주차장	출입구의 너비는 3.5~5.5m 미만의 경우	규칙 제6조

건축법의 접도의무는 건축법 도로에 2m이상을 접해야 하나, 주차장법의 부설주차장의 차로폭을 2.5m로 하고 있으므로(단독주택 및 다세대주택의 부설주차장은 주차장법 시행규칙 제11조 1항 단서에 따라 허가권자가 인정하는 예외가 있음), 건축물의 접도의무는 실제로 2.5~3m 이상 되는 것이 안전하다.

부설주차장 설치기준은 주차장법 시행령 별표1에 규정되어 있고, 시설물의 종류에 따라 지자체조례로 강화 또는 완화할 수 있다.(영 제6조2항) 특히 건축물 용도변경에서는 주차장을 추가로 확보해야 할 경우가 있어 유의하여야 한다.(영 제6조4항)

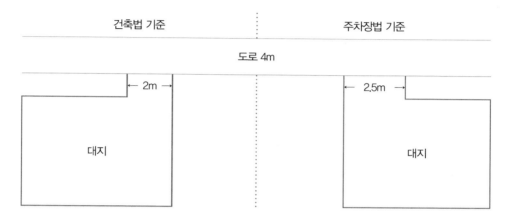

⑷ 각종 개발법의 맹지

개발행위허가에서 허가신청자가 확보해야 할 기반시설인 진입로 규정은 건축법과 많이 다르다. 즉 비도시지역에서 개발행위허가로 만들어진 도로와 건축법 제2조1항11호 가목의 법정도로에 대한 연결규정은 상당히 어렵다.

그러므로 국토계획법을 비롯한 각종 개발법의 기준에 미달하여 맹지가 된 대지의 맹지탈출 방법은 제3장부터 제4장, 제5장에서 자세히 설명하기로 한다.

개발법의 맹지

① 국토계획법	㉠ 허가기준	㉡ 진입도로	㉢ 현황도로	* 개발행위허가
② 도로법	㉠ 도로점용(연결)	㉡ 연결금지구간	㉢ 변속차로	* 기존통로 존치
③ 관련법	㉠ 농어촌도로법	㉡ 택지개발법	㉢ 주택법 등	* 기타 개발법

건축법 도로의 정의
- 건축법 제2조

건축법의 도로란 사람과 차량의 통행이 가능한 폭 4m 이상의 도로를 말한다.

법 조항 살펴보기

건축법 제2조 제1항 제11호 (건축법 도로의 정의)

11. "**도로**"란 보행과 자동차 통행이 가능한 너비 4m 이상의 도로(지형적으로 자동차 통행이 불가능한 경우와 막다른 도로의 경우에는 대통령령으로 정하는 구조와 너비의 도로)로서 다음 각 목의 어느 하나에 해당하는 도로나 그 예정도로를 말한다.

가. 「국토의 계획 및 이용에 관한 법률」, 「도로법」, 「사도법」 그 밖의 관계 법령에 따라 신설 또는 변경에 관한 고시가 된 도로

나. 건축허가 또는 신고 시에 특별시장·광역시장·특별자치시장·도지사·특별자치도지사(이하 "시·도지사"라 한다) 또는 시장·군수·구청장(자치구의 구청장을 말한다. 이하 같다)이 위치를 지정하여 공고한 도로

건축법 도로의 정의 (건축법 제2조 1항 11호)

도로 기능		도로 너비		(건축법) 도로의 종류
① 보행 + ② 자동차	⇨	① 4M 이상(지형곤란3M)	⇨	① 신설·고시된 (법정)도로 4종
모두 통행 가능한		② 막다른도로 2~3~6M		② 허가권자의 (지정)도로 1종
		⇩		└ 5종의 건축법 도로
		2M 이상 접도	⇦	(예정도로 포함)

건축법에의한 도로란 사람과 차량의 통행이 가능한 폭 4m 이상의 도로를 말합니다.

4m이하인 경우에도 차량통행을 위한 도로의 설치가 곤란 하거나 막다른 도로등을 정해진 규정에 충족하면 건축법에의한 도로로 인정될 수 있습니다.

예외 : 비도시 · 면지역

출처: 서울시 도시계획국

1 보·차가 같이 통행할 수 없는 도로에 접한 토지는 맹지이다

① 보행자전용도로는 건축법의 도로가 될 수 없다. (법제처 09-0371)

② 자전거전용도로는 건축법의 도로가 될 수 없다.

출처: 서울시 도시계획국

③ 자동차전용도로에 연결은 원칙적으로 불허이므로 별도 연결허가를 받아야 한다.

맹지와 건축법 도로 ≫

2 너비가 미달된 도로에 접하면 맹지가 된다

건축법 시행령 제3조의3 (지형적 조건 등에 따른 도로의 구조와 너비)

법 제2조 제1항 제11호 각 목 외의 부분에서 "대통령령으로 정하는 구조와 너비의 도로"란 다음 각 호의 어느 하나에 해당하는 도로를 말한다.

① 특별자치시장·특별자치도지사 또는 시장·군수·구청장이 지형적 조건으로 인하여 차량 통행을 위한 도로의 설치가 곤란하다고 인정하여 그 위치를 지정·공고하는 구간의 너비 3m 이상(길이가 10m 미만인 막다른 도로인 경우에는 너비 2m 이상)인 도로

② 제1호에 해당하지 아니하는 막다른 도로로서 그 도로의 너비가 그 길이에 따라 각각 다음 표에 정하는 기준 이상인 도로

막다른 도로의 길이	도로의 너비
10m 미만 10m ~ 35m 미만 35m 이상	2m 3m 6m(도시지역이 아닌 읍 · 면지역은 4m)

① 대지는 너비 4m 이상의 도로에 접해야 하나, 막다른 도로의 길이가 10m 미만이면 너비 2m 이상의 도로에 접해도 된다.

② 막다른 도로가 10~35m 미만이면 3m 이상 도로접

③ 막다른 도로가 35m 이상이면 6m 이상 도로접

④ 지형적 곤란은 너비 3m 이상 도로에 접해도 된다.(10m 미만의 막다른 도로는 2m)

맹지와 건축법 도로

≫

③ 건축법의 도로는 5가지이다

건축법의 도로는 건축법 제2조 1항 11호에 정의되어 있는 아래 5가지로, 현황도로
와 예정도로도 포함된다. 그러므로 예정도로로 허가를 받을 수 있다.

구분	법령	종류	유의
(1) 법정도로	① 국토계획법	도시계획시설(←기반시설)	비도시예외
	② 도로법	국도/지방도/시·군·구도	연결허가?
	③ 사도법	(사도법의) 도로	≠ 사도私道
	④ 기타 관계 법령	농어촌도로 및 기타 (준용)도로	다양함
(2) 지정도로	⑤ 건축법	허가권자가 지정·공고한 도로	도로관리대장

• 사용·형태별 분류
  일반도로,
  자동차 전용도로
  보행자 전용도로,
  자전거 전용도로,
  고가도로,
  지하도로

• 규모별 분류
  광고 > 대로
  > 중로 > 소로

• 기능별 분류
  주간선도로,
  보조간선도로
  집산도로,
  국지도로,
  특수도로

출처: 서울시 도시계획국

접도接道 의무
– 건축법 제44조

1 건축법의 도로 관련 조문 전체를 이해하라

토지개발에 성공하려면 먼저 건축허가, 토목허가, 환경허가에 대한 기본개념을 이해하여야 한다. 물론 개발행위허가 등 토목허가는 토목측량사무실에서 대행해 주고, 건축허가는 건축사무실에서 대행하고 있다.

하지만 건축허가에서 '대지와 도로의 관계'는 건축사나 토목에서 뜻밖에 모르는 경우가 있고, 허가 공무원도 잘못 이해하는 경우가 있다. 물론 허가 조건부 매매인 경우에는 계약 후 허가 신청으로 확인할 시간 여유가 있지만, 당장 허가여부를 확인할 수 없는 거래인 경우에는 계약서에 특약을 잘 넣을 필요가 있다.

즉, 토지 매수자나 허가신청자는 ①건축법의 도로가 무엇이고, ②어떤 경우에는 도로 소유자의 동의가 필요하고, 어떤 경우에는 '도로 소유자의 동의가 필요 없는지'를 정확하게 공부할 필요가 있는 것이다.

건축허가를 받는 데 필요한 '건축법의 도로'에 대해서 정확히 이해하려면, 아래 건축법 조문 및 그에 대한 유권해석을 공부해야 한다.

건축법 조문	키워드
제44조(대지와 도로의 관계)	접도의무
제2조(도로의 정의)	법정(4) 도로·지정도로
제45조(도로의 지정·폐지 또는 변경)	도로관리대장·동의(=사용승낙)·조례도로
제46조(건축선의 지정)	건축 후퇴선
제47조(건축선에 따른 건축 제한)	
제3조(적용 예외) : 44~47조 비적용	비도시·면지역
제5조(적용의 완화)	비도시·읍·동지역

2 건축허가에서 대지(坐地)는 접도의무가 있다

(1) 건축허가 또는 신고에서 도로가 필요한 이유는 건축법 제44조에 규정되어 있다. '건축물의 대지는 건축법의 도로에 2m 이상 접해야 한다.' 그러므로 우리가 건축허가 신청서 또는 신고서를 작성해서 세움터를 통하여 허가 부서에 접수할 때, 이 조건이 충족되어야만 건축허가나 신고가 수리(受理)된다.

> **법 조항 살펴보기** ⚖
>
> **건축법 제44조** (대지와 도로의 관계)
> ① 건축물의 대지는 2미터 이상이 도로(자동차만의 통행에 사용되는 도로는 제외한다)에 접하여야 한다. (이하 단서 생략)

(2) 접도의무란 건축하려는 대지는 4m 이상의 도로에 2m 이상이 접해야 한다는 말이다. 여기서 도로란 건축법의 도로를 말하는데, '자동차만의 통행에 사용되는 도로는 제외한다.'는 것은 자동차전용도로는 건축법의 도로가 될 수 없다는 것이다. 그 이유는 보행(步行)이 안 되기 때문이다.

[그림 1] 건축물 연면적이 2천㎡ 미만인 경우

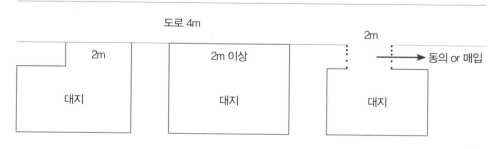

(3) 여기서 2m 이상이 접하지 않은 토지는 어떻게 해야 할까? 도로에 접하는 부분의 토지소유자에게 동의를 얻거나 매입하여야 한다. 또한, 대지가 접한 4m 이상의 도로가 건축법에서 인정하는 도로가 아니라면 어떻게 될까? 우리는 이 도로의 소유자에게 사용승낙을 받아야 한다(대법원 판례 법리에 따른 예외도 있다).

(4) 또한 건축하려는 건축물의 연면적이 2천㎡ 이상이 되면 6m 이상의 건축법 도로에 4m 이상이 접해야 한다. (건축법 제44조 2항 및 시행령 28조)

[그림 2] 건축물 연면적이 2천㎡ 이상(공장 3천㎡)인 경우

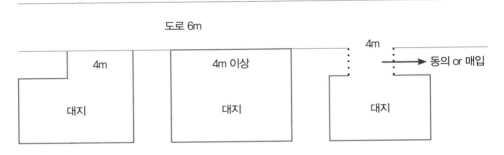

건축법 제44조 (대지와 도로의 관계)
② 건축물의 대지가 접하는 도로의 너비, 대지가 도로에 접하는 부분의 길이, 그 밖에 대지와 도로의 관계에 관하여 필요한 사항은 대통령령으로 정하는 바에 따른다.

건축법 시행령 제28조 (대지와 도로의 관계)
② 법 제44조 제2항에 따라 연면적의 합계가 2천㎡(공장인 경우에는 3천㎡) 이상인 건축물(축사, 작물 재배사, 그 밖에 이와 비슷한 건축물로서 건축 조례로 정하는 규모의 건축물은 제외한다)의 대지는 너비 6m 이상의 도로에 4m 이상 접하여야 한다. 〈개정 2009.7.16.〉

(5) 다가구주택 이상의 건축물인 경우에는 '주택 건설 기준 등에 관한 규정(25~27조) 및 규칙(12조)'을 적용받을 수도 있고, '주차장법 시행 규칙' 제6조 1항 4호에 의하여, 노외주차장 출입구 너비가 3.5m 이상의 진입로가 필요하다. 그러므로 이때는 사실상 접도의무가 3.5m 이상이 된다.

(1) 건축법 제44조에 의해서 '2m 이상 접하지 않아도 되는 경우'가 있다. 여기서 예외란 ①'해당 건축물의 출입에 지장이 없다고 인정되는 경우'와 ②'대통령으로 정하는 공지'가 있는 경우인데,

---

건축법 제44조 (대지와 도로의 관계)   법 조항 살펴보기 ⚖

① 건축물의 대지는 2m 이상이 도로(자동차만의 통행에 사용되는 도로는 제외한다)에 접하여
  야 한다. 다만, 다음 각 호의 어느 하나에 해당하면 그러하지 아니하다.
  1. 해당 건축물의 출입에 지장이 없다고 인정되는 경우
  2. 건축물의 주변에 대통령령으로 정하는 공지空地가 있는 경우
  3. 「농지법」 제2조제1호나목에 따른 농막農幕을 건축하는 경우

건축법 시행령 제28조 (대지와 도로의 관계)
① 법 제44조 제1항 제2호에서 "대통령령으로 정하는 공지"란 광장, 공원, 유원지, 그 밖에
  관계 법령에 따라 건축이 금지되고 공중의 통행에 지장이 없는 공지로서 허가권자가 인
  정한 것을 말한다.

이 조문으로 접도의무를 면제받기는 쉽지 않다. 그러므로 일단 2m 접도의무는 반드시 필요하다고 생각하고 출발하자. 반면, 예외 조항을 잘 살펴보면 왜 접도의무가 있는지 짐작할 수 있을 것이고, 건축법에서 접도의무를 규정한 취지를 이해하면 위 예외 조항도 활용할 수 있을 것이다. (대법원 98두18299, 2003두6382)

(2) 첫 번째, 건축물의 출입에 지장이 없는 경우이다. 지장이 없다는 표현은 굉장히 모호한 표현일 수도 있다. 하지만 지장이 없다고 인정하는 게 허가권자이기 때문에 이 부분이 여러분들이 현장에서 허가를 받을 때 불편을 느끼는 부분이 될 것이다.

예를 들면, 건축허가 제도에서 접도의무를 부여한 목적은 건축물 이용자의 편의와 긴급 시 피난 차량의 원활한 통행이므로, 건축하려는 대지에 보행과 차량의 통행만 할 수 있는 여건만 되면 건축허가를 해 줄 수 있을 것이다.

그런데 건축허가에서 접도의무의 도로(통로)는 건축법 제2조 1항 11호의 도로만을 말하는 것이다.(법제처-16-0162) 즉, 사실상 도로(≒현황도로)로는 접도의무를 다할 수 없어 건축허가가 되지 않으므로, 그 사실상 도로의 소유자의 동의를 얻어서 허가권자가 건축법 도로로 지정하면서 건축허가를 하는 것이 원칙이다.

그런데 기존의 건축허가(신고)에서 접도의무를 제44조 1항 단서의 1호로 예외 처리된 경우 또는 본인의 토지를 진입로로 사용하여 건축법 도로 지정 없이 건축허가가 되는 등의 이유로 건축법 도로로 미지정된 통로를, 타인이 건축허가(신고)를 받기 위해서 그 통로를 이용하려는 경우에 사용승낙이 필요한지에 대한 유권해석이 각 지자체마다 또는 개별사안마다 다르다.

왜냐하면 기존 건축허가(신고) 시 미지정된 그 진입통로 소유자의 배타적 사용·수익권의 포기여부에 대하여 대법원이 '허가권자가 여러 사정을 종합하여 판단하라'고 하였기 때문이다.(대법원 97다52844 등) 그러므로 국토부는 이 판단에 대한 기본 사항 및 예시 등을 업무편람으로 만들어서 허가권자 및 허가신청자를 편안하게 해주어야 한다.

(3) 두 번째, 건축물을 지으려고 하는 대지와 연접해 있는 곳에 대통령이 정한 공지가 있을 때는 (건축법)도로에 2m 이상 접하지 않아도 된다. 대통령이 정하는 공지란 공원, 광장, 유원지 등 건물을 지을 수 없는 땅, 즉 긴급 시 피난 차량이 들어올 수 있도록 오랫동안 건축이 금지되고 통행이 지장이 없는 경우에는 2m 이상 접하지 않아도 된다. 이 조문에 대한 해석도 쉽지는 않지만, 신고 건축물인 경우 건축사, 토목측량사무실 등을 통하여 허가권자를 설득해볼 가치가 있는 조문이다.

(4) 다만, 이때도 대지가 대 등 6가지 지목인 경우에는 가능하지만, 농지 및 산지 전용과 개발행위허가 대상이면 사실상 불가능하다. 그리고 주차장법을 적용하는 건축물이라면 주차장법의 너비 기준도 함께 적용된다.

04 도로의 지정·관리 의무
- 건축법 제45조

1 건축법 도로의 지정 · 공고는 허가권자의 의무이다

(1) 도로 지정에는 이해관계인의 동의가 필요하다

① 허가권자는 신청자로부터 건축허가가 접수되면, 통로(진입로)에 해당하는 부분을 건축법의 도로로 지정할 권리 및 의무가 있다.

② 건축허가 시 대지가 건축법의 도로에 접하면 다시 지정할 필요가 없어 다시 사용승낙(=이해관계인의 동의)이 필요 없지만, 그 도로가 건축법의 도로가 아니면 허가권자는 건축허가가 신청될 때 그 도로 소유자의 사용승낙이 필요한 것이다.

③ 그런데 앞 허가(신고)에서 지정한 근거를 찾을 수 없을 때, 법 제도의 미비가 아닌 허가권자의 단순 누락의 경우에는 지자체장이 책임져야 한다.

④ 또한, 지금이라도 건축법을 개정하여, 분쟁을 지자체장이 스스로 해결할 수 있는 권한(적극행정의 면책규정 포함)을 허가권자에게 구체적으로 부여하여야 한다.

건축법 제45조 (도로의 지정·폐지 또는 변경)   **법 조항 살펴보기**
① 허가권자는 제2조 제1항 제11호 나목에 따라 도로의 위치를 지정·공고하려면 국토교통부령으로 정하는 바에 따라 그 도로에 대한 이해관계인의 동의를 받아야 한다.

(2) 이 법에서 말하는 도로는 건축법의 도로이고, 여기서 도로 지정은 당연히 건축법 도로의 지정이다. 그런데 현장에서는(=건축사, 지자체 공무원 등) 건축허가 시 건축법의 도로로 이미 지정되어 있음에도 불구하고 (도로관리대장에 없으면) 허가 또는 신고 시 다시 지정하기 위하여 허가신청자에게 사용승낙을 받아오라고 하고 있다.

건축법의 도로 지정 시 공고는 언제, 어디에 하는지?　　　　　　　－ 건축행정길라잡이, p.330

[문] 건축법 제45조 제1항에 따르면 동법 제2조 제11호 나목의 도로를 지정·공고하도록 하고, 동법 제2조 제11호 나목에 따르면 건축허가 또는 신고 시 지정하도록 하고 있는데, 공고 절차를 거치면 허가 처리가 지연되지 않는지

[답] 도로 지정은 건축허가 시 동시에 처리되어야 하고, 지정과 동시에 동 도로가 건축법상 도로임을 인접 대지의 이해 관계자 등 일반인에게 알리기 위한 것으로 해당 건축허가와 별도로 시·군·구의 게시판 등에 공고하면 되는 것임. (* 지금은 지자체 홈페이지에 공고함)

---

(3) 이미 지정이 되어 있는데 근거가 없다면서 또 지정하라는 이유는 무엇일까?

① 만약 허가권자(=시장·군수)가 대지에 접한 도로 소유자의 동의를 받아 그 도로를 건축법의 도로로 지정하게 되면 그 토지는 배타적 사용·수익권이 없어지기 때문이다. 즉, 민법 제211조의 배타적 사용·수익권이 없어서 토지소유자 이외에도 건축허가에서 토지 사용승낙 없이 누구나 건축허가의 진입로로 사용할 수 있는 땅이 된다.

법 조항 살펴보기

민법 제211조 (소유권의 내용)
소유자는 법률의 범위 내에서 그 소유물을 사용, 수익, 처분할 권리가 있다.

---

② 그래서 토지소유자는 배타적 사용·수익권의 일부를 (허가권자의 지정 때문에) 일반인에게 빼앗기게 되는 것이므로, 사용승낙을 한 근거가 없는 도로의 소유자는 허가권자에게 '부당이득금반환청구' 소송을 할 수 있게 된다.

③ 최근 지자체가 이러한 소송에 많이 휘말리다 보니, 실제로는 건축법상 도로가 되었지만, 도로로 지정된 근거가 남아 있지 않은 도로는, 나중을 대비하여 허가(신고) 신청자에게 무조건 토지주의 동의를 받아 오라고 하는 것이다. 그러나, 대법원 전원합의체 판결(2016다264556)에 따라 배타적 사용·수익권이 제한된 일반 공중의 통행

로(=공로)는 '토지인도 및 부당이득반환' 청구가 인용되지 않으므로, 주민들의 통행권 보호에 적극적이어야 할 것이다.

건축법의 도로로 지정하려면 왜 국가가 보상하지 않는 것인지? — 건축행정길라잡이, p.332
▣ 도로 부분에 대한 보상은 원칙적으로 국가가 정당한 보상을 하고 도로를 개설하여야 하나, 건축법상 도로의 경우에는 도로 부분이 사용만 제한될 뿐 그 대지의 소유권은 건축주에게 있고, 해당 대지 소유자 등을 포함한 주위에 거주하는 소수 특정인에게만 한정되는 것이므로 시민 전체에게 부담을 지우는 보상은 곤란한 것임.

(4) 이해관계인의 범위에 대해서는 도로의 신설인 경우에는 도로의 소유자만 포함될 것이다. 다만, 현황도로는 토지소유자와 관리자의 동의가 필요할 수 있고, 개설 중인 도로(도로법·도시계획도로, 산지관리법)인 경우에는 시공자 동의가 필요할 수 있다.

(5) 도로 소유자의 배타적 사용·수익권은 보호되어야 한다.
① 지적법의 지목이 도로道路라도 사유私有인 경우에는 (원칙적으로) 그 토지소유자의 동의同意를 받아야 한다.

— 건축행정길라잡이, p.44~45
[문] 지적법의 지목이 도로이나 건축법 또는 도로법 등 관계법에서 결정·고시되지 아니한 경우 도로로 볼 수 있는지
[답] 지적법에서 비록 지목은 도로라 하더라도 관계법에서 도로로 결정·고시된 것이 아니고 시장·군수 등 허가권자가 이를 도로로 지정한 것이 아니라면 건축법상의 도로로 볼 수 없는 것임.

— 건축행정길라잡이, p.45
어느 토지의 일부가 오래전부터 사실상의 도로로 사용되어 왔고 인근 주민들이 그 위에 콘크리트 포장까지 하였더라도 이러한 사유만으로 위 토지 부분이 건축법상의 도로로 되었다고 볼 수 없음. (대법원 판례(1990.2.27. 선고 89누7016)

② 그러나 건축법의 도로로 한번 지정되면, (별도의 폐지절차를 밟지 않았다면) 그 이후

는 토지 사용승낙이 필요 없는 건축법의 지정도로이다(대법원 2008두4008)

③ 도로 소유자가 지자체에 주장할 수 있는 것은, 만약 허가권자가 (토지소유자의 동의 없이) 임의로 제3자인 건축허가신청자 등에게 사용할 수 있도록 건축허가(신고)를 받아준 것은 결국 시장이 (정당한 보상을 하지 않고) 부당 이득을 취한 것이므로, 이에 대한 정당한 보상 요구(사용료 청구)를 할 수 있을 것이다.

④ 1975년 12월 31일 개정되기 이전의 건축법 제2조 제15호에 의하면 '(건축법의) 도로란 폭 4m 이상의 도로'라고 규정하였고, 개정된 부칙 제2조에 의하면 '종전의 도로 중 개정된 기준에 부적합하여도 건축법의 도로'라고 규정되어 있어, 대법원은 '4m 이상의 (현황)도로는 허가권자가 건축법의 도로로 지정된 근거(지정행위)가 없는 사실상 도로라도 건축법의 도로'라고 유권해석하고 있다(93누20023, 95쪽 참조).

법 조항 살펴보기

건축법 시행 1976.2.1. 〈법률 제2852호, 1975.12.31., 일부개정〉

15. "도로"라 함은 보행 및 자동차통행이 가능한 폭 4미터이상의 도로(막다른 도로에 있어서는 대통령령으로 정하는 구조 및 폭의 도로)로서 다음에 게기하는 것의 하나에 해당하는 도로 또는 그 예정도로를 말한다.

부칙 〈법률 제2852호, 1975.12.31.〉

② (기존 도로에 대한 경과 조치) 이 법 시행 당시 종전의 규정에 의한 도로로서 제2조 제15호의 규정에 적합하지 아니한 것은 동 규정에 불구하고 이를 도로로 본다.

---

⑤ 현재 전국적으로 이런 상황에 있는 도시지역의 건축법의 도로가 대단히 많아 토지소유자로부터 부당 이득 반환 청구 소송을 당하고 있는 지자체는 도로관리대장에 등재되지 않은 토지에 대해서는 허가신청자에게 그 책임을 떠밀고 있다.

⑥ 토지의 소유권은 물권物權으로, 사용·수익·처분 권능을 가지지만, 사용·수익 권능 없이 처분권만 가진 물권은 존재할 수 없다고 대법원은 해석하고 있다.(대법원 2017다211528 등) 즉, 건축허가에서 지정된 도로는 다시 사용승낙이 필요 없는 것은 소유권의 채권적 관계이고, (건축법의) 지정되지 않은 도로는 토지소유자가 이용자 또는 허가권자에게 부당 이득 반환을 청구할 수 있다고 법원이 판단할 수도 있어(사례에 따라 다를 것), 진입도로 소유자와의 분쟁은 부동산 전문 변호사와 상담하여야 한다.

(1) '이미 지정된 곳은 다시 지정할 필요가 없다.'고 국토교통부는 유권해석하고 있다. 그러므로 허가(신고) 신청자에게 통로 소유자의 사용승낙을 다시 받아 오라고 하는 것은 큰 잘못이다.

– 건축행정길라잡이, p.45

■ 건축허가 또는 신고 시에 특별시장·광역시장·도지사·특별자치도지사 또는 시장·군수·구청장(자치구의 구청장을 말함)이 위치를 지정하여 공고한 도로는 건축법의 도로이므로, 추후 동 도로를 이용하여 건축허가나 신고가 가능.

(2) 다만 지정도로라 하더라도, 그 도로 부분이 아직 형질변경이 이루어지지 않았을 경우(그 허가신청자가 그 도로를 개발행위허가를 받아서 건축법의 도로로 완성되기 전에) 본인이 먼저 건축물을 준공하여 사용하고자 한다면, 그 통로에 대한 개발행위허가를 받아서 (토목 공사를 하여) 진입로로 만들어야 본인의 건축물의 사용 승인이 되므로, 토지 소유자의 동의가 필요하다.

(3) 허가권자가 건축법의 도로를 지정할 경우 반드시 소유자의 동의가 필요한 것은 아니다. 건축법 제45조 1항 단서에 두 가지의 예외가 있다. 첫 번째 예외는, 도로 소유자가 등의 이해관계인이 해외에 거주해서 연락이 안 되어 사실상 동의받기 어려운 경우 허가권자는 동의 없이 건축위원회의 심의를 거쳐 건축법의 도로로 지정하라고 되어 있다.

① 이 조문은 소유자의 해외 거주뿐만 아니라, 사망(상속인이 없거나 찾기 어려운 경우), 행방불명 등으로 소유자를 찾을 방법이 없는 경우도 포함된다. 이때에는 허가신청자는 물론 허가권자도 이해관계인을 찾는 노력을 해 보고, 찾을 수 없는 경우에는 건축위원회의 심의를 받아 허가하여야 한다.

② 두 번째 예외는, 지자체 조례로 정해진 것에 대해서는 동의 없이 지정할 수 있다.

건축법 45조 1항 단서에 주민이 오랫동안 통행로로 이용했던 사실상 통로는 이해관계인의 동의 없이 건축위원회의 심의를 통해 허가권자가 도로로 지정할 수 있다.

③ 건축법이 지자체 조례로 위임한 이유는, 그 현황도로 소재지 지자체장은 그 사실상 통로(현황도로 등)가 만들어진 상황을 누구보다 잘 알 것이므로, 그 토지소유자의 권리도 보호하되, 사실상 공공시설인 그 도로를 이용하는 주민의 편의 등을 고려하여 합리적으로 판단하라는 것이다. (part 3-09 조례도로 참조)

④ 첫 번째 경우이든 두 번째 경우이든 도로는 공공시설이므로 모두 허가권자의 의무라는 것이다. 그러므로 우리는 건축허가(신고)를 신청하면서 그 진입로인 현황도로가 이미 지난 건축허가에서 지정도로가 된 것 같으나 그 근거가 불분명한 경우 그 현황도로를 건축법 (조례)도로로 지정해달라고 요구할 권리가 있다.

3 도로관리대장에 등재되지 않은 건축법 도로(=공로)도 있다

(1) 도로(관리)대장의 작성의무는 1981.10.8 건축법 시행령에 도입되었으나 법정서식이 없다가, 90.1.18 건설부령에 서식을 정했으나, 94.7.21 서식이 신설되었고, 99년 2월 8일에 현행 서식이 되었다.

(2) 도로관리대장은 지자체 건축과에서 보관 의무가 있는데, 지자체마다 다르지만 1999년 2월 8일 이전 도로대장의 보관 상태는 전국 대부분의 지자체가 미흡한 실정이다.

건축법 제45조 (도로의 지정·폐지 또는 변경) ⚖️ 법 조항 살펴보기

③ 허가권자는 제1항과 제2항에 따라 도로를 지정하거나 변경하면 국토교통부령으로 정하는 바에 따라 도로관리대장에 이를 적어서 관리하여야 한다. 〈개정 2011.5.30., 2013.3.23.〉

(3) 우리가 건축허가(신고)를 받으려면 건축사에게 의뢰하여 (형질변경이 수반되면 토목사무실을 통할 수도 있음) 세움터를 통해서 건축허가 신청서를 접수하게 된다. 이때 건축사가 접수 전에 도로(유무)에 대하여 허가 담당자에게 문의하였을 때에 만약 지정한 근

거가 없거나 도로관리대장이 등재되지 않았다면 큰 문제가 된다. 하지만 국토교통부는 대장에 등재되지 않았어도 적법하게 허가한 건축물이 있다면 지정 행위가 있었던 것으로 판단하여야 한다고 유권해석하고 있다.

(4) 허가된 건축물이 있는데, 그 진입로가 건축법의 도로관리대장에 등재되지 않은 경우에는 다툼이 있다. 그러나 대법원은 한번 도로로 지정되면 다시 지정할 필요가 없는 공도公道가 된다고 해석하므로, 도로관리대장에 없다는 이유로 사용승낙을 받아오라는 것은 허가권자의 재량권 일탈남용에 해당될 수 있다(대법원 91누1776).

(허가권자가) 건축허가나 신고 시에 위치를 지정·공고한 도로는 한 번 도로로 지정되면, 사유지라도 소유자의 배타적 사용·수익권이 제한되어 누구나 사용할 수 있는 준공공시설(=공로)가 되는 것이다.

건축허가에서 도로로 인정받을 수 있는 도로는 ①보행과 자동차 통행이 가능하고 ②너비 4m 이상이면서 ③도로의 종류는 5가지이다. 따라서 이 모든 조건에 맞지 않는 도로(현황도로)에 접해 있는 대지는 맹지이지만, 간혹 맹지가 아닌데 맹지라고 생각할 수 있다. 즉, 어떤 현황도로라도 건축법의 도로로 지정되면(건축법 제2조 1항 11호 나목), 누구나 그 도로를 이용하여 건축허가를 받을 수 있는 공로가 된다.

(1) 다세대주택의 건축허가 시 (현황도로를) 건축법 도로로 지정한 사례 – 현황도로 소유자의 사용승낙(동의)이 필요하고 도로대장에 등재됨.

(2) 제2종 근린생활시설(교회)의 건축허가 시 (현황도로를) 건축법 도로로 지정한 사례
— 현황도로 소유자의 사용승낙(동의)이 필요하고 도로대장에 등재됨.

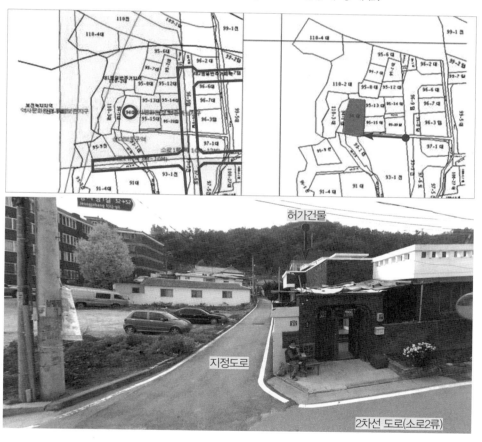

(3) 단독주택 건축신고 시 (현황도로를) 도로로 지정한 사례 – 신축 주택의 진입로

이곳은 현황도로가 생긴 이후에 다시 도시계획도로가 만들어졌는데, 이 (기존)주택의 경우 도시계획도로에 접하지 않았고, 현황도로에 접하여 있다. 그러나 기존의 현황도로(국공유지 포함)가 주변의 주택 허가 또는 신고 시 지정도로가 되었거나, 이미 지정도로의 역할을 하고 있으므로 새로 건축허가를 받는 데 어려움이 없었다.

(4) 현황도로인 막다른 도로에 건축후퇴선이 적용될 사례

구도심의 주거지역에는 지적도 또는 토지이용계획 확인도면에 진입로가 없이 바둑판처럼 대지가 나누어져 있는데, 실제 현장을 가보면 현황도로(=사실상 도로)가 있다. 이런 곳은 본인의 대지에 건축후퇴선을 적용하면 건축신고가 될 수 있다.

【정리】
허가신청자(=투자자)로서 본인의 토지(대지)의 가치를 평가하려면, ①(본인의) 대지에 접한 도로가 있는지 ②(있다면) 건축법의 도로기준에 맞는지 ③건축법의 도로로 지정되었는지 ④(미지정이면) 소유자의 동의를 얻어서 지정해야 한다. ⑤여기서 문제가 되는 것은 분명히 건축법의 도로로 지정된 것인데, 지정된 근거가 도로관리대장에 없다고 하면서, 지금 허가신청자에게 현황도로 소유자의 동의서를 받아오라고 할 때에 우리는 어떻게 할 것인가이다.

(1) 건축법 45조 2항에 의하여, 허가권자는 이미 건축법의 도로로 지정은 물론 도로를 폐지하려면 그 도로 소유자는 물론 특정한 이용자의 동의가 필요하다.

(2) 허가권자는 본인이 지정한 도로라도, 위치를 지정함으로써 그 도로를 이용해서 농사를 짓는 농지 소유자 또는 건축물을 이용하는 자동차 통행자 등이 새로운 이해관계인이 되어야 하므로 임의로 폐지할 수 없고, 그 이해관계인(사용자 포함)의 동의를 받아야 건축법의 도로를 폐지할 수 있다.

> **법 조항 살펴보기** ⚖️
>
> **건축법 제45조** (도로의 지정·폐지 또는 변경)
> ② 허가권자는 제1항에 따라 지정한 도로를 폐지하거나 변경하려면 그 도로에 대한 이해관계인의 동의를 받아야 한다. 그 도로에 편입된 토지의 소유자, 건축주 등이 허가권자에게 제1항에 따라 지정된 도로의 폐지나 변경을 신청하는 경우에도 또한 같다.

(3) 위치가 지정된 도로를 변경하는 경우도 이미 그 도로를 사용하는 모든 이해관계인의 동의가 반드시 필요하다. 이 경우와 민법 제219조의 주위토지통행권으로 내어 준 도로의 위치를 소유자가 바꿀 수 있는 것과 다르다.

(4) 지정·공고된 도로는 목적 사업이 취소되어도 도로이다. 허가권자가 건축법의 도로로 지정한 후에, 그 목적 사업(건축물의 대지로 사용할 부분)의 허가가 취소되어도, 그 진입도로는 건축법의 도로로 보고, 허가권자는 허가신청자에게 별도로 사용승낙(이해관계인의 동의)을 요구할 필요가 없다는 대법원 판결이 있다. (대법원 2008두4008)

> **판례 살펴보기** 🔍
>
> **대법원 2008. 10. 9. 선고 2008두4008 판결 [건축허가무효확인청구]**
> **[판시 사항]** 도로부지 소유자가 건축허가가 취소된 건물을 위하여 도로부지의 지정·공고에 동의하였을 뿐 신축하는 다른 건물의 진입도로로 도로부지를 제공할 의사가 없다고 하더라도, 새로운 건축허가의 무효확인을 구할 원고적격이 없다고 한 사례

(1) 건축주 또는 토지소유자가 건축허가를 위하여 건축법의 도로 지정을 신청하여 허가권자가 건축법에 의하여 적법하게 지정·공고한 도로라도, 지하에 기반시설을 매립할 필요가 있을 때는 다시 동의를 받는다고 해석할 수 있으나, 대법원에서 사용승낙으로 인한 배타적 사용수익권의 제한은 지하에도 영향을 미친다고 해석하기 때문에 (2009다25890) 동의가 필요없다고 해석되어야 한다.

대법원 2009. 7. 23. 선고 2009다25890 판결 [부당이득금] 　판례 살펴보기 🔍

어느 사유지가 종전부터 자연발생적으로 또는 도로예정지로 편입되어 사실상 일반 공중의 교통에 공용되는 도로로 사용되고 있는 경우, 그 토지의 소유자가 스스로 그 토지를 도로로 제공하여 인근 주민이나 일반 공중에게 무상으로 통행할 수 있는 권리를 부여하였거나 그 토지에 대한 독점적이고 배타적인 사용수익권을 포기한 것으로 의사해석을 함에 있어서는, 그가 당해 토지를 소유하게 된 경위나 보유 기간, 나머지 토지들을 분할하여 매도한 경위와 그 규모, 도로로 사용되는 당해 토지의 위치나 성상, 인근의 다른 토지들과의 관계, 주위 환경 등 여러 가지 사정과 아울러 분할 매도된 나머지 토지들의 효과적인 사용·수익을 위하여 당해 토지가 기여하고 있는 정도 등을 종합적으로 고찰하여 신중하게 판단하여야 할 것이고(대법원 97다11829, 97다27114 판결 등 참조). 토지의 소유자가 그 토지에 대한 독점적이고 배타적인 사용수익권을 포기한 것으로 의사해석을 할 경우에 특별한 사정이 없는 한 그 지하 부분에 대한 독점적이고 배타적인 사용수익권도 포기한 것으로 해석함이 상당하다.

---

(2) 지하에 매설한 시설이 공공시설인 경우(상수도관로, 하수도관로, 가스 등)에는 지자체장 또는 (공공시설) 사업자가 토지주에게 보상 협의를 하고 시공하기 때문에, 이런 도로인 경우에는 다시 동의를 받지 않아도 되지만, 현황도로에 개인 건축물 진입로를 연결할 때에는 특히 지난 건축허가에서 이 도로를 건축법 도로로 지정하였지만 그 근거가 없는 현황도로인 경우에는 (수도·가스)사업자 및 지자체가 사용승낙이 필요하다고 할 때가 있다. 그러나 대법원은 '토지의 소유자가 그 토지에 대한 독점적이고 배타적인 사용수익권을 포기한 것으로 의사해석을 할 경우에 특별한 사정이 없는 한 그 지하 부

분에 대한 독점적이고 배타적인 사용수익권도 포기한 것으로 해석함이 상당하다.'(대법원 2009다25890, 2016다264556)라고 판결하고 있다.

(3) 이때 특별한 사정이란 현황도로 소유자가 지상만 동의하거나 특정인에게만 동의한 것을 말한다. 이런 경우에는 분쟁이 생길 수 있으므로 일부 지자체에서는 토지 사용승낙을 받으면서 지하 매설 동의까지 포함하여 받고 있다.

(4) 도로관리대장에 첨부될 이해관계인의 동의서는 법정 양식이 없다. 이제 국토부는 이해관계인의 동의를 받으면서 이런 공공시설까지 매설할 수 있는 권한을 건축주(= 허가신청자)가 가질 수 있도록 법정 양식을 제정해야 하고, 기존의 사용승낙에 의한 (지정) 도로에 대한 통일된 유권해석도 만들어 일선 지자체에 알려야 한다.

7 소송으로 지하에 수도 등 매설하기

법 조항 살펴보기 ⚖

제218조 (수도 등 시설권)
① 토지소유자는 타인의 토지를 통과하지 아니하면 필요한 수도, 소수관, 가스관, 전선 등을 시설할 수 없거나 과다한 비용을 요구하는 경우에는 타인의 토지를 통과하여 이를 시설할 수 있다. 그러나 이에 따른 손해가 가장 적은 장소와 방법을 선택하여 이를 시설할 것이며 타 토지 소유자의 요청에 의하여 손해를 보상하여야 한다.

(1) 주위토지통행권 확인소송은 이웃토지 소유자가 합리적인 요청을 받아들이지 않을 때에 부득이 사용하는 방법으로 주로 지상의 토지에 대한 사용권을 확인하는 것이고, 건축허가 시 또는 시공 시 지하에 수도, 전기, 가스를 매설할 토지에 대한 사용권한을 요구할 때가 있다. 이때 토지소유자와 합리적 대화가 되지 않으면 민법 제218조의 시설권 확인소송으로 해결할 수 있다.

[판결 요지] [1] 민법 제218조 제1항 본문은 "토지 소유자는 타인의 토지를 통과하지 아니하우에는 타인의 토지를 통과하여 이를 시설할 수 있다."라고 규정하고 있는데, 이와 같은 수도 등 시설권은 법정의 요건을 갖추면 당연히 인정되는 것이고, 시설권에 근거하여 수도 등 시설공사를 시행하기 위해 따로 수도 등이 통과하는 토지 소유자의 동의나 승낙을 받아야 하는 것이 아니다. 따라서 토지 소유자의 동의나 승낙은 민법 제218조에 기초한 수도 등 시설권의 성립이나 효력 등에 어떠한 영향을 미치는 법률행위나 준법률행위라고 볼 수 없다.

(2) 다만 과다한 비용이 들어간다고 하여, 상린관계 규정에 의한 수인의무의 범위를 넘는 토지이용관계의 조정을 요구하는 것은 허용되지 않고 사적자치의 원칙에 맡겨야 한다는 유권해석이 있다.(=법원에서 판단(관여)할 수 없다.)(대법원 2010다103086)

[송전선로에대한소유권확인등]

[판결 요지] 인접하는 토지 상호간의 이용의 조절을 위한 상린관계에 관한 민법 등의 규정은 인접지 소유자에게 소유권에 대한 제한을 수인할 의무를 부담하게 하는 것이므로 적용요건을 함부로 완화하거나 유추하여 적용할 수는 없고, 상린관계 규정에 의한 수인의무의 범위를 넘는 토지이용관계의 조정은 사적자치의 원칙에 맡겨야 한다.

그러므로 어느 토지소유자가 타인의 토지를 통과하지 아니하면 필요한 전선 등을 시설할 수 없거나 과다한 비용을 요하는 경우에는 타인은 자기 토지를 통과하여 시설을 하는 데 대하여 수인할 의무가 있고(민법 제218조 참조), 또한 소유지의 물을 소통하기 위하여 이웃토지 소유자가 시설한 공작물을 사용할 수 있지만(민법 제227조), 이는 타인의 토지를 통과하지 않고는 전선 등 불가피한 시설을 할 수가 없거나 타인의 토지를 통하지 않으면 물을 소통할 수 없는 합리적 사정이 있어야만 인정되는 것이다. (중략)

따라서 위와 같은 경우에는 주위토지통행권에 관한 민법 제219조나 유수용공작물의 사용권에 관한 민법 제227조 또는 타인의 토지 또는 배수설비의 사용에 관하여 규정한 하수도법 제29조 등 상린관계에 관한 규정의 유추적용에 의하여 타인의 토지나 타인이 시설한 전선 등에 대한 사용권을 갖게 된다고 볼 여지는 없다.

건축(후퇴)선을 유의하라
– 건축법 제46조

(1) 건축하려는 대지에 접한 도로의 너비가 4m 미만이 될 경우, 허가신청자는 그 부족한 도로너비만큼 건축 경계선을 후퇴하여야 한다. 결국, 건축 후퇴선이란 건축주가 만드는 도로이다. 이 건축선과 도로의 사이에는 건축을 할 수 없고, 대지면적 및 건폐율에도 포함되지 않으므로 유의하여야 한다.(건축법 시행령 제119조 1항 1호 가목)

법 조항 살펴보기

건축법 제46조 (건축선의 지정)

① 도로와 접한 부분에 건축물을 건축할 수 있는 선[이하 "건축선建築線"이라 한다]은 대지와 도로의 경계선으로 한다. 다만, 제2조 제1항 제11호에 따른 소요 너비에 못 미치는 너비의 도로인 경우에는 그 중심선으로부터 그 소요 너비의 2분의 1의 수평 거리만큼 물러난 선을 건축선으로 하되, 그 도로의 반대쪽에 경사지, 하천, 철도, 선로 부지, 그 밖에 이와 유사한 것이 있는 경우에는 그 경사지 등이 있는 쪽의 도로 경계선에서 소요 너비에 해당하는 수평 거리의 선을 건축선으로 하며, 도로의 모퉁이에서는 대통령령으로 정하는 선을 건축선으로 한다.

---

(2) 또한 도로가 교차하는 각지(코너)에는 도로의 너비 및 각도에 따라 적정한 건축 후퇴선이 있다. 자동차 통행에 지장을 최소화하려는 목적이다. 이 도로모퉁이는 대지 면적에 포함되지 않는다.(part 3-02-3. 도시계획시설의 도로 모퉁이 참조)

[그림 3] 중앙선으로부터 양쪽으로 필요 폭만큼 후퇴

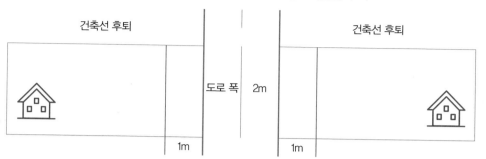

[그림 4] 도로의 좌우 한쪽으로만 필요 폭만큼 후퇴

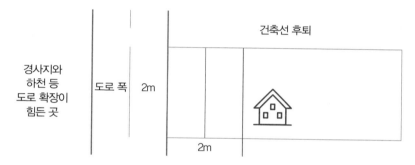

[그림 5] 도로의 코너 부분의 필요 폭만큼 후퇴 (가각 전제)

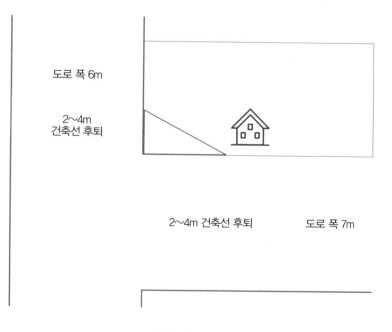

(3) 골목길 등에 건축후퇴선이 적용된 사례

첫번째 건축선 후퇴의 사례는 대지 앞 쪽은 너비 7m의 도시계획 예정도로가 있고, 대지의 뒤에는 길이 35m가 넘은 골목길이 있어 현재 현황도로의 중심선에서 이 대지 쪽으로 너비 3m를 확보해야 하므로, 결국 대지는 상당한 면적이 건축면적에서 제외되므로 이런 대지는 지적도 및 등기부만 보고 가치를 판단하면 안되고, 토지이용계획확인서의 도면과 건축법 제46조의 건축선 후퇴부분까지 감안하여 토지의 가치를 평가해야 한다.

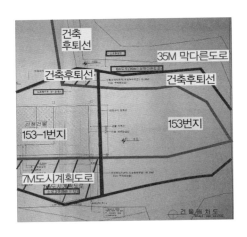

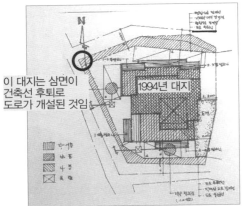

두번째 사례는 1994년 대지에 건축허가를 받으면서 삼면이 건축선 후퇴를 한 곳인데, 토지대장 및 등기부 면적과 건축물대장의 대지면적이 크게 차이가 있다. 즉 후퇴한 면적은 건폐율과 용적률에서 제외되므로 단위면적 당 금액이 높은 곳에서는 큰 손해가 발생할 수 있으므로 유의하여야 한다.

공도 公道
찾기와
사용승낙

디디알부동산연구원 www.ddr114.co.kr

공도¹⁾ 찾는 순서

구분			실제 현황으로 판단²⁾	
1단계 물건조사 (평가)	(1) 대지확인 (진입로)	① 공부확인	토지이용계획	건축법 도로 등재(2009.8.13)
			지자체공고문	도로관리대장 확인(1999.5.9.)
			토지대장(1976.2.1.)	인근 건축물·대장 확인
		② 임장확인	㉠ 중개사의견	㉡ 행복센터·주민소문(정치·포장)
2단계 가치분석	(2) 문제발견	① 현황도로 개설경위³⁾	㉠ 공공개발 ㉡ 지자체포장 ㉢ 장기미집행 ㉣ 마을길·농로 ㉤ 지정누락 ㉥ 통행자유권	
		② 통행권 확인	사실상 도로 현황파악(*택지분양, 분할·양도)	
			㉠ 막다른도로 ㉡ 마을간 연결 ㉢ 지목만 도로	
	(3) 추가조사	① 정보공개	건축허가서(옆포함)의 현장조사서(건물배치도)	
			도로명주소대장 확인 (2021.6.9. 전부개정)	
		② 전문가 확인	㉠ (형질변경·경계측량)개발행위허가 용역업체	
			㉡ 공공개발(포장), 농어촌도로 지정 확인 등	
3단계 허가(신고) 신청 전	(4) 대면상담	건축허가 담당 등	지정도로 → (44조)접도예외 → (45조)조례도로등	
			현황도로 시청의견 (99.5.9.~94.7.21~81.10.8)	
			* 지자체 건축조례 도로지정 가능성 검토	
	[컨설팅] 허가청의 공식 의견에 따른 반박 ① 법조문 ② 유권해석 ③ 판례			
	(5) 서면질의	① 허가권자	의견첨부(보고서 수준)·복합민원팀 질의	
		② 국토부	질의회신집(해설집) 및 기존질의 첨부	
		③ 법제처	행정부 질의회신 및 유권해석 신청(판례첨부)	
	(6) 사전심사	민원처리법 제30조(사전심사), 건축법 제10조(사전결정) 토지인허가간소화법 제9조(사전심의)		
4단계 허가(신고) 신청 후	(7) 보완⁴⁾	① 현황도로 사용승낙⁵⁾	접도의무예외 (농업)기반시설 (법정)지역권	
			국(공)유지 협의 등 허가조건에 미달된 경우⁶⁾	
			개발행위허가기준 미달인 경우(기존도로대체)	
		② 지정요청	조례 지정기준에 충족/미달하는 경우⁷⁾	
			장기미집행 (사후신고) '06.5.8 용도지역상향	
		③ 사전컨설팅	상급기관 사전컨설팅 신청 행정기본법 원칙	
	(8) 불허, 반려	① 이의신청	처분 받은 날부터 30일 이내(2023.3.24.시행)	
		② 행정심판	90일이내 (http://www.simpan.go.kr/)	
		② 행정소송⁸⁾	90일이내 (서울행정법원 홈피참조)	
		③ 기타	고충민원(국민권익위원회 홈피참조)	
통행방해	도로훼손	형법 제185조(일반교통방해죄)		통행방해금지가처분

1) 허가권자는 건축법의 도로로 위치를 지정·공고하려면 이해관계인의 동의를 받아서, 도로관리대장을 작성하여야 한다. 지정한 도로를 폐지하는 경우도 같다.(건축법제45조)
2) 판단기준 ①사용승낙 ②유일한(접도·긴급차량통행) ③배타적 사용권 제한(공익>사익)
3) 도시계획 조례와 허가권자의 종합적 판단 권한(재량) : 대법원 전원합의체 판결 등
4) (세움터) 반드시 문서로 법률적 근거제시 요청할 것(관련실과 협의내용 전부공개요청)
5) 민법211조(배타적 사용·수익권)의 행사제한의 법리(2016다264556), 통행권 등 대체수단
6) 국·공유지 매수신청/대부계약/사용승낙(공공기관협의) 여부(주위토지통행권 판례활용)
7) 지자체 건축조례/도시계획조례에 따라 다름(공공성·공익성 등 배타적 사용·수익권 포기)
8) 형질변경(개발행위허가 및 전용)을 수반한 건축허가(신고)는 재량행위이고(대법원 2004두6181), 허가권자의 재량권 일탈·남용의 증명책임은 허가신청자에게 있다(대법원 2015두41579).

01 공도^{公道} 찾는 순서

1 공부^{公簿} 확인 및 임장활동이 공도찾는 첫번째이다

(1) 허가신청자는 건축법의 접도의무를 다하기 위하여 도로를 확보하거나 현황도로 소유자의 동의(=사용승낙)를 받아야 한다. 그런데 이 현황도로가 이미 누구나 자유롭게 사용할 수 있는 배타적 사용·수익권이 제한된 공로라면 그 소유자가 개인이든 국가이든 동의가 필요 없다.(단 확·포장을 위해 개발행위허가를 받는 경우 제외)

대지에 접한 도로가 건축법의 도로(=공도)인지 판단하는 첫 번째는, 대지와 도로가 접한 상황에 대한 공부^{公簿} 및 임장 확인이다. 이때 중요한 것은 대지 및 도로의 형질변경 여부이다.

왜냐하면, 대지의 지목이 대^垈 등 6개 지목이 아니어서 형질변경^{形質變更}을 이유로 개발행위허가를 받아야 한다면, 그때는 건축허가 기준보다 엄격한 국토계획법에 의한 개발행위허가 기준 및 기반시설의 확보 기준에 맞아야 하기 때문이다.

(2) 건축법 도로가 지정되는 순서를 이해하면 건축법 도로(=공도)를 찾기 쉬울 것이

다. 공부公簿로 건축법 도로 여부를 확인하려면, 다음 4가지 공부公簿를 확인해야 한다.

건축법 도로(=公道)가 지정되는 순서		건축법 지정도로(=公道) 찾는 순서	
1	허가신청서 제출(신청자 의무) • 접도의무(배치도) – 건축사(세움터) • 진입로: 이해관계인 동의(사용승낙)	1	토지이용계획확인서 확인(2009.8.13.)
		2	홈페이지 지정공고문 확인(93~2003) 개별·총괄 (지정)도로관리대장 확인
2	건축법 지정도로 위치 지정	3	• 76.2.1. 전 개설된 4m이상 도로
	(지정과 동시) 공고(게시판·홈페이지)	4	허가신청서(현장조사서·건물배치도)
3	(건축법) 도로관리대장 등재	5	허가건축물(62.1.20)·신고(92.6.21)
4	토지이용계획확인서에 표시	6	국토부 해설집, 법제처 유권해석, 판례 법리 등

① 지적도(임야도) : 어떤 지번의 토지의 일부 또는 전부가 도로로 변경 허가(전용 허가 또는 개발행위허가)를 받아서 준공이 되면, 새로운 지번이 부여될 수도 있고, 지목이 '도로道路'로 표시되며, 그 지번의 면적은 토지대장 또는 임야대장에 표시된다.

그러나 '건축법의 도로'로 지정되는 토지는 '지적 분할分割이 안 되고 지목변경地目變更이 안 된 상태로 소유자의 동의同意를 얻어서, 건축허가 또는 건축신고 시에 허가권자가 위치를 지정했던 것'이므로(건축행정길라잡이, p.331), 외부에 건축법 도로라고 명시적으로 드러난 것이 없어 실무에서는 건축법 도로 여부를 판단하기 쉽지 않다. 왜냐하면, 지목이 도로라도 건축법의 도로로 지정하지 않았으면 건축법의 도로(=公道)가 아니라고 해석하고 있고(건축행정길라잡이, p.45~46), 현황을 보면 건축법의 도로임이 명백한데도, 그 근거를 찾기 어려워서 분쟁에 휘말리는 경우가 있기 때문이다.

② 토지이용계획확인서 : 현황도로가 건축법의 도로로 지정되면, 소유자 의사와 관계없이 공도公道가 되어 누구나 그 도로를 이용하여 건축허가 또는 신고를 받을 수 있다(대법원 판례 2008두4008). 그래서 건축법의 도로 여부를 확인하는 것이 중요한 일이다. 2009년 8월 13일 건축법의 도로는 토지이용계획확인서에 표시하라고 토지이용규제법이 개정된다.(토지이용규제 기본법 제10조 제1항 제3호 → 시행령 제9조 제4항 제2호 → 시행규칙 제2조 제2항 제3호 참조) 그래서 그 이전의 건축법의 도로는 확인할 수 없지만, 2009년 8월 13일 이후에 지정된 건축법의 도로는 토지이음사이트 등에서 토지이

용계획확인서를 통해 확인할 수 있다.

③ 도로관리대장 : 도로대장은 도로법, 사도법, 농어촌도로법 등에 있지만, 여기서는 건축법의 도로로 건축과에서 보관하고 있는 도로관리대장을 말한다. 2009년 8월 13일 전에 만들어진 건축법 도로는 토지이용계획확인서에 표시되지 않으므로 도로관리대장을 확인해야 한다.(건축법의 지정도로는 2003년부터 세움터에 입력되고 있으므로, 담당자에게 문의하면 되나, 일반인은 직접 찾을 수 없다.)

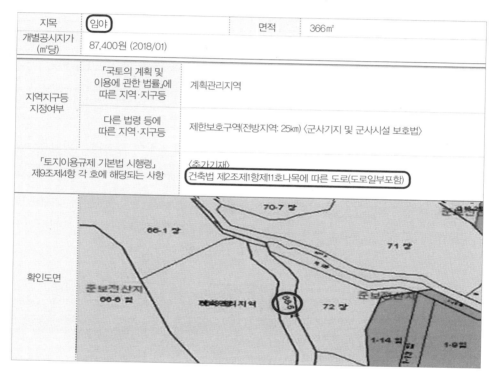

지목	임야		면적	366㎡
개별공시지가 (㎡당)	87,400원 (2018/01)			
지역지구등 지정여부	「국토의 계획 및 이용에 관한 법률」에 따른 지역·지구등	계획관리지역		
	다른 법령 등에 따른 지역·지구등	제한보호구역(전방지역: 25km) 〈군사기지 및 군사시설 보호법〉		
「토지이용규제 기본법 시행령」 제9조제4항 각 호에 해당되는 사항		〈추가기재〉 건축법 제2조제1항제11호나목에 따른 도로(도로일부포함)		
확인도면				

반면 비도시·면지역에서 건축허가(신고) 시 진입로를 건축법의 도로를 지정하지 않기 때문에 건축법의 지정도로가 없지만, 공장설립승인 시에 통상 6m 이상의 진입로(또는 개발행위허가의 접속로) 확보의무를 부여하고 있고, 토지소유자가 원하면 비도시·면지역도 건축법의 도로로 지정해주고 있어 도로관리대장이 있다.

현재의 도로관리대장 양식은 1999년 2월 8일에 만들어졌고, 1994년 7월 21일에 도로관리대장의 법정 양식이 신설되었으며, 1981년 10월 8일 지자체장에게 허가 시에 건축법의 도로로 지정하면서 도로대장을 만들라는 법조문이 생겼기 때문에, 도로대장에 올라 있지 않은 현황도로는 건축법의 도로로 인정받기 쉽지 않다.

왜냐하면, 1981년 이전에 건축법의 도로로 지정한 (현황) 도로는 통일 양식의 도로대장이 대부분 없고, 1981년부터 1994년까지는 도로대장을 만들어 보관한 지자체가 있기도 하고, 일반 문서로 보고 폐기한 지자체도 있을 것이기 때문이다.

또한, 1994년 이후라도 도로로 전용하는 부서(농지전용, 산지전용, 개발행위허가 등)와 건축허가 부서가 긴밀하게 연결된 경우에는 누락이 되지 않았겠지만, 2003년 국토계획법이 생기기 전에는 토지는 전용되어 지목변경이 된 후에 건축허가를 받았기 때문에 서로 업무 협조가 되지 않았다.(∵당시 비도시지역은 복합민원이 아니었음)

또한, 건축법 제44조 1항 단서에서처럼 건축물 출입에 지장이 없으면 허가할 수 있고, 건축허가신청자 본인 소유의 토지를 진입로로 사용하는 경우에 건축법의 도로지정에 예외가 있어, 사실상 건축법의 도로관리대장은 믿을 것이 못 된다. (그런데 법령미비 등으로 누락된 부분을 허가 공무원은 인정하지 않으려고 한다.)

■ 건축법 시행규칙[별지 제27호서식] 〈개정 2012.12.12〉

도로관리대장

〈2면 중 제1면〉

지정번호					
대지위치			지번		
건축 주	생년월일(사업자 또는 법인등록번호)			허가번호	
도로길이	m	도로너비	m	도로면적	m²
이해관계인동의서					

아래 부분을 「건축법」 제45조에 따른 도로로 지정함에 동의합니다.
※ 지정된 도로는 「건축법」 제2조에 따른 도로로 인정됩니다.

관련지번	동의면적(m²)	동의일자	토지소유자	생년월일(법인등록번호)	서명 또는 인

④ 건축법의 도로관리대장 이외에도 도로법의 도로대장, 사도법의 도로대장 등 도로대장이 있고, 4m 이상의 도로이지만 도시·군계획시설로 관리가 안 된 주거지역 현황도로도 많다. 또한 주로 비도시지역에서 70년대에 전국적으로 시행한 새마을사업 도로 등이 많이 있고, 특히 72년 '무신고 토지 이동지 정리지침'(내무부)으로 만들어진 너비 4m 이상의 농로와 마을 주민이 20년 이상 사용한 현황도로가 얼마든지 있다. 그러므로 이렇게 만들어진 도로도 공도여부를 확인할 필요가 있다.

(3) 임장 활동 목적 및 순서 : 토지이용계획확인서, 건축법의 도로관리대장 등 공부公簿를 통해서 건축법의 도로임이 명백하면 다행이지만, 그렇지 않고 애매한 경우에는 임장臨場 활동을 하여야 하는데, 이때 지적도, 토지이용계획확인서, 부동산종합증명 등 공부公簿에 표시되지 않은 현황도로 도면(네이버 등)과 이웃의 도로관리대장을 가지고 현지의 의견 및 소문을 종합해볼 필요가 있다.

대법원은 '(건축법 지정도로가 아닌 현황도로에) 배타적 사용수익권능이 없는 소유권은 물권법정주의 어긋나서 채권적 제한만이 가능하다'는 법리가 있었는데, 2019.1.24. 전원합의체 판결(2016다264556)에 따라 배타적 사용수익권의 행사가 제한된 소유권도 있다는 것으로 일단락 되었으므로 이제 토지소유자의 사용승낙이 필요 없는 공로公路를 찾는 방법을 공부해야 한다.

그리고 건축법 지정도로가 아닌 현황도로가 건축법 제45조 제1항 단서2호의 도로로써 허가권자가 건축허가나 신고 시에 지자체 조례를 근거로 이해관계인의 동의 없이 건축위원회의 심의를 받아 건축법의 도로로 지정하는 조례도로(1999.5.9. 건축법에 도입)가 될 수 있는 근거를 확보해야 할 필요도 있다.

여기서 유의할 점은 건축법의 도로는 지목과 형질변경 허가여부를 가리는 것이 아니라, 실제 현황이 ①보행 및 차량 통행이 현실적으로 가능한지 여부와 ②현황도로(건축법의 도로로 지정되기 전 상태의 도로를 말함) 소유자의 배타적 사용권 포기 여부를 가리는 것이므로 그 현황도로가 만들어진 배경 그리고 현재까지 오랫동안 일반인이 자유롭게 사용하도록 방치한 이유 등을 수집하여야 할 것이다.

① 현지 중개사의 의견을 들으면 비교적 객관적인 자료가 될 것이다. 21세기 전의 건축법 도로는 지정한 근거가 부족하므로 허가신청자가 근거를 찾아야 한다.

② 대지 또는 현황도로의 소유자 및 이웃 주민의 의견 및 소문(정지 또는 포장)을 들어볼 필요가 있다. 비록 그들이 건축법을 이해하지 못한 잘못된 판단을 하더라도, 나중에 허가 담당자 설득 및 소송 등에 활용하기 위해서는 소유자의 주장을 정확히 알 필요가 있다. 또한 주민센터(면사무소 등에 건축신고를 접수하므로)의 의견도 확인해보면 좋다.

2 문제가 발견되면 해결책을 찾아라

(1) 공부 및 임장 활동을 통하여 도로관리대장 등에 명시되어 있지는 않지만, 오랫동안 주민들이 현황도로로 사용하여 사실상 건축법의 도로로 지정된 것 같으면 다음과 같이 준비하여야 한다.

① 누가, 언제, 어떻게 현황도로(=사실상 도로)를 만들었는지에 대한 객관적 자료를 확보하여야 한다. 현재 도로의 현황 파악이다. 건축허가 기준에 맞는지, 정말 허가를 받지 않은 도로인지, 보행과 자동차 통행이 가능한지, 주민이 오랫동안 통행한 도로인지 등을 확인해야 한다. 이것은 공부 및 임장 활동의 결과를 정리하면 될 것이다.

② 허가 담당자는 현재 도로대장에 등재된 것만을 고집할 것이므로, 도로대장에 없어도 도로로 보고 허가해야 한다는 각종 법률적 자료를 준비해야 한다. 이 교재와 법조문, 행정부 유권해석(국토부, 법제처), 대법원 판례 등과 현황을 대조하여 허가

담당자를 설득할 객관적 자료를 준비하여야 한다.

이때 필요하면, 해당 지자체의 건축 조례를 정확히 살펴보고, 그 건축 조례를 해석하는 부서 및 그 건축 조례를 근거로 건축법의 도로로 지정하는 건축과 담당자를 만나 볼 필요도 있다.

(2) 두 번째로 준비할 것은 현황도로의 현재 상태를 살피고, 사진 등을 준비하여 허가 담당자와 깊이 있는 대화(=질문)를 할 준비를 하여야 한다. 즉, 현황도로의 포장 여부, 유지 관리 주체 등을 알아보는 것이다.

① 건축법의 도로가 아니라고 주장하는 현황도로의 소유자가 사인이든 국가이든, 포장이 되어 있는 현황도로라면 그 포장은 어떤 이유로 언제 누가 한 것인지 알 필요가 있다. 예를 들어, 국공유지를 관공서(시 또는 면사무소, 의원의 특별 추진 등) 비용으로 포장된 것이라면, 당시 사용동의를 받았을 것이므로 배타적 사용·수익권은 포기(행사의 제한)된 것으로 보고 건축법 도로기준에 맞으면 허가할 수 있을 것이다.

간혹 사유지에도 토지소유자의 동의한 근거(문서) 없이 도로로 포장하였거나 지하에 하수도 등 기반시설을 매설하여 사용하였는데, 이런 경우에도 오랫동안 토지소유자가 이의를 제기하지 않았다면 건축법 도로로 볼 수 있을 것이다.

② 국공유지를 마을 주민들이 집단으로 포장하였다면 이 또한 건축법 기준에 맞으면 동의는 필요 없겠으나, 사유지를 주민 집단이 아닌 특정인이 포장한 경우에는 시비가 될 수 있다. 또한 사유지인 경우에는 배타적 사용·수익권을 포기했다는 근거가 남아 있지 않은 경우라면 지자체 도시계획조례에 따라 다르지만 건축법 도로 지정은 물론 건축허가의 진입로로 인정받기 어려울 수 있다.

(3) 건축물의 존재 여부 확인

① 허가 또는 신고된 건축물이 있는데 그 진입로가 건축법의 도로로 지정되지 않아서 또는 지정했지만 도로대장에 누락되었다면, 그 현황도로가 개설된 경위를 살펴볼

필요가 있다(대법원 판례 법리에 따른 공로일 수 있다).

㉠ 1962년 1월 20일 건축법이 생길 때부터(도시지역은 1934년 조선시가지계획령부터) 건축허가에서 허가권자는 건축법 도로의 위치를 지정하라고 되어 있었으므로 허가(신고)를 받은 건축물이 있는 곳까지는 (현행 건축법 기준에 맞다면) 원칙적으로 건축법의 도로로 봐야 한다(대법원 91누1776) 다만 건축법 제44조1항 단서와 2006.5.9 전의 비도시지역의 사후신고 건축물은 건축법 도로로 지정되지 않은 곳이다.

> **[질의]** 너비 4m 이상으로서 보행 및 자동차통행이 가능한 통과도로를 이용하여 '88년에 건축허가 및 준공된 건축물이 있으나 허가청이 도로대장을 비치하고 있지 않은 경우 이의 도로 인정 여부 및 동 도로 부분의 소유자 동의 여부?
>
> **[회신]** 질의의 부분을 이용하여 「건축법」 및 관계법령에 적합하게 건축허가가 된 경우라면 이는 도로대장의 비치 여부에 관계없이 「건축법」 제2조 제1항 제11호의 규정에 의한 "도로"에 해당하는 것이며, 당해 허가권자는 지금이라도 동 근거에 의하여 도로대장을 작성·관리하여야 할 것입니다. (건교부 건축 58070–2252, '99.6.16)

㉡ 1992년 6월 1일부터 건축허가는 물론 건축신고 할 때도 건축법의 도로 위치를 지정·공고하라고 건축법이 개정된다. 즉, 1992년 6월 1일 전에 신고를 받아서 지은 건물은 건축법의 도로 위치를 지정·공고할 조건이 충분하였어도 지정 공고를 하지 않았을 것이다.

㉢ 그리고 1976년 2월 1일 전에 만들어진 4m 이상의 모든 도로는 대법원 판례를 근거로 건축법의 도로로 봐야 한다(대법원 93누20023, 2011두27322).

㉣ 사후신고 건축물(비도시지역에 2006.5.8.까지 존재)로 진입했던 통로가 현행 건축법에 맞은 경우 비도시·면지역은 지정의무가 없어 건축법 도로로 지정하지 못했으므로 주민이 오랫동안 사용해온 마을길 및 농로인 경우에는 배타적 사용권이 제

한된 것으로 보아 사용승낙을 요구하지 않는 것이 공평하고, 비도시·읍·동지역은 지정의무가 있지만 건축법 제5조에 완화규정이 있고, 읍·동지역으로 상향되기 전에 있었던 현황도로는 개발행위허가에서도 완화규정을 적용해야 할 것이다.

3 세 번째로 전문적인 추가 조사가 필요할 때도 있다

드문 일이지만, 도로대장에 없는 현황도로를 이용하여 건축허가를 받아야 할 때, 허가 신청 전·후에 허가 담당자가 바뀌면서 서로 의견이 다를 수도 있고, 또는 민원실(허가부서)과 건축과의 의견이 다를 때가 있다.

이때는 전문적인 추가 조사를 하여 담당자의 판단을 도울 수 있는 자료를 확보하여야 한다. 왜냐하면, 허가 담당 공무원은 추후 감사 지적 및 민원이 두려워 적극적인 행정을 하지 못하기 때문이다.

⑴ 첫 번째로는 행정 정보 공개 요청을 하는 것이다.

① 내가 신청하려는 대지에 접한 도로가 옆집에서 건축허가를 받으면서 건축법의 도로로 위치를 지정받았을 것 같은데 그 근거가 없어서 허가 담당자가 안 된다고 하면, 그 집의 허가 관련 서류에 대하여 정보공개 요청을 하여야 한다.

이 경우 일부 지자체는 건축허가관련서류가 개인정보라고 공개를 하지 않고 있는데, 허가정보는 (개인정보와 관련된 부분과 법률로 제한된 내용을 제외하고) 이해관계인에게 공개하여야 한다.(정보공개법 제9조6항다목에 의하여)

② 모든 건축허가 및 신고서에는 신청하는 대지의 접도의무를 건물 배치 도면에 접도 관계를 표시해야 한다. 만약 이때 대지가 접도한 도로가 건축법의 도로가 아니라면 신청자는 그 도로 소유자의 동의서를 허가권자에게 제출하여야 한다. 이때 허가권자는 그 도로를 건축법의 도로로 지정하면서 건축허가를 해 주고, 다시 지정한 도로를 도로관리대장에 등재하면서 토지이용계획확인서에 등재할 것을 그 부서로 통보하면 토지이용계획확인서에 나타난다(토지이용규제법 시행규칙 제2조제2항제3호).

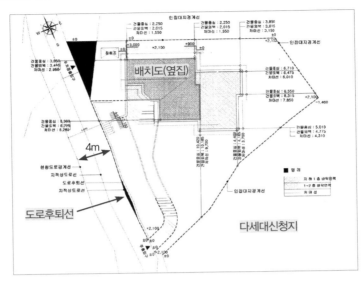

③ 그러므로 옆집 또는 근처 건축물 허가서에 첨부된 건축물현황도(배치도)를 보면 그 건축물의 진입로가 어떻게 확보되었는지 알 수 있으므로 옆집 건축물대장의 현황도를 보고 필요 시 그 건축허가 서류를 정보공개 요청하여 자세히 검토하면 의외의 성과가 생길 수도 있다.

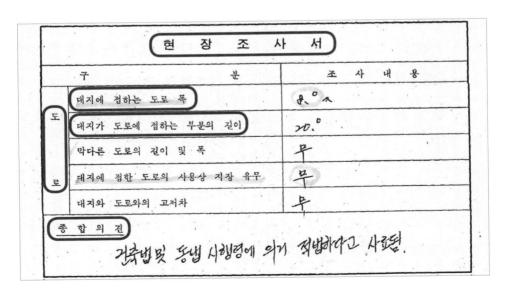

④ 만약 현장 조사서 양식에 '대지와 도로의 관계에 적합함'이라고 쓰여 있다면 그 도로는 건축법의 도로 기준에 맞아서 이미 건축법의 도로로 지정된 것으로 볼 수 있을 것이다(대법원 91누1776). 다만, 이 서류는 건축사가 작성한 것을 허가권자가 확인한 것이므로 이 근거만으로 소송을 통하여 해결하기는 쉽지 않다. 그러므로 그 도로를 조례도로로 지정할 수 있는지도 확인할 필요가 있다.

⑤ 도로명주소법의 총괄도로대장의 현황도를 (정보공개요청하여) 현황도로의 위치, 너비 등을 확인한 후에 사용승낙 여부를 찾아간다(시행령 제3조, 규칙 제30조).

(2) 두 번째는 전문가의 확인을 받는 것이다.

① (행정)정보공개 요청으로 확보한 서류를 건축사 또는 변호사와 상의하면서 좋은 해결방안을 찾을 수 있다. 반면 진입도로가 개발행위(형질변경)허가를 받아야 하는 현황도로라면 토목측량설계사무실과 협의하여야 한다.

② 현황과 지적地籍이 다른 경우가 의외로 많다. 특히 1912년부터 수동으로 측량했던 지적측량이 21세기가 되면서 GPS를 이용하여 측량하고 세계측지계로 전환되면서 경계의 차이가 있다. 그래서 측량을 통해서 해결할 수 있는 방안도 있으므로, 토목측량사무실에 상담을 받아 볼 필요도 있다.

③ 지적재조사특별법의 지적재조사지구로 지정되거나 건축협정 등으로 해결할 수 있고, 비도시지역은 농어촌정비법에 의한 도로개설과 주민들이 합심하여 새로운 지적을 정리하면서 도로경계가 달라져서 맹지탈출이 될 수 있다.

④ 농어촌도로정비법에 의한 농어촌도로로 지정된 근거를 찾아야 할 때도 있다. 농어촌도로를 관리하는 부서를 방문 또는 정보공개 요청하거나 또는 토목측량설계사무실의 도움을 받아야 한다.

⑴ 허가 신청 전에 누구나 본인이 신청할 대지의 접도의무에 대하여 건축법의 기준에 맞고, 도로 소유자의 동의가 필요 없는지에 대한 허가권자(허가 공무원)의 의견을 최종적으로 들어볼 필요가 있다.

실무에서는 이런 일을 건축사가 대행해 주고 있으나, 도로대장에 등재되지 않은 도로에 대한 해석에 대해서 담당 공무원의 의견이 다를 경우, 건축사가 그 공무원을 설득하기란 사실상 불가능하다. 그러므로 이런 경우 허가신청자가 직접 또는 건축사를 대동하여 허가 공무원을 만날 필요가 있다.

⑵ 먼저 허가신청자는 그동안 준비한 내용(위 1~3단계 자료)을 보고서 형식으로 잘 정리하여, 민원인의 권한을 가지고 허가 담당자를 만나야 한다. 실제로 건축허가를 신청하게 되면, 건축법의 도로에 대한 유권해석은 허가 담당 공무원의 일방적인 주장에 따를 수밖에 없고, 허가권자의 불허 등의 경우에는 행정심판이나 행정소송으로 해결할 수밖에 없지만 거의 뒤집지 못하므로, 건축허가를 신청하는 우리는 스스로 공부하여 일선 공무원을 불허 전에 설득할 필요가 있다. 즉, 불허 받은 후에 많은 시간과 비용을 들여서 행정소송으로 권리를 찾으려고 하는 것보다, 허가접수 전에 허가 공무원과 상담을 잘할 필요가 있다는 것이다.

⑶ 2003년부터 세움터에서 건축법 도로지정현황을 조회할 수 있으나, 이 부분은 건축사, 일반인은 세움터로 볼 수 없고 공무원만 볼 수 있다. 일부 지자체는 이 도로지정대장을 공개하는데, 연도별 일련번호와 동리별로 구분하여 확인할 수 있다.

⑷ 담당공무원이 민원인에게 소극적인 이유는 본인의 유권해석이나 행정처분으로 인하여 자칫 본인에게 피해가 돌아올까 봐 그런 것이므로, 허가신청자가 상급기관의 유권해석, 판례 등을 제시하는 것이 좋다. 또한, 허가신청자는 추후 상급기관의 질의,

이의신청, 행정심판, 행정소송을 대비하여 담당자에게 정확히 질문하여야 한다.

(5) 그러므로 질문도 법률적 근거에 따라서 하여야 하고, 답변도 법률적 근거를 제시해 달라고 해야 한다. 즉, 공무원은 자의적 판단을 하는 것이 아니라, 법에 근거한 업무편람業務便覽을 가지고 업무를 하므로, 허가신청자는 납득이 안 되는 상황에서는 반드시 법률적 근거를 달라고 할 수 있다(민원처리법 등의 권리임).

5 서면 질의를 통하여 허가권자의 의지를 확인하라

(1) 대면 상담에서 구두로 한 이야기는 법률적 책임이 없을 것이다. 따라서 대면 상담에서 불리하거나 모호한 답변을 얻은 경우에는, 정식으로 서면 질의를 해야 한다. 이 서면 질의에 대한 허가권자의 답변서는 (불리한 내용이라도) 나중에 상급기관 질의, 이의신청, 행정심판, 행정소송에 쓰일 유익한 자료가 된다.

(2) 서면 질의를 할 때는 변호사 수준은 못되더라도 허가 담당자가 공부하지 않고는 답변하지 못하도록 상당한 수준의 질의서를 만들어야 한다. 이 질의서는 그동안 허가 담당자와 대면 상담해 듣거나, 건축사를 통해서 들은 (잘못된) 내용에 대한 정확한 반박의 글이 되어야 할 것이다(전문적인 컨설팅이 필요할 수 있다).

(3) 이 질의에서 대면 상담에서 얻었던 답과 다른 답을 얻기 쉽지 않다. 왜냐하면, 공무원은 주관적 판단을 하기 때문이다. 공무원은 불법이나 부정한 행위를 하지 않으면 처벌이 안 되고, 잘못된 행정처분에 대하여 처벌 또는 구상권을 행사하는 경우가 거의 없어 허가 공무원은 허가신청자인 국민을 무시하는 경향이 크다.

(4) 국민은 일선 지자체(=허가권자)의 의견에 승복을 못 하면, 사안에 따라서 상급기관에 질의하거나, 사전컨설팅을 요청하거나, 국민권익위원회에 고충민원을 올리거나,

감사원 감사를 요청할 수 있을 것이다. 그래도 국토부가 주무청이라서 정확한 답변을 요구하면, 국토부는 다시 '허가권자가 종합적 판단을 하여야 한다'면서 원론적인 답변만 하고 있다. 그러므로 국토교통부 홈페이지(국민신문고)에서 유사한 상담사례를 통하여 질의내용을 스스로 이해하는 것이 나을 것이다.

(5) 또한, 법제처에 유권해석을 의뢰하는 방법도 있다. 유권해석 신청은 개인 또는 지자체가 할 수 있는데, 먼저 그 법령을 담당하는 중앙 행정기관에 질의하여 답변을 첨부해야 한다. 법제처는 행정부 최고의 유권해석 기관이어서 지자체도 그 결과를 따를 것이므로 사전에 공무원과 법제처 질의 내용을 상의하는 것이 좋다.

6 여섯 번째로 사전심사 및 사전결정을 신청하는 것도 좋다

(1) 사전결정을 신청하기 전에 민원처리법 제30조에 의하여 지자체 민원실(담당팀은 지자체마다 명칭이 다를 수 있음)에 건축허가의 (진입)도로에 대하여 서면질의(사전심사)를 해보는 것도 좋다. 이 답변은 건축과의 의견을 공식적으로 전달받는 것이므로 상당한 효력이 있다.

(2) 그동안 5가지 절차(①대지 확인 → ②문제 발견 → ③추가 조사 → ④대면 상담 → ⑤서면 질의)를 통하여 원하는 답을 못 얻었다면, 여섯 번째로 건축법 제10조(건축 관련 입지 및 규모의 사전결정)를 활용하여 사전결정을 넣어 보는 방법도 있다.

(3) 사전결정제도란 토지를 구입하기 전에, 민원인이 건축허가 여부를 간단하게 알아보기 위하여 건축법에 도입된 제도로, 건축 사무실에 의뢰하여 건축허가보다 적은 비용으로 허가 여부를 미리 알 수 있고, 그 결과는 2년간 유효하므로 안전하게 토지를 구입하려면 사전결정 제도를 활용하는 것도 좋은 방법이다.

(1) 정식으로 건축허가를 넣었을 경우, 접도의무 부족으로 보완이 되는 경우란 그 현황도로의 구조·너비기준과 통행권원(사용승낙 등)인데, 구조·너비 기준은 사전에 판단할 수 있지만, 통행권원 여부는 사전에 알기 어렵다.

세움터를 통해서 허가신청을 하면(사전에 담당자 의견을 확인하는 것이 좋다), ①처리기한 내에 허가되거나 ②불허되거나 ③보완지시가 나올 수 있다. 만약 도로소유자의 사용승낙서를 첨부하라는 보완에 대해서는 그동안 준비한 내용으로 허가담당공무원을 설득하되, 다음과 같은 경우에는 허가신청자가 일단 받아들여 보완하여야 할 것이다.

① 건축법 제44조의 접도의무에 충족되지 않은 경우(주차장법 포함)

② 건축법 도로 기준에 맞지 않은 경우(2조의 정의)

③ 건축법 제45조의 도로 지정이 안 된 (현황) 도로로 판명된 경우

④ 개발행위허가 기준에 미달한 경우 등이다.

(2) 건축법 제45조 1항 2호에 의한 '조례도로'의 지정을 요청할 수 있다. 다만 조례도로 지정요건이 안된다는 이유로 보완이 떨어질 때는, (건축법에서 위임한 조례에서) 지정할 근거가 없는 지자체인 경우에는 조례개정을 요청할 수밖에 없다. 이런 사정은 건축사 또는 토목사무실에서 사전에 예측할 수 있지만, 아래와 같은 경우에는 전문적인 상담이 필요할 것이다.

① 현행 조례도로 지정기준에 미달하는 경우

② 92.6.1. 전에 신고로 건축물이 된 현황도로

③ 2006.5.9. 전에 사후신고 건축물의 용도지역이 상향된 경우

④ 소유자의 동의가 필요 없다고 판단하여 도로대장에 등재되지 않은 경우(다툼여지)

⑤ 기타 배타적 사용·수익권의 제한 판단이 어려워 조례도로 지정이 불가한 경우

(3) 주민들이 오랫동안 통행로로 사용한 현황도로가 건축법 도로로 지정한 근거가 도로관리대장 등에 없고, 조례도로로 지정이 어려울 경우에는 이웃 건축물의 건축물현황도 및 임장활동을 통하여 확보한 주민확인서 등을 활용하여 공로임을 입증할 자료를 건축위원회에 제출하여야 할 것이다.

(4) 또한 담당자도 명백한 불허근거를 제시하지 못하면, 상급기관에 '사전컨설팅'을 의뢰하거나 법제처에 유권해석을 요청해달라고 할 수 있다.

8 허가 신청에 대해서 불허 처분을 받을 경우이다

(1) 건축허가 신청이 불허되면 이의신청할 수 있고, 행정심판, 행정소송 등을 할 수 있다. 이때는 부동산 공법에 밝은 변호사를 잘 선택하되, 변호사가 정확히 판단할 수 있도록 모든 서류(본인 및 이웃의 건축허가 및 개발행위허가 신청서 또는 건축관련 질의서 등)를 지참하고 상담하면 더 좋은 결과가 있을 것이다.

(2) 허가권자의 불허 처분에 불복하려는 허가신청자는 90일 이내에 행정심판 또는 행정소송을 할 수 있다. 행정심판은 허가권자의 불법뿐만 아니라 부당한 처분까지 다투는 것이므로, 활용할 필요가 있다. 이때 본인이 직접 신청할 수 있지만, 행정심판위원에 변호사가 있으므로 허가신청자가 변호사를 선임하지 않고, 행정처분을 뒤집는 것은 사실상 어렵다.

(3) 행정소송을 할 수도 있다. 그러나 개발행위허가를 수반한 건축허가는 재량행위라서 불허처분에 대한 취소를 받아내려면 그 재량권 일탈남용을 입증할 근거를 찾아야 한다(대법원 2015두41579) 또한 건축법 도로 등 공로가 되지 못한 사유인 현황도로의 배타적 사용·수익권의 제한은 허가권자가 종합적으로 판단하는 것이므로(2016다264556), 건축허가 신청 전·후에 담당자를 설득하여 해결하는 것이 상책이고, 불허 받

으면 변호사를 통해서 해결하겠다는 자세는 (무책임한) 하책이 될 것이다.

(4) 참고로 허가권자의 재량권이 커서 불허취소 소송에 승소할 가능성이 낮으면 국민권익위원회에 고충민원을 신청해보는 방법도 있다. 다만 권익위는 법원과 달리 권고기관이고, 소송과 동시에 진행할 수는 없다.

⑨ 현황도로 소유자의 통행 방해 등이 있다

(1) 만약 허가권자가 도로대장에 없는 사유私有인 현황도로를 이용한 건축허가 신청이 건축법의 기준에 맞다고 판단하여 사용승낙 없이 건축허가를 하였다면, 이 현황도로 소유자는 허가 신청 후에 허가권자를 상대로 토지인도 및 부당이득 반환청구 소송 또는 허가신청자를 상대로 공사 금지 가처분을 신청하거나 아니면 실제로 물리력을 행사해서 기존 도로를 훼손하는 경우가 있을 것이다.

(2) 부당이득 반환청구 소송은 허가권자가 최선을 다하면 대부분 승소하게 된다. 왜냐하면, 건축법의 도로는 주민이 이용해야 할 공공시설이므로 법원의 비례·평등의 원칙에 대한 해석은 지자체장의 편이 될 것이기 때문이다.

(3) 허가를 받은 후에, 토목공사를 해 가는 과정에서 도로 소유자가 공사 금지 가처분을 신청하는 경우에는 대부분 받아들여지지 않는다. 또한 토지소유자가 1m 미만의 보행로만 남기고 도로를 훼손하면 부동산 전문변호사를 통하여 '통행방해금지(가처분)' 소송에 승소하여 원상복구할 수 있을 것이다.

(4) 철조망 또는 돌로 막는 등 물리력을 행사하면, 형법 185조의 일반교통방해죄를 활용하여 대처하면 될 것이다. 불특정 다수인 또는 차마가 자유롭게 통행할 수 있는 공공성을 지닌 장소(=공로)의 통행을 방해하면 안된다(2020다229329). 대법원 판례에

의하면, 한 사람 이상이 통행했던 (통과)도로(=육로)는 통행을 방해하면 형사처벌 대상이 될 수 있다.

⑩ 현황도로를 토지소유자가 함부로 막을 수 없는 이유

(1) 건축허가 및 신고에서 허가권자가 건축법의 도로로 위치를 지정·공고한 지정도로(건축법제2조1항11호나목)는 이미 공로가 되었으므로 소유자라도 막을 수 없으며, 건축법의 지정도로를 토지소유자가 무단 훼손하면 허가청(지자체)은 원상복구명령을 할수 있다. 그러나 어떤 지자체는 민사 사안이라고 나서지 않는다.

(2) (건축법의 도로로 지정되지 않아서 도로관리대장에 등재되지 않은) 현황도로가 주민이 오랫동안 사용해 온 사실상의 도로라면 아래 이유로 토지소유자 및 이해관계인이 막을 수 없을 것이다.

① 건축허가에서 허가권자가 위치를 지정한 도로 및 건축위원회 심의로 지정된 조례도로를 폐지하려면 이해관계인의 동의가 필요하다. (건축법 제45조 2항)

② 비도시·면지역의 경우 도로의 위치를 지정할 의무가 없어 건축법 도로가 되지 못하고 현황도로가 된 것이므로, 그 현황도로를 오랫동안 사용해온 주민들의 이용권도 보장되어야 한다.

③ 비도시·면지역에서 읍·동지역으로 또는 비도시지역에서 도시지역으로 용도지역이 상향되었을 때는 건축법 기준에 맞는 공로公路 여부를 판단해야 하지만, 그 현황도로를 이용해온 주민들의 기득권도 지자체가 보호해야 한다.

④ 주민자조사업으로 만들어진 도로이거나, 지자체가 포장한 도로이면 배타적 사용권이 포기 또는 제한된 도로일 것이므로 소유자라도 막을 수 없다.

공도 찾기와 사용승낙 ≫

(3) 일반 공중의 통행에 제공된 도로의 통행을 방해하면 민법 제750조의 불법행위에 해당되어 이용자는 통행방해금지를 청구할 수 있고, 이 현황도로를 점유·관리하고 있는 지자체을 상대로 철거, 점유이전 또는 통행금지를 청구하는 것은 민법 제2조의 권리남용이 되어, 그 권리행사를 법으로 보호받지 못한다(대법원 2021다241154).

또한 현황도로는 민법의 주위토지통행권(제219~220조) 또는 통행자유권 등으로 통로를 만들 수 있을 것이므로 통행을 막을 의미가 없다.(part 4-10-2 참조)

(4) 도로교통법 제68조 및 제72조를 위반하여 '교통에 방해가 될 만한 물건을 함부로 도로에 내버려둔 사람'은 1년 이하의 징역이나 300만원 이하의 벌금에 처하게 되고, 경찰서장은 그 위반행위로 인하여 생긴 교통장해를 제거할 것을 명할 수 있으므로, 현황도로 소유자가 막지 못할 것이다.

(5) 형법 제185조의 일반교통방해죄는 불특정 다수가 통행하는 (통과)도로(=육로)의 통행을 방해하는 것으로, 10년 이하의 징역 또는 1,500만 원 이하의 벌금에 처해질 수 있으므로 현황도로를 함부로 막지 못할 것이다.

형법 제185조 (일반교통방해) 법 조항 살펴보기

육로, 수로 또는 교량을 손괴 또는 불통하게 하거나 기타 방법으로 교통을 방해한 자는 10년 이하의 징역 또는 1천500만 원 이하의 벌금에 처한다. 〈개정 9195.12.29.〉

제185조의 일반교통방해죄는 일반 공중의 교통의 안전을 그 보호법익으로 하는 범죄로서 육로 등을 손괴 또는 불통케 하거나 기타의 방법으로 교통을 방해하여 통행을 불가능하게 하거나 현저히 곤란하게 하는 일체의 행위를 처벌하는 것을 그 목적으로 하고 있으며, 여기서 '육로'라 함은 사실상 일반 공중의 왕래에 공용共用되는 육상의 통로를 널리 일컫는 것으로서 그 부지의 소유관계나 통행권리관계 또는 통행인의 많고 적음 등을 가리지 않는다. (대법원 2002.4.26. 선고 2001도6903 판결, 2006.3.9. 선고 2006도298 판결 등 참조)

도로道路와 이해관계인 동의

용도지역	구분	근거법	도로종류	현황	동의1)	허가	소유권	비고
도시지역 (주·상·공) (녹지)	법정도로 (고시)	국토계획법	도시계획시설 (기반시설)	지정인된 곳	X	점용허가	국·공/사유지	완충녹지
		도로법	국도 지방도 시·군·구도	지정된 곳 도로법 도로기준 및 연결 변속차로(가감)	⇧	연결허가 (금지구간)	공공시설 (무상귀속)	접도구역
		사도법	농어촌도로 기준/연결	농어촌도로법 기준/연결	X	점용허가	사유지	연도·리도·농도
	예정도로	기타관련법 (변경도로+지정도로)	농어촌도로 각종개발행	도로기본계획 → 정비계획 도로법 도로 고시X(이재포함)	⇧	점용허가 동의?	공공시설	4m 이상
	지정도로 (공고)	4M이상 (지정근거)	도로대장 ○	완공 전 사용승인일 때 토지이용계획확인서 표시 토지이용계획확인서 미표시	X / X	허가기능 2009.8.13 이전	국·공/사유지 국·공/사유지	자동차통행이 가능 배타적 사용·수익권 제한(인방지2012)
		4M미만 (미지정)	도로대장 X	허가 후 취소 (2008두4008) 건축물존재	X / ○	건물미준공 사용승인불가		81.10.8 신설 94.7.21 양식 99.02.8 현행
		조례도로2)	지형지곤란 막다른길 건축법45조 (기반시설)	행정변경완료 형질 미변경 사용인된 용도지역상황	△X / △X	지정사누락(∷건물=도로) 99년 전 누락(미보완)		
		사설도로	76.1.31.이전	3m이상 2-3-6m	○ / ○	신규 유일통로	국·공/사유지	건축후퇴선
현황도로 (사유) (국·공유) 예 접도	미지정 (근거X)	4m이상	76.2.1.이후	건축위원회 심의로 지정 개발행위허가 기준적용	X / ○	① 소유자불명 ② 공익>사익(주민통행 등) '건축법에 맞게' - 사전행정변경 대상	국·공/사유지	
		4m미만	마을간 연결도로, 미불입도, 농로(동로) 지목만 도로 (도로지정 근거 없음)	건축법개정(75년~91년부칙) 사유지(동의원칙)/국·공유지 △	○X / X	모두 도로로 건주(93누20023, 2011두27322) 포장주체(관공사/개인)에 따른 판단 농어촌도로법·농어촌정비법 도로, 관습상 도로	국·공/사유지	자동차통행이 가능
			(건축법) 막다른 도로·지형적 곤란 기타 건축물 있는 도로 (신고 92.6.1)		○△ / △X	국유재산수의허가(매수신청) 지정 안되었어도 유일한 통로 판단 도로(분할·분양 예외)	사유지(사용승낙)	
비도시·면	미적용	44조 나목 및 44조 완화적용		45조(지정·폐지·변경)	△X	조례로 건축위원회 판단 (공익>사익) 사후신고(2006.5.8)		지동차통행이 가능
비도시·읍·동		46조 완화적용		46조(건축후퇴선)	△	비도시1200m²,2층↓		

1) ○ 개설은 사용동의 필요, X 공로(공도)이므로 불필요, ⇧ 개설경위·시기에 따라, △ 개설경위·상황, 공원 내 도로, 소규모 공동길 등 국·공유지만 지정하는 지자체도 있음

2) 주민이 오랫동안 통로로 사용하고 있는 복개된 하천, 제방, 공원 내 도로, 소규모 공동길 등 공유지만 지정하는 지자체도 있음

02 건축허가와 사용승낙(=동의)

1 현황도로 종류별 사용승낙 여부

(1) 건축허가를 신청할 때에 접도의무는 허가신청자에게 있고, 건축법의 도로가 아닌 곳을 건축법의 도로로 지정할 의무는 허가권자에게 있기 때문에, 허가신청자는 그 대지에 접한 도로 소유자의 사용승낙을 받아야 하는지, 아니면 동의 없이 신청할 수 있는지에 대해 사전 판단을 할 수 있어야 한다.

(2) 타인토지를 사용하려면 사용승낙 등 통행권원이 있어야 하나, 소유자가 배타적 사용·수익권을 스스로 포기하였거나 그 행사가 제한되어 일반 공중의 통행로(=공로)가 된 경우에는 허가권자가 사용동의를 요구해서는 안될 경우가 의외로 많고, 공도의 경우에는 개별법에 의한 허가가 필요할 수 있다.

(3) 사용승낙 여부를 판단할 때, 첫 번째 확인할 사항은 허가받을 대지의 (국토계획법의) 용도지역이 도시지역인지 비도시지역인지를 구분하는 것이다.

도시지역 중 주거지역, 상업지역, 공업지역은 개발 협의가 끝나서 이미 개발이 진행된 곳이 대부분이다. 하지만 도시지역 중 녹지지역은 보전 목적이기 때문에 도로로 지정됐더라도 개발행위허가를 받을 수도 있다.

반면 비도시지역은 관리지역, 농림지역, 자연환경보전지역인데 건축법 제3조 2항에 비도시지역의 면㎜ 지역은 건축법 44조~47조를 적용하지 않는다고 되어 있다. 따라서 비도시지역은 기존 도로를 이용한 건축허가는 어렵지 않지만, 형질변경을 수반하는 경우에는 동의를 받는 것이 원칙이다. (part 5-11 참조)

(4) 두 번째는, 건축법 도로와 현황도로(사실상 도로)의 구분이다. 다시 건축법의 도로는 법정도로와 지정도로로 나뉜다. 4가지 법정도로는 그 도로관리자로부터 점용허가 또는 연결허가를 받으면, 별도의 사용승낙이 필요 없다.

도로점용 및 연결허가는 건축허가를 받으면서 협의되는 것이므로, 도로 부분에 형질변경이 없다면 건축사가 단독으로 판단할 수 있고, 만약 도로 부분에 형질변경이 필요하면 반드시 토목 사무실과 함께 판단해야 한다.

(5) 택지분양으로 만들어진 도로는 배타적 사용권이 포기된 것이 원칙이다.(대법원 2009다8802 등) 다만 이때에도 그 현황도로가 건축법 지정도로가 되지 않은 채로 소유자가 바뀌면 다툼이 있었는데, 대법원 전원합의체 판결(2016다264556)로 일단락 되었다.

❷ 도로대장에 없는 도로의 사용승낙 여부

(1) 허가권자가 건축허가를 하면서 그 도로의 위치를 지정·공고한 근거가 건축법의 도로관리대장안데 이 대장에 등재된 도로를 이용할 때에는 사용승낙을 받을 필요가 없다.

(2) 그러나 그 위치를 지정한 근거가 도로대장에 없을 때는 문제가 발생된다. 일선 공무원은 도로대장에 없으면 무조건 사용승낙을 받아오라고 한다. 하지만 1962년부터 건축허가 당시의 접도의무가 있었으므로 어딘가에 건축법의 도로로 지정한 근거가 있

거나, (근거가 없더라도) 허가권자는 지정해야 할 의무가 있으므로 선행허가에서 배타적 사용권이 제한된 것으로 보아서 사용승낙을 요구하지 않아야 할 때도 있다(대법원 91누 1776, 2016다264556 전원합의체 판결).

(3) 건축법의 도로관리대장에 등재되지 않았지만 건축물이 있거나 건축허가(신고)서의 현장조사서 등에 건축법의 도로로 지정된 근거가 존재하는 경우이다. 이런 경우에는 그 지자체 조례를 확인하여 '조례도로'로 가능한지 검토하여야 한다. 가능하다면 동의(=사용승낙)가 필요 없다.

(4) 1976년 2월 1일 이후의 4m 이상의 도로가 도로관리대장 등에 없을 경우에도 허가 신청 당시의 배치도 및 현장 조사서 등을 통하여 지정한 근거를 찾아서 (직권으로) 도로대장에 등재하거나, 허가권자는 이해관계인의 동의 없이 허가할 수 있다.(70쪽 [건교부 건축 58070-2252, '99.6.16] 참조)

(5) 4m 미만의 도로는 지정한 근거가 있어야 한다. 대법원 판례(92누7337)에 의하면 1976년 2월 1일 전에 주민이 이용한 4m 이상의 모든 도로는 건축법의 도로지만, 4m 미만의 도로는 지정 근거가 없으면 도로가 아니므로 동의가 필요할 수 있다.

(6) 이때에도 지형적으로 곤란하여 3m이거나, 막다른 도로인 경우에는 지정 근거가 있으면 되지만, 도로대장은 지정 후 작성비치의무가 지워져 있으므로 도로대장이 없더라도 건축물이 있다면 적극적으로 확인할 필요가 있다.(대법원 87누1036)

대법원 1988. 12. 13. 선고 87누1036 판결   판례 살펴보기 🔍

【판결요지】

건축법 제2조 제15호, 동법시행령 제62조에 의하면 건축법상 도로 가운데 막다른 도로는 위 시행령 제62조 소정의 도로에 대하여 시장 또는 군수가 건축허가 시에 그 위치를 지정하기만 하면 되게 되어있으며, 위 시행령 제64조 제1항 소정의 도로대장은 도로를 지정하고

3 특별한 도로의 사용승낙 여부

(1) 건축허가가 취소되었다 하더라도 한번 지정되면 건축법의 도로이므로 동의가 필요 없다.(대법원 2008두4008) 그러나 그 도로가 형질변경이 안 됐다면 형질변경을 하기 위해서, 즉, 개발행위허가를 받기 위해서 결국 동의를 받아야 한다.

(2) 비도시지역의 마을 안길, 농도, 마을 간 연결 도로 등은 형질변경이 없으면서, 건축법 기준에 맞으면(비도시·면지역은 적용 예외 등) 동의 없이 허가될 것이고, 확포장 등 형질변경이 필요한 경우에는 개발행위허가에서 토지소유자의 동의가 필요하다.

(3) 1999년 이전 건축신고로 지어진 건물이나, 비도시지역에서 사후신고로 지어진 건물이 용도지역 상향이 되었을 때는 그 진입로를 주민이 오랫동안 사용하였다면 건축위원회 심의를 통하여 조례로 지정할 수밖에 없을 것이다. 그러나 조례도로 지정요건(건축법 제45조 1항 2호)이 안 되는 지자체가 뜻밖에 많다.

(4) 도시계획시설 도로가 공사 중인 경우, 산지전용허가 및 도로관련법 등에 의한 도로가 준공되지 않은 경우는 수허가자 또는 도로관리자의 동의가 필요하다.

(5) 형질변경이 안된 도로의 지분을 소유할 때에 추후 개발행위허가에서는 나머지 지분권자의 동의가 필요하다. 그러므로 대지를 매수할 때에 그 진입로를 건축법 도로로 지정하거나 또는 지정하는 조건으로 매수하여야 할 것이다(대법원 2018두49079 등).

03 사용승낙서 실무

1 실무에서는 토지 사용승낙서가 많이 사용된다

(1) 매수인이 단순 보유자가 아니고 실사용자인 경우에는, 건축허가 등을 득한 후에 대출 또는 PF 자금 등으로 잔금을 치르는 경우가 많아서, 먼저 인허가 조건부 계약을 하게 되는데, 이때 사용승낙서가 많이 사용되고 있다.

(2) 그런데 통상 매도인은 사용승낙에 대한 막연한 두려움이 있다. 그러므로 (중개사는) 매수인의 사용승낙서의 용도를 직접 확인하여 사용승낙으로 인한 문제점을 사전에 차단하여 매도인을 안심시킨 후 안전한 거래를 할 수 있어야 한다.

(3) 토지 사용승낙이라는 것은 그 내용에 따라 다르지만, 소유권자가 아닌 사람에게 그 토지를 소유권자와 동일하게 사용할 수 있는 권리(민법 제211조[1]의 배타적 사용·수익권)를 부여하는 것이다.

----

1) 제211조(소유권의 내용) 소유자는 법률의 범위 내에서 그 소유물을 사용, 수익, 처분할 권리가 있다.

(4) 그러므로 사용승낙을 하려면, 그 사용승낙서가 어느 곳에 사용되는 것인지를 알아서, 그 사용승낙이 어떤 법률적 효과를 발생하는 것인지 알아야 하며, 사용승낙으로 인하여 매도인(임대인)에게 어떤 불이익이 생길 것인지 예측하여야 한다.

(5) 이때 예상되는 문제점을 사전에 완벽하게 대비할 수 없다면, 그 사용승낙의 제출처(=관공서)에 직접 질의하여 그 사용승낙이 어떤 법률적 효과가 발생하는지 물어보는 방법과 설계 사무실에 질문하여 그 설계사의 도움으로 사용승낙의 부작용을 최소화하는 방법이 있겠다.

(6) 매수인에게 사용승낙서를 전달할 것이 아니라, 설계사에게 인허가가 되지 않을 시 돌려받는다는 조건으로 직접 전달하는 것이 확실하고, 가능하다면 사용승낙서를 설계사(건축, 토목)에게 직접 주고, 설계사로부터 인허가 이외에는 사용하지 않겠다는 구두 또는 서면 확인서를 받는 것이다.

(7) 또한, 토지 사용승낙서에 조건 또는 기간을 기재한다는 것은 사실상 불가능하다. 왜냐하면, 인허가 부서에서 (기간) 조건이 있는 사용승낙은 신청이 접수되지 않거나, 신청자에게 보완 또는 반려될 가능성이 크기 때문이다.

② 사용승낙서 발급으로 인한 분쟁 대처법

(1) 사용승낙서란 보통 인허가용도로 사용되므로 매수자 명의로 건축허가 또는 개발행위허가를 신청자할 때는 계약서에 대비책을 세우면 안전하다. 즉 계약은 양당사자의 의견일치가 법보다 우위이므로(강행규정 제외), 매수자가 약정을 불이행할 때를 대비하여 아래와 같이 상세하게 작성하여야 한다.

(2) 계약금을 받고 사용승낙서를 발급하는 경우에는 계약해제 또는 해지 약정을 미

리 하면서 계약금으로 원상 복구 또는 발생한 손해에 대한 보전을 하여야 하는데, 통상적인 계약금 10%로는 부족할 수 있으므로, 계약금을 계약 불이행을 대비하여 많이 받고(약 20%), 매수자의 불이행 시 매도자가 단독으로 계약금을 사용해서 원상 복구 등을 할 수 있다고 약정하면 문제가 없을 것이다.

(3) 중도금 이후에 사용승낙서를 발급하는 경우에는 통상 중도금이 지급되면 일방 해약이 안 되는 것이므로 조심해야 하지만, 사전에 특약으로 중도금 이후 불이행에 대한 해제 약정을 하면 그 약정대로 일방적으로 처리할 수 있다. 이때 공증 또는 제소 전 화해 등을 이용하면 더 확실할 것이다.

(4) 잔금을 받지 않고 공사를 허락하면 안 된다. 왜냐하면, 사용승낙서 사용자(=인허가신청자)가 개인이든 디벨로퍼이든 인허가를 받은 후에 잔금을 치르지 않고 발주자가 되어 공사가 진행되는 경우에 발주자인 매수인의 경제적 사정 등으로 공사를 중단되었을 때에 발주자가 공사 대금을 지급하지 않으면 시공자는 유치권留置權을 행사할 경우가 대부분이기 때문이다.

(5) 인허가 후 잔금을 치르지 않고 공사를 진행할 수 없다는 특약과 만약 이를 어기면 매도인이 물리적으로 막을 수 있다는 조항을 넣는 것이 좋다. 즉, 매수인이 계약서대로 이행하지 않을 때에 매도인이 계약금 등으로 직접 원상 복구 등 이행할 수 있다는 특약을 넣고, 매도인이 입게 될 피해에 대한 구체적인 손해배상 금액을 구체적으로 약정하여 기재하는 것도 좋다.

(6) 만약 잔금을 치르지 않고 공사를 시작하면, 물리적으로 막거나 공사 중지 가처분 등을 통하여 적극적으로 막아야 한다. 이럴 때를 대비하여 소요될 비용과 손해를 가상하여 계약금을 많이 받아야 두는 것이 좋고, 그 계약금을 매도자가 사용할 수 있다고 약정하는 것이 유리하다.

3 토지 사용승낙서(=동의서) 종류 및 발급 요령

(1) 동의서의 종류

  ① 건축허가 및 개발행위허가 동의 : 건축 부지, 진입로, 배수로 설치 등

  ② 공작물 설치 동의 : 각종 시한부 점유

  ③ 인접 토지소유자 동의 : 국유재산 사용허가, 교량 설치 동의, 채석 허가 등

  ④ 토지 사용 동의(당사자 간) : 임대차 또는 사용대차

(2) 동의서의 제출(사용)처

  ① 시청의 건축(개발 행위) 허가 부서

  ② 현황도로 포장, 공작물 설치 등 면사무소

  ③ 측량(등록 전환)의 한국국토정보공사(구, 대한지적공사) 또는 민원실

  ④ 공유물 분할 등 법원 등기소 등

  ⑤ 환경 용역 업체 또는 엔지니어링 업체 등

(3) 사용승낙서 발급 시 예상 문제점

  ① 유치권留置權 발생 가능성

  ② 최초 승낙한 용도 외로 사용될 가능성

  ③ 허가 또는 공사 기간이 연장되어 잔금이 늦어질 가능성

  ④ 계약 기간 만료 후 명도의 곤란

  ⑤ 제3 채무 발생 가능성 등

(4) 사용승낙 후의 부동산 가치

  ① 민법 제211조에 의한 사용·수익 권한의 제한으로 부동산 가치가 하락할 수 있다.

  ② 한 번 허락한 동의는 철회할 수 없고, 기간은 원칙적으로 영구이다.

  ③ 토지보상법에 의한 도로의 보상 가격은 주변 시세의 1/3~1/5 정도가 된다.

공익사업을 위한 토지 등의 취득 및 보상에 관한 법률 시행규칙

[시행 2019.7.1] 국토교통부(토지정책과) 044-201-3409

제26조 (도로 및 구거 부지의 평가)

① 도로 부지에 대한 평가는 다음 각 호에서 정하는 바에 의한다. 〈개정 2005.2.5.〉

　1.「사도법」에 의한 사도의 부지는 인근 토지에 대한 평가액의 5분의 1 이내

　2. 사실상의 사도 부지는 인근 토지에 대한 평가액의 3분의 1 이내

② 제1항 제2호에서 "사실상의 사도"라 함은 「사도법」에 의한 사도 외의 도로(「국토의 계획 및 이용에 관한 법률」에 의한 도시·군 관리계획에 의하여 도로로 결정된 후부터 도로로 사용되고 있는 것을 제외한다)로서 다음 각 호의 1에 해당하는 도로를 말한다. 〈개정 2005.2.5., 2012.1.2., 2012.4.13.〉

　1. 도로 개설 당시의 토지소유자가 자기 토지의 편익을 위하여 스스로 설치한 도로

　2. 토지소유자가 그 의사에 의하여 타인의 통행을 제한할 수 없는 도로

　3.「건축법」 제45조에 따라 건축허가권자가 그 위치를 지정·공고한 도로

　4. 도로 개설 당시의 토지소유자가 대지 또는 공장 용지 등을 조성하기 위하여 설치한 도로

(5) 사용승낙서 발급 시 주의 사항

① 공무원 또는 제출 대행자(건축사, 토목측량, 환경사 등)에게 직접 주라.

② 사용승낙서의 효력 범위와 인허가 기간을 공무원 또는 대행자에게 확인하라.

③ 사용승낙서를 발급하면서 이행 각서를 정확하게 받아라(계약서 특약 포함).

④ 연대보증(연대보증인 또는 담보물, 어음 공증)을 받아라(계약서 특약 포함).

⑤ 기간 만료 후 명도의 어려움을 대비하여 미리 제소 전 화해 등을 활용하라.

⑥ 사용승낙 기간이 영구이면 적정 금액을 약정하라(도로는 매도가의 1/3 또는 1/5).

* 건축허가(신고)를 위한 진입로의 사용승낙서는 정당한 대가를 지급하는 경우에는 다음 예시와 같이 자세하게 받는 것이 좋으나, 혹시 사용승낙자가 불편하게 생각하면 간단하게 받아도 된다.

사 용 승 낙 서

부동산소재	도		시(군)		면(동)	리
지번	지목	지적면적(㎡)		동의면적(㎡)		비고
						(도면첨부)

사용목적	건축법 도로 지정 및 도로관리대장 등재 신청 지하 공공시설 매설 (상하수도, 가스, 전기 등)
사용기간	영구 (건축법 도로 폐지 시까지)
사용자	건축지번:　　도　　　시(군)　　　면(동)　　리　　　번지
	주소 : 성명 :

위 부동산은 본인 소유로서, 위 사용자를 위한 건축허가(신고) 진입로로 사용에 동의하고, 그 지하에 공공시설의 매설을 승낙함.

첨부 : 인감증명서(사용승낙용) 1부

20　　　년　　　월　　　일

승낙자(토지소유자)

주 소 :

성 명 :　　　　　　　　　　(인) 주민등록번호

　　　　　　　　　　　연락처:

시 장 귀하

04 판례 등 유권해석

1 판례 살펴보기

【판례|precedents, 判例**】**

법원이 특정 소송 사건에 대하여서 법을 해석·적용하여 내린 판단·판결례判決例. 당사자의 제소提訴에 의하여 법원이 그 구체적인 소송에서 내린 법원의 판단은 그 사건에 관하여서만 효력이 있는 것이고, 다른 사건에는 구속력이 없는 것이지만, 그러나 먼저의 재판이 나중 재판의 선례가 되어 사실상 구속력을 발휘하게 된다. 이처럼 선례가 되는 재판이 판례이다. 영미 법계에서는 불문법 제도를 취하고 있으므로, 판례에 법적 구속력이 인정되고 있다.

대법원이 판례(해석·적용에 관한 의견)를 변경하려고 할 때에는 전원 합의체에서 하도록 신중한 절차를 요구하고 있으며(법원조직법 7조 1항 3호), 또한 하급 법원도 대법원에서 판례 위반으로 파기될 만한 판결은 좀처럼 하지 않으므로, 판례의 실무상 구속력은 굉장하다.

• 판례 번호의 의미 : 재판 법원, 선고 날짜, 사건 부호

대법원 2012.3.15. 선고 2011두27322 판결 [건축신고 철회 처분 취소]

대법원 1994.1.28. 선고 93누20023 판결 [행정처분 취소]

민사소송은 가―나―다 / 행정소송은 구―누―두 / 형사소송은 고―노―도

(1) 배타적 사용·수익권의 포기 또는 행사의 제한은 종합적으로 고찰하여야 한다

대법원 2019. 1. 24. 선고 2016다264556 전원합의체 판결   판례 살펴보기 🔍

[시설물철거및토지인도청구의소]

[판결 요지] (나) 토지 소유자가 그 소유의 토지를 도로, 수도시설의 매설 부지 등 일반 공중을 위한 용도로 제공한 경우에, 소유자가 토지를 소유하게 된 경위와 보유기간, 소유자가 토지를 공공의 사용에 제공한 경위와 그 규모, 토지의 제공에 따른 소유자의 이익 또는 편익의 유무, 해당 토지 부분의 위치나 형태, 인근의 다른 토지들과의 관계, 주위 환경 등 여러 사정을 종합적으로 고찰하고, 토지 소유자의 소유권 보장과 공공의 이익 사이의 비교형량을 한 결과, 소유자가 그 토지에 대한 독점적·배타적인 사용·수익권을 포기한 것으로 볼 수 있다면,

타인[사인私人뿐만 아니라 국가, 지방자치단체도 이에 해당할 수 있다.]이 그 토지를 점유·사용하고 있다 하더라도 특별한 사정이 없는 한 그로 인해 토지 소유자에게 어떤 손해가 생긴다고 볼 수 없으므로, 토지 소유자는 그 타인을 상대로 부당이득반환을 청구할 수 없고, 토지의 인도 등을 구할 수도 없다.

다만 소유권의 핵심적 권능에 속하는 사용·수익 권능의 대세적·영구적인 포기는 물권법정주의에 반하여 허용할 수 없으므로, 토지 소유자의 독점적·배타적인 사용·수익권의 행사가 제한되는 것으로 보는 경우에도, 일반 공중의 무상 이용이라는 토지이용현황과 양립 또는 병존하기 어려운 토지 소유자의 독점적이고 배타적인 사용·수익만이 제한될 뿐이고, 토지 소유자는 일반 공중의 통행 등 이용을 방해하지 않는 범위 내에서는 그 토지를 처분하거나 사용·수익할 권능을 상실하지 않는다.

(2) 건축법 도로로 지정되면 누구나 사용승낙 없이 사용할 수 있는 공도公道가 된다

대법원 2008.10.9. 선고 2008두4008 판결 [건축허가 무효 확인 청구]   판례 살펴보기 🔍

[판시 사항] 도로 부지 소유자가 건축허가가 취소된 건물을 위하여 도로 부지의 지정·공고에 동의하였을 뿐 신축하는 다른 건물의 진입도로로 도로 부지를 제공할 의사가 없다고 하더라도, 새로운 건축허가의 무효 확인을 구할 원고 적격이 없다고 한 사례

[이유] 행정처분의 직접 상대방이 아닌 제3자라 하더라도 당해 행정처분으로 인하여 법률상 보호되는 이익을 침해당한 경우에는 그 처분의 취소나 무효 확인을 구하는 행정소송을

제기하여 그 당부의 판단을 받을 자격이 있다 할 것이며,

여기에서 말하는 법률상 보호되는 이익이라 함은 당해 처분의 근거 법규 및 관련 법규에 의하여 보호되는 개별적·직접적·구체적 이익이 있는 경우를 말하고, 공익 보호의 결과로 국민 일반이 공통적으로 가지는 일반적·간접적·추상적 이익이 생기는 경우에는 법률상 보호되는 이익이 있다고 할 수 없다(대법원 2006.3.16. 선고 2006두330 전원 합의체 판결, 대법원 2006.12.22. 선고 2006두14001 판결 등 참조).

(중간생략) 건축법상의 도로의 위치를 지정·공고하고자 할 때에는 이로 인하여 그 도로부지 소유자들이 건축법에 따른 토지이용상의 제한을 받게 되기 때문에 그 소유자 등 이해관계인의 동의를 얻도록 되어 있으나, 한편으로 이와 같은 도로 위치의 지정·공고가 구 건축법 제8조 소정의 건축허가와는 그 처분의 근거 및 성질을 달리하는 별개의 처분이라는 점에서 건축허가권자가 건축허가와 관련하여 도로부지 소유자의 동의를 얻어 건축법상 도로의 위치를 지정·공고하였다면, 그 후 그 건축허가가 취소되더라도 건축법상 도로 위치의 지정·공고가 당연히 소급하여 효력을 상실하는 것은 아니므로, 비록 원고들이 소외 주식회사를 위하여 이 사건 도로부지에 대한 건축법상 도로 위치의 지정·공고에 동의하였을 뿐이고 의료법인 ****재단이 신축할 건축물의 진입도로로 이 사건 도로부지를 제공할 의사가 없다 하더라도, 이러한 사정만으로는 이 사건 처분으로 인하여 원고들의 권리가 침해된다고 보기는 어렵다(이하 생략)

(※ 이 경우 배타적 사용권의 포기·제한이 있다면 조례도로의 지정가능성을 검토하라)

(3) 막다른 골목길은 지정근거가 없으면 건축법 도로가 아니다

대법원 1999.2.9. 선고 98두12802 판결 [건축허가 신청 반려 처분 취소]　　　판례 살펴보기 Q

[판시 사항]

[1] 막다른 골목길을 유일한 통행로로 하고 있는 부지에 대한 건축허가나 준공 검사가 있는 경우, 위 골목길에 대한 도로로서의 위치 지정되어 있었던 것으로 추정할 수 있는지 여부(소극)

[판결 요지]

[1] 건축법 제36조, 제37조에 따라 건축선에 의한 건축 제한이 적용되는 도로는 건축법 제2조 제11호에서 정의하는 도로, 즉 관계 법령의 규정에 의하여 신설 또는 변경에 관한 고시가 된 도로나 건축허가 또는 신고 시 시장·군수·구청장이 그 위치를 지정한 도로만을 가리킨다고 할 것인바, 도로로서의 위치 지정이 있게 되면 그 도로부지 소유자들은 건축법에 따른 토지 사용상의 제한을 받게 되므로 그 위치 지정은 도로의 구간, 연장, 폭 및 위치 등을 특정하여 명시적으로 행하여져야 하고, 따라서 막다른 골목길을 유일한 통행

로로 하는 부지에 대한 건축허가 또는 신고나 준공 검사가 있었다 하더라도 건축법 제33조 제1항이 건축물의 대지는 2m 이상을 도로에 접하여야 한다고 규정하고 있음을 들어 위 골목길에 대한 도로로서의 위치 지정되어 있었던 것으로 추정할 수 없다.

(※ 이 경우 배타적 사용권의 포기·제한이 있다면 조례도로의 지정가능성을 검토하라)

(4) 막다른 도로는 허가권자가 위치를 지정만 하면 건축법 도로이다

대법원 1988.12.13. 선고 87누1036 판결 [건물 자진 철거 지시 처분 취소] 판례 살펴보기 🔍

[판시 사항] 건축법 시행령 제64조의 취지

[판결 요지] 건축법 제2조 제15호, 동법 시행령 제62조에 의하면 건축법상 도로 가운데 막다른 도로는 위 시행령 제62조 소정의 도로에 대하여 시장 또는 군수가 건축허가 시에 그 위치를 지정하기만 하면 되게 되어있으며, 위 시행령 제64조 제1항 소정의 도로대장은 도로를 지정하고 난 다음에 작성 비치 의무가 지워져 있으므로 위 대장의 비치가 건축법 제2조 제15호 소정의 도로 요건이 될 수는 없다.

(5) 76.1.31. 이전 4m 이상의 도로는 모두 건축법 도로로 본다

건축법 부칙 〈법률 제2852호, 1975.12.31.〉 법 조항 살펴보기 ⚖

② (기존 도로에 대한 경과 조치) 이 법 시행 당시 종전의 규정에 의한 도로로서 제2조 제15호의 규정에 적합하지 아니한 것은 동 규정에 불구하고 이를 도로로 본다.

대법원 1994.1.28. 선고 93누20023 판결 [행정처분 취소] 판례 살펴보기 🔍

[판시 사항] 폭 4m 이상인 사실상의 도로가 구 건축법(1975.12.31. 법률 제2852호로 전문 개정되기 전의 것)상의 도로에 해당하는지 여부

[판결 요지] 1975.12.31. 법률 제2852호 건축법 중 개정 법률 부칙 제2조는 이 법 시행 당시 종전의 규정에 의한 도로로서 제2조 제15호의 규정에 적합하지 않은 것은 동 규정에도 불구하고 이를 도로로 본다고 규정하고 있고, 그 전의 건축법(1967.3.30. 법률 제1942호) 제2조 제15호는 '도로'라 함은 폭 4m 이상의 도로와 다음에 게시하는 것의 하나에 해당하는 예정 도로로서 폭 4m 이상의 것을 말한다. 폭 4m 미만의 도로로서 시장 군수가 지정한 도로도 또한 같다고 규정하고 있으므로, 폭 4미터 이상의 도로는 폭 4m 미만의 도로와는 달리 시장 군수가 도로로 지정하지 않은 사실상의 도로라 하더라도 건축법상의 "도로"에 해당한다

할 것이니, 사실상의 도로가 그 폭이 4m 이상으로서 위 1975.12.31. 법률 제2852호 시행일 전에 이미 주민들의 통행로로 이용되고 있었다면 이는 건축법상의 도로에 해당한다.

(6) 행정재산도 주위토지통행권 대상이 될 수 있다

판례 살펴보기 🔍

대법원 1994. 6. 24. 선고 94다14193 판결 [주위토지통행권확인등]

[판시 사항]

가. 공로에 통하는 기존 통로가 있는 경우 주위토지통행권의 인정 여부

나. 행정재산인 토지에 대하여 주위토지통행권을 인정할 수 있는지 여부

[판결 요지]

가. 주위토지통행권은 어느 토지가 타인 소유의 토지에 둘러싸여 공로에 통할 수 없는 경우뿐만 아니라, 이미 기존의 통로가 있더라도 그것이 당해 토지의 이용에 부적합하여 실제로 통로로서의 충분한 기능을 하지 못하고 있는 경우에도 인정된다.

나. 지방재정법 제74조 제1항, 제82조 제1항에 의하면 공유재산은 지방자치단체의 장의 허가 없이 사용 또는 수익을 하지 못하고, 또 그 중 행정재산에 관하여는 사권을 설정할 수 없게 되어 있음은 물론이나, 민법상의 상린관계의 규정은 인접하는 토지 상호간의 이용 관계를 조정하기 위하여 인지소유자에게 소극적인 수인의무를 부담시키는 데 불과하므로, 그 중의 하나인 민법 제219조 소정의 주위토지통행권이 위에서 말하는 사권의 설정에 해당한다고 볼 수 없고, 또 그러한 법정의 통행권을 인정받기 위하여 특별히 행정당국의 허가를 받아야 하는 것이라고도 할 수 없다.

(* 이 경우에는 항공사진, 정보공개 등으로 근거를 확보하라)

(7) 건축법 접도의무 예외는 하상(제방)도로에도 적용될 수 있다

판례 살펴보기 🔍

대법원 1999.6.25. 선고 98두18299 판결 [건축허가 신청 불허 가처분 취소]

[판시 사항]

[1] 구 건축법 제33조 제1항이 건축물 대지의 접도의무를 규정한 취지 및 같은 항 단서 소정의 '기타 통행에 지장이 없는 경우'에 해당하는지 여부의 판단 기준

[2] 토지가 건축법 소정의 도로에 접해 있지는 않지만, 하상 도로나 제방 위의 도로를 이용하여 간선도로로 진입할 수 있는 경우, 구 건축법 제33조 제1항 단서 소정의 '기타 통행에 지장이 없는 경우'에 해당한다고 한 사례

[판결 요지]

[1] 구 건축법(1999.2.8. 법률 제5895호로 개정되기 전의 것) 제33조 제1항에는 건축물의 대지는 2m 이상을 도로에 접하여야 한다. 다만 건축물의 주위에 대통령령에 정하는 공지가 있거나 기타 통행에 지장이 없는 경우에는 그러하지 아니하다고 규정하고 있고, 건축법에서 위와 같은 건축물 대지의 접도의무를 규정한 취지는 건축물의 이용자로 하여금 교통상·피난상·방화상·위생상 안전한 상태를 유지·보존케 하기 위하여 건축물의 대지와 도로와의 관계를 특별히 규제하여 도로에 접하지 아니하는 토지에는 건축물을 건축하는 행위를 허용하지 않으려는 데에 있다 할 것이므로, 같은 법 제33조 제1항 단서 소정의 '기타 통행에 지장이 없는 경우'에 해당하는지를 판단함에 있어서는 위와 같은 건축물 대지의 접도의무를 규정하고 있는 취지를 고려하여 건축허가 대상 건축물의 종류와 규모, 대지가 접하고 있는 시설물의 종류 등 구체적인 사정을 고려하여 개별적으로 판단하여야 할 것이다.

[2] 토지가 건축법 소정의 도로에 접해 있지는 않지만, 하상 도로나 제방 위의 도로를 이용하여 간선도로로 진입할 수 있는 경우, 구 건축법 제33조 제1항 단서 소정의 '기타 통행에 지장이 없는 경우'에 해당한다고 한 사례.

(＊ 다만 제방도로 관리자의 동의가 걸림돌이 될 수 있다)

(8) 택지분양은 분양자에게 원칙적으로 도로제공 의무가 있다

판례 살펴보기 🔍

대법원 2014.3.27. 선고 2011다107184 판결 [소유권 이전 등기]

[판시 사항] 택지를 조성한 후 분할하여 분양하는 사업을 하는 경우, 명시적 약정이 없더라도 분양 사업자가 수분양자에게 주택 건축 및 통행이 가능하도록 인접 부지에 도로를 개설하여 제공하고 수분양자에 대하여 도로를 이용할 수 있는 권한을 부여하는 것을 전제로 분양 계약이 이루어졌다고 추정되는지 여부(원칙적 적극)

[판결 요지] 택지를 조성한 후 분할하여 분양하는 사업을 하는 경우에, 그 택지를 맹지로 분양하기로 약정하였다는 등의 특별한 사정이 없다면, 분양 계약에 명시적인 약정이 없더라도 분양 사업자로서는 수분양 택지에서의 주택 건축 및 수분양자의 통행이 가능하도록 조성·분양된 택지들의 현황에 적합하게 인접 부지에 건축법 등 관계 법령의 기준에 맞는 도로를 개설하여 제공하고 수분양자에 대하여 도로를 이용할 수 있는 권한을 부여하는 것을 전제로 하여 분양 계약이 이루어졌다고 추정하는 것이 거래상 관념에 부합되고 분양계약 당사자의 의사에도 합치된다(대법원 1985.8.13. 선고 85다카421 판결, 대법원 2009.6.11. 선고 2009다8802 판결 참조).

⑨ 택지분양자가 개설한 도로는 '배타적 사용·수익권'이 없다

대법원 2009.6.11. 선고 2009다8802 판결 [부당 이득금 반환]
판례 살펴보기 🔍

[판시 사항] [1] 토지소유자가 택지를 조성·분양하면서 개설한 도로에 대하여 독점적·배타적 사용·수익권을 행사할 수 있는지 여부(소극)

[판결 요지] [1] 토지소유자가 일단의 택지를 조성·분양하면서 개설한 도로는 다른 특별한 사정이 없는 한 그 토지의 매수인을 비롯하여 그 택지를 내왕하는 모든 사람에 대하여 그 도로를 통행할 수 있는 권한을 부여한 것이라고 볼 것이어서, 토지소유자는 그 토지에 대한 독점적이고 배타적인 사용 수익권을 행사할 수 없다.

⑩ 건축허가는 법의 제한 이외의 사유로 거부할 수 없다(대법원 2002두3201)

대법원 1995.12.12. 선고 95누9051 판결 [건축허가 신청 반려 처분 취소]
판례 살펴보기 🔍

[판시 사항] [1] 건축허가권자가 관계 법령에서 정하는 제한 사유 이외의 사유를 들어 그 허가 신청을 거부할 수 있는지 여부

[판결 요지] [1] 건축허가권자는 건축허가 신청이 건축법, 도시계획법 등 관계 법규에서 정하는 어떠한 제한에 배치되지 않는 이상 당연히 같은 법조에서 정하는 건축허가를 하여야 하고 위 관계 법규에서 정하는 제한 사유 이외의 사유를 들어 거부할 수는 없다.

(＊ 사유도로의 사용승낙이 개발행위허가기준이라고 과잉해석되고 있다)

⑪ 개발행위허가의 불허는 법원도 잘못을 판단하기 어렵다

대법원 2005.7.14. 선고 2004두6181 판결 [건축허가 신청 반려 처분 취소]
판례 살펴보기 🔍

[판시 사항] [2] 기속행위와 재량행위에 대한 사법 심사 방식

[판결 요지] [2] 행정행위를 기속행위와 재량행위로 구분하는 경우 양자에 대한 사법 심사는, 전자의 경우 그 법규에 대한 원칙적인 기속성으로 인하여 법원이 사실인정과 관련 법규의 해석·적용을 통하여 일정한 결론을 도출한 후 그 결론에 비추어 행정청이 한 판단의 적법 여부를 독자의 입장에서 판정하는 방식에 의하게 되나, 후자의 경우 행정청의 재량에 기한 공익 판단의 여지를 고려하여 법원은 독자의 결론을 도출함이 없이 당해 행위에 재량권의 일탈·남용이 있는지 여부만을 심사하게 되고, 이러한 재량권의 일탈·남용 여부에 대한 심사는 사실오인, 비례·평등의 원칙 위배 등을 그 판단 대상으로 한다.

(＊ 건축목적의 개발행위허가의 진입로에 대한 공부를 많이 하여야 한다)

⑿ 개발행위허가의 재량권 일탈·남용은 신청자가 입증해야 한다

재량행위에 대한 사법심사는 행정청의 공익판단에 관한 재량의 여지를 감안하여 원칙적으로 재량권의 일탈이나 남용이 있는지 여부만을 대상으로 하는데, 그 판단 기준은 사실오인과 비례·평등의 원칙 위반 여부 등이 된다(대법원 2015두41579, 2016두30866). 이러한 재량권 일탈·남용에 관하여는 그 행정행위의 효력을 다투는 사람이 주장·증명책임을 부담한다(대법원 2017두48956, 87누861).

⒀ 수익적 행정처분의 취소는 중대한 공익상 필요가 있어야 한다

대법원 2004.7.22. 선고 2003두7606 판결 [형질변경 허가 반려 처분 취소]

[판시 사항]

[4] 수익적 행정처분에 대한 취소권 등의 행사의 요건 및 그 한계

[6] 개발제한구역 내에서의 토지 형질변경 등의 허가 신청에 대한 거부 처분이

[판결 요지]

[4] 수익적 행정처분을 취소 또는 철회하거나 중지시키는 경우에는 이미 부여된 그 국민의 기득권을 침해하는 것이 되므로, 비록 취소 등의 사유가 있다고 하더라도 그 취소권 등의 행사는 기득권의 침해를 정당화할 만한 중대한 공익상의 필요 또는 제3자의 이익 보호의 필요가 있는 때에 한하여 상대방이 받는 불이익과 비교·교량하여 결정하여야 하고, 그 처분으로 인하여 공익상의 필요보다 상대방이 받게 되는 불이익 등이 막대한 경우에는 재량권의 한계를 일탈한 것으로서 그 자체가 위법하다.

[6] 개발제한구역 내에서의 토지 형질변경 등의 허가 신청에 대한 거부 처분이 재량권의 일탈·남용이 아니라고 한 사례.

(＊ 준공검사 때에 사용승낙을 요구하면 재량권 일탈·남용이 될 수 있다)

(1) 비도시·면지역의 대지는 (건축법) 도로에 접하지 않아도 된다

국토해양부 – 건축물의 대지가 반드시 「건축법」상 도로에 접하여야 하는지

(「건축법」 제44조 등 관련) (안건 번호 10–0317, 회신 일자 2010.10.28.)

[질의] 「건축법」 제44조제1항에서 건축물의 대지는 2미터 이상이 도로(자동차만의 통행에 사용되는 도로는 제외함)에 접하여야 한다고 규정하면서, 같은 법 제3조제2항에서는 일정 지역에서는 같은 법 제44조를 적용하지 아니한다고 규정하고 있는데, 여기에서 "적용하지 아니한다"는 것은 건축물의 대지가 도로에 접하지 아니하여도 된다는 의미인지, 아니면 건축물의 대지와 도로가 접하는 부분이 2미터 이상은 아니더라도 최소한 도로에 접하기는 하여야 한다는 의미인지?

[회신] 이 건 질의에서 "적용하지 아니한다"는 것은 건축물의 대지가 도로에 접하지 아니하여도 된다는 의미라고 할 것입니다.

[이유] 「건축법」 제44조제1항 각 호 외의 부분 본문에서는 건축물의 대지는 2미터 이상이 도로(자동차만의 통행에 사용되는 도로는 제외함)에 접하여야 한다(이하 "접도의무"라 함)고 규정하고 있고, 같은 법 제3조제2항에서는 「국토의 계획 및 이용에 관한 법률」에 따른 도시지역 및 같은 법 제51조제3항에 따른 지구단위계획구역 외의 지역으로서 동이나 읍(동이나 읍에 속하는 섬의 경우에는 인구가 500명 이상이 경우만 해당됨)이 아닌 지역은 「건축법」 제44조를 적용하지 아니한다고 규정하고 있는데, 이러한 "적용하지 아니한다"는 것이 건축물의 대지의 접도의무가 면제된다는 의미인지, 아니면 건축물의 대지와 도로가 접하는 부분이 2미터 이상은 아니더라도 최소한 도로에 접하기는 하여야 한다는 의미인지가 문제될 수 있습니다. 먼저, 「건축법」 제44조제1항에서 건축물 대지의 접도의무를 규정한 취지는, 건축물의 이용자로 하여금 교통상·피난상·방화상·위생상 안전한 상태를 유지·보존하게 하기 위하여 건축물의 대지와 도로와의 관계를 특별히 규제하여 도로에 접하지 아니하는 토지에는 건축물을 건축하는 행위를 허용하지 않으려는 것인바(대법원 2003. 12. 26. 선고 2003두6382 판결 및 대법원 1999. 6. 25. 선고 98두18299 판결 참조).

여기서 "도로"라 함은 같은 법 제2조제11호에서 규정하는 도로, 즉, 「국토의 계획 및 이용에 관한 법률」 「도로법」 「사도법」 그 밖의 관계 법령에 따라 신설 또는 변경에 관한 고시가 된 도로 및 건축허가 또는 신고 시에 특별시장·광역시장·도지사·특별자치도지사 또는 시장·군수·구청장이 위치를 지정하여 공고한 도로나 그 예정도로로서, 실제 도로로서의 효용을 다할 수 있는 정도의 구조 형태를 갖춘 것만을 의미한다고 할 것입니다(대법원 1992. 9. 14. 선고 91누8319 판결 참조).

반면, 「건축법」 제3조제2항에서 일정 지역에 대하여 건축물 대지의 접도의무 적용을 배제하고 있는 취지는, "도시지역 및 같은 법 제51조제3항에 따른 지구단위계획구역 외의 지역으로서 동이나 읍이 아닌 지역"의 규모나 지역적 특성에 비추어 볼 때, 해당 구역에 존재하는 건축물의 대지에 대하여 「국토의 계획 및 이용에 관한 법률」, 「도로법」, 「사도법」 그 밖의 관계 법령에 따라 신설 또는 변경에 관한 고시가 된 도로 및 건축허가 또는 신고 시에 특별시장·광역시장·도지사·특별자치도지사 또는 시장·군수·구청장이 위치를 지정하여 공고한 도로와 접하는 요건을 충족하는 것이 현실적으로 어렵다는 정책적 판단에 따른 것이라 할 것이므로, 「건축법」 제3조제2항에서 같은 법 제44조를 적용하지 아니한다는 것은 접도의무를 면제한다는 의미라고 보입니다.

다음으로, 「건축법」 제44조제1항 본문에 따라 요구되는 건축물의 대지 기준을 살펴보면, 첫째, 도로에 접하여야 할 것, 둘째, 접하는 부분이 2미터 이상일 것이므로, 반대해석상 위 규정이 적용되지 않는 경우에는 건축물의 대지가 도로에 접할 것을 요구하지 않는다고 보이고, 같은 조 제1항 단서와 각 호 및 같은 법 시행령 제28조제1항에서 규정하고 있는 접도의무 예외 사유를 보면, ①해당 건축물의 출입에 지장이 없다고 인정되는 경우, ②건축물의 주변에 광장, 공원, 유원지, 그 밖에 관계 법령에 따라 건축이 금지되고 공중의 통행에 지장이 없는 공지로서 허가권자가 인정한 공지가 있는 경우와 같이 건축물의 대지가 도로에 접하여 있지 아니하여도 건축물의 주변에 공지 등이 존재하여 건축물로의 통행에 지장이 없는 경우를 규정하고 있는 점 등에 비추어 볼 때, 이 사안에서와 같이 「건축법」 제44조의 적용이 제외되는 대지의 건축물에 대해서는 도로에 접할 것을 요구하지 아니한다고 해석하는 것이 접도의무 규정의 취지에 부합한다고 할 것입니다.

따라서, 이 건 질의에서 "적용하지 아니한다"는 것은 건축물의 대지가 도로에 접하지 아니하여도 된다는 의미라고 할 것입니다.

(* 다만 개발행위허가 대상일 때는 다르다)

(2) 도로관리대장에 있어도 준공 안 된 도로는 도로 관리자의 동의가 필요하다

파주시 (안건 번호14-0198, 회신 일자 2014.5.22.)

도로관리대장에 등록된 도로를 이용하여 산지 전용 허가를 받고자 하는 경우, 토지소유자 외에 도로 관리자에게도 도로 이용에 관한 동의를 받아야 하는지?(「산지관리법 시행령」 별표 4 제1호 마목 세부 기준란 10)나) 등 관련)

[질의] 「건축법」 제2조 제1항 제11호 나목에 따르면 건축허가 시에 시·도지사 또는 시장·군수·구청장이 위치를 지정하여 공고한 도로는 같은 법 제45조 제1항 및 같은 법 시행규칙 제26조의4에 따라 이해관계인(토지소유자)의 동의를 받은 후 도로관리대장에 등록하도록 하고 있고, 「산지관리법 시행령」 별표 4제 1호 마목 세부 기준란 10)나)에서는 준공 검사 또는 사용 개시를 완료한 기존 도로 외에도 "준공 검사는 완료되지 않았으나 실제로 통행이 가능한 도로로서 도로 관리자가 도로 이용에 관하여 동의한 경우"에는 해당 도로를 이용하는 산지 전용 허가를 할 수 있게 되어 있는데,

토지소유자와 도로 관리자가 다른 「건축법」 제2조 제1항 제11호 나목에 따른 도로가 「건축법」 제45조에 따라 이해관계인(토지소유자)의 동의를 받아 도로관리대장에 등록된 경우, 그 도로를 이용하여 산지 전용 허가를 받으려면 「산지관리법 시행령」 별표 4 제1호 마목 세부 기준란 10)나)에 따라 도로 관리자에게 도로 이용에 관한 동의를 받아야 하는지?

[회신] 토지소유자와 도로 관리자가 다른 「건축법」 제2조 제1항 제11호 나목에 따른 도로가 「건축법」 제45조에 따라 이해관계인(토지소유자)의 동의를 받아 도로관리대장에 등록된 경우, 그 도로를 이용하여 산지 전용 허가를 받으려면 「산지관리법 시행령」 별표 4 제1호 마목 세부 기준란 10)나)에 따라 도로 관리자에게 도로 이용에 관한 동의를 받아야 할 것입니다.

(3) 법정도로만 산지에서 제외되고, 사실상 도로는 산지이다

민원인 (안건 번호 15-0060, 회신 일자 2015.3.17.)

사실상의 도로가 산지에서 제외되는 도로에 해당하는지 여부 (산지관리법 제2조 제1항 관련)

[질의] 「산지관리법」 제2조 제1호에서는 "산지"를 정의하면서, 같은 호 단서에서는 농지, 초지, 주택지, 도로 및 그 밖에 대통령령으로 정하는 토지는 제외한다고 규정하고 있는바, 산지에서 제외되는 "도로"가 「도로법」 등에 따른 도로(이하 "법정도로"라 함)로 한정되는지?

[회신] 「산지관리법」 제2조 제1호 단서에 따라 산지에서 제외되는 "도로"는 "법정도로"로 한정됩니다.

(4) 건축허가에서 압류권자의 동의가 필요 없다

국토해양부 (안건 번호 10-0464, 회신 일자 2011.1.28.)

압류된 대지에 대하여 건축허가를 신청한 경우 압류권자의 동의가 없다는 이유로 건축허가 신청을 반려할 수 있는지의 여부 (「건축법」 제11조 등 관련)

우선 「건축법」 제11조 제1항 및 같은 법 시행규칙 제6조 제1항에서는 건축허가를 받으려는 자는 건축할 대지의 범위에 관한 서류(제1호)와 건축할 대지의 소유 또는 그 사용에 관한 권리를 증명하는 서류(제1호의2) 등의 제출을 규정하고 있을 뿐 해당 대지를 압류한 압류권자의 동의서를 제출하도록 하고 있지는 않은바, 건축법령의 문언상 대지 소유자의 채권자에 의해 대지가 압류된 상태에서 대지의 소유자가 해당 대지에 건축물을 신축하기 위하여 건축허가를 신청하는 경우라도 해당 건축물의 신축에 대한 압류권자의 동의를 증명하는 서류를 제출하여야 한다고 볼 수는 없다 할 것입니다.

한편 「건축법」 제11조 제1항 및 같은 법 시행규칙 제6조 제1항 제1호·제1호의2에서 건축허가를 받으려는 자는 건축할 대지의 범위에 관한 서류와 건축할 대지의 소유 또는 그 사용에 관한 권리를 증명하는 서류를 제출하도록 하고 있는 취지는, 만일 소유자, 지상권자 등 법률상 그 대지를 사용할 권한이 있는 자로부터 그 지상에서의 건축에 대한 동의를 받지 아니한 채 건축 공사가 이루어져 그 건물이 철거될 수밖에 없게 된다면 그 건축주 개인뿐만 아니라 사회경제적으로도 바람직하지 못하므로 이러한 사태를 미연에 방지함에 있다고 할 것입니다. (울산지방법원 2010.10.13. 선고 2010구합942 판결례 등 참조)

(5) 지상권 설정이 건축허가 반려 사유는 아니다

국민권익위원회 (안건 번호 10-0317, 회신 일자 2010.10.28.)

대지에 설정된 지상권이 해제되지 않았다는 이유로 20세대 미만인 다세대주택의 건축허가 신청을 반려할 수 있는지 여부 (「건축법」 제11조 및 같은 법 시행규칙 제6조 등 관련)

그렇다면, 건축법령에 따라 건축허가를 받으려는 20세대 미만의 다세대주택은 건축물 분양 법령이나 주택법령의 적용 대상에 해당하지 않으므로 건축법령만을 적용받는다고 할 수 있고, 건축허가권자는 관련 법령에서 정하는 제한 사유 이외의 사유를 들어 그 허가 신청을 거부할 수는 없다고 할 것인데(대법원 2006.11.9. 선고 2006두1227 판결),

「건축법 시행규칙」 제6조 제1항 제1호에서는 분양 목적 공동주택을 건축하는 경우 건축할 대지의 권리관계와 관련해서는 건축할 대지의 소유권을 증명하는 서류만 제출하도록 규정하고 있을 뿐, 그 대지에 설정된 지상권 등을 해제하거나 말소하도록 하는 내용의 규정을 별도로 두고 있지는 않으므로 이 사안에서의 허가권자는 분양을 목적으로 하는 20세대 미만의 다세대 주택의 건축허가 신청에 대하여 그 건축할 대지에 설정된 지상권이 해제되지 않았다는 이유로 해당 건축허가 신청을 반려할 수는 없다고 할 것입니다.

(6) 도시계획 예정도로의 일부는 무상 귀속 대상이 아니다(도로=공공시설=무상 귀속)

경기도 하남시 (안건 번호 09-0178, 회신 일자 2009.7.20.)

건축물의 대지가 반드시 「건축법」상 도로에 접하여야 하는지(「건축법」 제44조 등 관련)

[질의] 개인이 「국토의 계획 및 이용에 관한 법률」 제56조에 따른 개발행위허가를 받아 건축물을 건축하기 위하여 도시관리계획에 따른 도로 예정지의 일부에 진·출입로를 개설하는 경우 해당 개설 부분이 같은 법 제65조 제2항의 무상 귀속 대상인지?

[회신] 개인이 「국토의 계획 및 이용에 관한 법률」 제56조에 따른 개발행위허가를 받아 건축물을 건축하기 위하여 도시관리계획에 따른 도로 예정지의 일부에 진·출입로를 개설하는 경우, 해당 개설 부분이 도로로서의 형태와 실질에 부합하지 않는 것이라면 해당 개설 부분은 같은 법 제65조 제2항에 따른 무상 귀속 대상이 아닙니다.

(7) 지목이 도로道路라도 공원公園이면 사용허가가 안될 수 있다

민원인 (안건 번호 11-0298, 회신 일자 2011.9.1.)

공부상 지목이 도로이나 공원으로 기부채납된 행정재산을 개인이 콘크리트 포장을 하여 도로로 사용하기 위하여 「공유재산 및 물품 관리법」 제20조의 사용허가를 신청한 경우 지방자치단체의 장은 사용허가를 하여야 하는지 여부(「공유재산 및 물품 관리법」 제20조 관련)

[질의] 공부상 지목이 도로이나 공원으로 기부채납된 행정재산을 개인이 콘크리트 포장을 하여 도로로 사용하기 위하여 「공유재산 및 물품 관리법」 제20조의 사용허가를 신청한 경우, 지방자치단체의 장은 반드시 사용허가를 하여야 하는지?

[회신] 공부상 지목이 도로이나 공원으로 기부채납된 행정재산을 개인이 콘크리트 포장을 하여 도로로 사용하기 위하여 「공유재산 및 물품 관리법」 제20조의 사용허가를 신청한 경우, 지방자치단체의 장이 반드시 사용허가를 하여야 하는 것은 아닙니다.

(8) 경매로 공장 승계에 산집법의 도로 승계가 포함되는 것은 아니다

지식경제부 (법제처 10-0258, 2010.9.17., 지식경제부 입지총괄과)

「산업집적활성화 및 공장설립에 관한 법률」 제10조에 따른 권리·의무 승계의 범위

[질의] 「산업집적활성화 및 공장성립에 관한 법률」 제13조에 따라 공장 설립 승인을 받으면서 해당 공장 진입로 부지 소유자가 다름에도 불구하고 「사도법」에 따른 사도개설허가나 그 의제 처리를 받지 않고 공장 진입로 부지 소유자로부터 진입로 사용승낙만 받아 공장 설립

에 관한 법률」제10조에 따라 승계되는지?

[회신] 「산업집적활성화 및 공장설립에 관한 법률」제13조에 따라 공장 설립 승인을 받으면서 해당 공장 진입로 부지 소유자가 다름에도 불구하고 「사도법」에 따른 사도개설허가나 그의제 처리를 받지 않고 공장 진입로 부지 소유자로부터 진입로 사용승낙만 받아 공장 설립 승인을 받은 자로부터 경매 절차에 의해 공장을 경락받아 「산업집적활성화 및 공장설립에 관한 법률」제10조에 따라 기존 공장에 대한 권리·의무를 승계받은 경우, 그 권리·의무를 승계받은 양수인에게 공장 진입로 부지 사용에 대한 권리도 「산업집적활성화 및 공장설립에 관한 법률」제10조에 따라 승계되는 것은 아닙니다.

(9) 보행자전용도로는 건축법 도로가 아니다

국토해양부 (안건 번호 09-0371, 회신 일자 2009.12.14.)
보행자전용도로가 「건축법」제2조 제1항 제11호에 따른 도로에 해당하는지 여부 등(「건축법」제2조 제1항 제11호 등 관련)
[질의] 가. 보행자전용도로가 「건축법」제2조 제1항 제11호에서 정의한 도로에 해당하는지?
[회신] 가. 질의 가에 대하여
보행자전용도로는 「건축법」제2조 제1항 제11호에서 정의한 도로에 해당하지 않습니다.

건축법 도로로 맹지탈출하기

디디알부동산연구원　www.ddr114.co.kr

건축법 도로와 허가 기준

2023.1.8

기존·예정[1] 도로			판단 기준[2] : 실제 현황現況으로 판단	
건축법 도로	법정 도로	국토계획법	(기반시설)도시계획시설 결정·개발행위허가·공공시설	
		도로법	국도·지방도·시군구도의 점용·연결허가	
		사도법	농어촌도로법의 도로(설계) 기준 및 연결 기준으로 완화	
		기타 관계법	농어촌도로 등 도로법 도로로 고시 × (의제 처리 포함)	
	지정 도로	지정·공고	위치지정은 의무. 공고는 시·군·구 공고에(홈페이지)	
		도로관리 대장	도로대장 유	(81.10.8 의무) → (94.7.21 법정양식신설)
			도로대장 무	지정시[3] 누락 / 지정제외 지역[4]·시기
		건축법 부칙	(1975.12.31) (1992.6.1)	4m 이상 모두 지정도로로 본다.(대법원)
				4m 미만 지정 근거 필요
		조례[5]지정	건축위원회○	소유자불명, 공익>사익 (배타적수익권)
		개발행위허가의 기반시설	'건축법에 맞게'- 건축법 도로지정	
가능 도로	미지정 도로	마을안길 및 농로	농어촌정비법, 소규모공공시설법 등	
		배타적 사용권 제한 도로	자조사업, 제공(관습), 택지분양, 분할등	
		기타 건축물 있는 도로	도시계획조례로 재량적 판단(공익>사익)	
재량적 판단		용도지역 상향	사후신고건축물(2006.5.8. 비도시 200㎡, 2층 ↕)	

국토계획법의 도로[6] = 기반시설

종류	조문	목적·취지 (법 제2조 6호 가목)
도시계획시설 결정	43조	도로는 4m 이상으로, 시설 결정 필수(민간도 사업시행자)
− 개발행위허가	58조	개발자가 기반시설 확보(57조), 개발행위허가 기준(58조)
− 공공시설 귀속	65조	개발행위허가 받은 자가 행정청은 무상귀속, 외는 정산

기반시설

종류		소유권	판단 기준
공공시설	도로법 도로	국·공유	도로법 도로·주택가 이면도로 등이 도시계획시설로 결정
	도시계획 도로		되지 않은 것도 공공시설임
기타 도로	건축법 도로	사/국공	개발행위허가 시 (제58조 개발행위허가기준에 맞고) 건축법
	사도법 도로	사유	령에 적합한 경우에는 도로로 인정 ⇨ 배타적 사용·수익
	사설도로		권 포기
현황도로		사/국공	국토계획법해설집 260쪽(2018.7.국토부 도시정책과)

---

1) 예정도로로 허가받을 수 있지만, 사용승인 전까지 통행가능한 상태로 만들어야 함
2) 판단기준 ①형질변경여부 ②출입가능(이용자 및 차량통행) ③공익>사익(배타적수익권)
3) 소유주가 다른 경우(대지≠도로)와 소유주가 같은 경우(대지=도로)의 해석의 차이
4) 비도시·면지역은 건축법에 지정의무가 없으나, 개발행위허가에서 지정할 수 있음
5) 지자체 건축조례에 따라 각기 다름 (공공성·공익성에 따른 판단)
6) 국토계획법의 도로(기반시설)와 건축법의 도로(통행)는 확보 목적(입법취지)이 다름

건축법의 지정도로 이용하기

1 도로관리대장이 없던 시절

(1) 도로란 도시계획시설로써 국가나 지자체가 만들어야 하나, 한정된 예산으로 충분한 도시계획시설을 미리 설치할 수 없었다. 그래서 지자체장은 도시계획시설인 도로를 설치하면서, 건축허가 시에 그 건축물의 진입로를 건축법의 도로로 지정하여, 그 진입로를 누구나 이용할 수 있는 준공공시설(=소방도로)로 만들어서 모자란 도로를 해결할 수밖에 없었다. 그런데 1980년대 후반부터 늘어난 자동차 등의 교통수요에 도로의 공급이 따라가지 못하고 있다.

(2) 지난 1981년부터 허가권자에게 건축허가를 하면서 건축법 도로를 지정한 근거를 도로대장에 남기라고 했으나, 도로대장의 법정 양식이 1994년에 만들어지고, 허가 관련 실과의 협조가 제대로 이루어지지 않아, 도로관리대장의 부실로 현재 수많은 국민이 고통을 받고 있다.

(3) 건축허가 당시 위치를 지정하고 공고한 근거가 없는 이유가 (국민의 잘못이 아니라) 입법 및 제도의 미비에 따른 허가권자의 과실임이 분명한데도, (이미 지정된 도로의 대장

이 없는 경우) 현황도로 소유자의 동의를 허가신청자 또는 신고 접수자에게 받아오라고 하는 등 그 책임을 모두 국민(=허가신청자)에게 지우고 있는 것이 현실이다.

(4) 특히 진입로를 새로이 만드는 건축허가에 있어서는 건축법과 국토계획법의 책임소재(=건축법의 도로지정 및 도로대장 등재)가 불분명하여, 건축사나 측지기사, 도시계획사도 '대지와 도로의 관계'에 대해서 정확히 이해하지 못하고 있다.

(5) 그런 이유로 건축법은 1999년부터 각 지자체 건축조례에 위임하여, (허가권자가) 현황도로를 이해관계인의 동의 없이 건축위원회의 심의로 건축법의 도로를 지정할 수 있는 근거를 만들었으나, 일선 지자체는 그 취지를 제대로 인식하지 못하고 있거나 민원을 두려워 하고 있어, 건축법의 개정 또는 적극적인 행정지도가 필요하다.(part 4-9 조례도로 참조)

2 건축법 도로와 접도의무

(1) 건축법의 도로란 ①보행과 자동차 통행이 가능하고 ②너비 4m 이상이면서 ③(건축법의 도로로 인정받을 수 있는) 도로는 가목의 4개와 나목의 1개이다. 이때 나목의 지정도로란 건축허가 신청 시에 허가권자에게 지정을 요청하는 통로이다.

(2) 타인의 토지를 사용승낙 받아서 건축법의 도로로 지정을 요청하는 건축허가신청자는 허가권자에게 대지에 접한 도로의 배타적 사용·수익권을 포기하는 것이다. 간혹 허가권자에게 도로의 소유권을 기부(채납)하고 건축허가를 받는 경우도 있다.

(3) 현황도로가 건축법의 도로로 지정되면, 사유지라도 소유자의 배타적 사용수익권이 제한되어 누구나 사용할 수 있는 준공공시설(=공도)이 되는 것이므로, 허가권자는 그 도로의 지정 및 도로관리대장의 등재에 신중하여야 한다.

(4) 건축허가에서 신청자의 접도의무란 ①법률로 개설된 도로(이하 법정도로라 한다.)와 ②허가권자가 건축허가 및 신고 시에 위치를 지정한 도로(이하 지정도로라 한다)에 대지를 연결하는 (건축법 제44조의) 조건을 허가신청자가 갖추는 것이다.

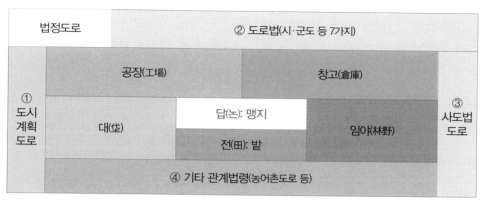

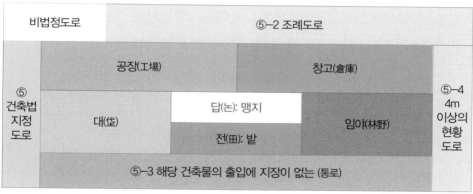

(5) 그런데 건축허가의 접도의무와 개발행위허가의 진입도로 접속의무는 다르다. 이 진입도로 접속의무에 대한 기준은 '개발행위허가운영지침'에 규정되어 있으므로, 다음 개발행위허가를 통한 '사설도로'에서 설명하기로 한다. 간혹 건축허가에서 개발행위허가의 접속로 미달을 이유로 불허하는 경우가 있는데, 건축물의 개축과 진입로가 건축법 기준에 맞는 현황도로인 경우에는 신중해야 한다. 왜냐하면 허가권자가 행정기본법의 신뢰보호의 원칙과 비례·평등의 원칙에 위배될 수도 있고, 이미 통행자유권을 가진 주민(=기득권자)의 권리를 보호하여야 하기 때문이다.

(6) 이미 개설된 법정도로나 지정도로는 그 도로대장을 통하여 연결 가능성을 확인할 수 있지만, 도시계획시설로 지정된 예정도로를 이용하거나, 공사 중인 각종 도로에 진입로를 연결하려면 상당한 노력이 필요하다.

(7) (현황) 도로가 도로대장에 없더라도 건축법의 도로 기준에 맞는 아래의 도로인 경우에는 이 (현황) 도로에 접하면 접도의무가 완성된 것으로 추정하여, 건축법 제44조제1항단서의 접도의무 예외로 허가할 수 있을 것이다. 그리고 건축법 도로 기준에 미달한 경우는 '현황도로'에서 설명하기로 한다.

① 1975년 12월 31일에 개정된(1976.2.1. 시행) 건축법 부칙 제2조에서 '4m 이상의 도로는 모두 건축법의 도로로 본다.'고 하였다(대법원 93누 20023, 2011두27322).

② 4m 미만의 도로는 건축법의 도로로 지정된 근거가 반드시 있어야 한다고 대법원은 유권해석하고 있다(대법원 92누7337, 94누11552, 98두12802).

③ 소유자가 불명하거나, '주민이 오랫동안 통행로로 이용하고 있는 사실상의 통로로서 해당 지방자치단체의 조례로 정하는 것인 경우'에는 배타적 사용·수익권 행사의 제한 여부를 건축위원회의 심의를 통해 판단하여 소유자의 동의 없이 건축법의 도로로 지정할 수 있다(건축법 제45조1항).

④ 비도시지역에서 지목이 '대(垈)' 등으로 형질변경이 되지 않은 토지에 건축을 하려면, 2003년 이전에는 그 대지의 형질변경 허가(개발행위허가 또는 농지 산지 전용 허가 등)를 먼저 받은 후 건축허가를 신청하였다. 그래서 건축허가 전에 접속로(=건축법의 도로)가 완성된 경우, 그 도로가 별도의 필지이고 지목이 도로라면 건축신고 시 건축법의 도로관리대장에 등재되어야 하는데 누락되는 경우가 있었다.

⑤ 공장 설립 승인 등과 같이 건축허가를 받기 전에 형질변경 허가를 받게 되면, 추후 건축허가 과정에서 그 진입로가 법정도로 중 기타 도로가 아니고, 공장 신청자가 개발행위허가로 개설한 도로는 건축법 도로지정이 누락되는 경우도 있었다.

⑥ 1991년 5월 31일 개정된 (1992.6.1 시행) 건축법 제8조에 의하면, 허가 대상은 도시

계획구역, 공업지역 및 취락지역 등에서 연면적 200㎡ 이상·3층 이상의 건축물이었고, 신청자가 건축법의 도로를 개설하기 위하여 받는 형질변경 허가는 건축허가에 의제되었다. 그러므로 허가 대상 건축물의 진입로로 사용한 것이 명백하면 도로관리대장에 등재되지 않았어도 (허가권자는 허가와 동시에 건축법의 도로로 지정해야 하므로) 건축법의 접도의무가 완성된 것으로 볼 수 있을 것이다.

⑦ 또한, 건축법 제9조(건축신고)에 '허가 대상 건축물이더라도 읍·면지역에 건축하는 도시계획구역 안의 주택(연면적 100㎡ 이하), 축사·창고(200㎡ 미만) 등은 신고를 허가로 본다.'라고 되어 있으므로, 이런 신고 대상 건축물의 진입로는 도로관리대장에 없어도 건축법 기준에 맞으면 건축법의 도로로 지정된 것으로 볼 수 있다.

⑧ 그러므로 허가권자는 접도의무 예외 규정을 해석함에 있어 이미 통행자유권을 확보한 주민들을 위하여 적극적이어야 한다. 즉 건축법과 국토계획법에서 요구하는 건축물 진입로 확보(접도의무)에 충실하면 되는 것이지 꼭 건축법 도로관리대장에 등재된 경우에만 건축법 도로로 인정하여 허가기준을 맞추려고 하는 것은 허가 신청자의 재산권 보호와 주민들의 기득권 보호에 어긋나는 소극행정일 것이다. 허가권자가 이런 입법 미비 등의 책임을 모두 국민에게 돌리는 것은 무책임한 것이다.

3 지정된 근거가 없어 황당한 사례

⑴ 건축허가 후 27년 된 진입로가 없어진 사례

① 충남 ○○시에서 1990년 종교 시설인 건축물이 허가될 때에 이미 도시계획 예정도로가 있었고(1977년 지정), 그 예정도로로 20여 년 동안 주민이 자유롭게 사용하여 현황도로가 되었는데 지자체는 2003년 갑자기 도시계획시설을 폐지하였고, 최근 그 현황도로 소유자는 통로를 무단으로 훼손하여 농지로 사용하고 있다.

② 도시계획위원회에서 도시계획시설의 폐지 결정을 하면서 그 예정도로의 일부를 20년 넘게 현황도로로 사용하고 있는 기존의 건축물 이용자에 대해 조치를 하지 않

고 폐지하여, 적법하게 허가된 건축물은 자동차 출입이 불가능한 상태가 되었다.

③ 이런 경우는 지자체의 도시과―건축과―(건설과) 등의 업무 협조가 원활하지 않아서 벌어진 일이자 현행법의 맹점이 나타난 것인데, 허가권자(지자체장)는 토지소유자의 권리도 보호하면서, 건축물 소유자의 권리를 적극적으로 보호하는 방향으로 처리해야 함에도 불구하고 각 부서에서는 자기 책임만 면하려고 하고 있는 현실이다.

④ 이 경우는 종교 시설 건축허가 당시 이미 현황도로로 사용하고 있는 (도시계획시설의 일부를) 건축법의 도로로 지정했거나, 종교 시설의 준공 시 실제 도로로 사용되는 부분을 통로 소유자의 동의를 받아서 도로로 지정하였어야 한다.

⑤ 또한 지자체는 도시계획 예정도로를 폐지하면서 이런 문제가 발생하지 않도록 이해관계인에 대해 조사가 선행되어야 하는데, 현재 허가권자는 국토계획법에 따른 폐지에 주민 동의가 필요 없었기 때문이라서 허가권자의 잘못은 없다고 주장하고 있다. ('통행방해금지(가처분)' 소송 또는 주위토지통행권 소송을 할 수밖에 없다.)

⑥ 그러나 이 현황도로는 30여년 전 도시계획도로로 지정되면서 분할되었고, 그 연접한 필지에 건축물이 들어선 후에 예정도로가 해제되어 이 현황도로의 효용가치가 크게 떨어졌고, 반대로 30여 년 동안 진입로로 이용한 건축물 소유자는 현황도로 소유자를 상대로 통행방해금지(가처분) 및 주위토지통행권 확인소송 등으로 도로를 찾

으면서 엄청난 경제적 정신적 피해를 입게 되었다. 그러므로 지자체는 이 현황도로 소유자에게 합당한 보상을 하여야 할 것이다.

(2) 도시계획시설(학교)가 개설될 때에 진입로로 사용했던 2차선 도로

① ○○시에서 1999년 고등학교가 만들어지면서 정문 진입로로 사용했던 2차선 도로가 도시계획시설(학교) 밖이면서 건축법의 도로로 지정된 근거도 없는 현황 도로라서 분쟁이 된 것이다(대법원 2017두50843).

② 이 2차선 도로의 길이는 170m 이고, 6~8m 이상의 너비이며, 지자체가 관리하는 포장도로이고, 지하에 하수관로 등 공공시설이 매설된 상태이다.

③ 학교 개교 몇 년 후 정문이 반대쪽에 개설되었고, 그 후 학교가 타인에게 매각되어 통로 소유자와 소유권이 달라졌지만, 최근까지 이 도로는 후문도로로 사용되었는데, 최근 통행권 분쟁이 생긴 후 후문이 폐쇄되었다.

④ 그런데 십여 년 전 이 2차선 통로에 접한 토지에 3층의 유아원(허가 대상 건축물)을 허가할 때에도 지자체장은 건축법의 도로로 지정하지 않았다. 그 후 증축을 하여 연면적이 2,000㎡를 넘었는데도 건축법 도로로 지정하지 않았다. 이것은 건축법 위반이다.(법제처 16-0229)

⑤ 이 통로에 (3.5m 이상의 너비로) 접한 토지에 창고 허가 신청을 하여 건축허가를 받았으나, 다가구주택(원룸)을 짓고자 최근 창고 허가를 취하하고 다가구주택 허가를 신청하였는데, 허가권자는 통로 소유자의 동의가 필요하다면서 불허한 사례이다.

4 준공 및 사용승인 시 사용승낙 요구

(1) 도시계획 예정도로와 사용승인

① 건축허가는 예정도로로 가능하지만, 준공 후 사용승인 시까지 진입도로가 개설(확보)되지 않으면 건축물의 사용승인을 해 주면 안 된다. 그런데 허가권자는 사용승

인 시에 도시계획시설(예정)도로의 전부 또는 일부가 보행 및 차량 통행이 가능한지에 대해 제대로 확인하지 않고 있다.

② 타인 소유의 도시계획시설(예정)도로로 허가를 받은 경우 앞으로 예정도로가 폐지될 것을 고려하여, 건축법 기준에 맞는 통행로를 건축법 도로로 지정하고 도로관리대장을 만들어야 한다.

– 고객만족센터 p.175 살펴보기 (2008.1.10)

도로조건 등이 미비한 채 임시사용승인 가능 여부

[질의] 건축물사용승인신청 시 「건축법」 제33조의 규정에 근거한 도시계획 예정도로가 개설되어 사실상 너비 6미터 이상의 도로에 4미터 이상을 접하는 조건을 부하여 건축허가를 하였으나 이와 같은 건축허가조건이 이행되지 아니한 상태에서 임시사용승인신청이 가능한지 여부

[회신] 「건축법 시행규칙」 제17조 제2항의 규정에 의하여 허가권자는 건축물 및 대지의 일부가 「건축법」 제33조 등의 규정에 위반하여 건축된 경우에는 당해 건축물의 임시사용을 승인하여서는 아니된다고 규정하고 있음. 따라서, 질의가 사용승인신청시 건축허가조건이 이행되는 것을 전제로 한 점, 건축법 상 도로의 의미가 사용승인과 임시사용승인이 서로 다른 것으로 명문의 규정을 두지 아니한 점을 고려하는 경우 「건축법」 제18조의 규정에 의한 임시사용승인의 신청은 어려울 것임. (법 제18조, 제33조 ⇒ 제22조, 제44조, 2008.3.21.)

③ 사용승인은 건축허가 대상 건축물뿐만 아니라, 건축신고 대상 건축물도 받도록 되어 있다. 그러므로 진입로는 건축법 시행규칙 별지 제3호 서식(건축허가(신고) 대장)의 사용승인일자를 기재할 때에 비로소 도로가 될 것이므로, 사실상 도로관리대장에 등재되는 효과가 있다.

④ 그러나 대법원은 허가 시 건축법 도로의 지정과 도로관리대장의 비치는 별개의 행정처분이므로 그 현황도로 소유자의 사용승낙이 있었다는 것만 확인된다면 도로관리대장이 없어도 지정된 것으로 보아야 한다고 판결하였다.(대법원 87누1036)

(2) 준공 시 사용승낙 요구하는 경우

① 주민자조사업 등으로 개설되어 주민들이 오랫동안 사용해온 마을길 또는 농로는 사유라도 배타적 사용권이 포기 또는 제한되었다고 해석하고 있다.

② 그런데 이 현황도로로 건축허가를 받아 준공 및 사용승인을 신청하려는데 소유자가 민원을 제기하여 허가권자가 사용승낙을 요구하는 경우가 있다.

③ 원래 건축물의 준공은 허가(신고) 받은대로 공사하면 준공승인을 해주어야 하고, 인접주택에 피해를 주었다면 금전적 배상을 하여야 한다.(대법원 93누20481, 96누9768)

④ 또한 수익적 행정처분인 건축허가의 취소는 중대한 공익상의 필요 또는 제3자의 이익보호의 필요가 있고, 수허가자가 입을 불이익을 정당화할 만큼 공익성이 강한 경우에 허용될 수 있다.(대법원 2003두7606, 2011두27322)

⑤ 그러므로 건축허가에서 허가권자가 현황도로 소유자의 배타적 사용권이 포기 또는 제한된 것이라고 판단하였다면, 현황도로 소유자의 민원은 사용승인과 별도로 처리해야 할 것이다.(대법원 2006두18409)

5 건축허가(신고)가 가능한 4m 미만의 도로

(1) 4m 미만이지만 건축법의 도로로 이미 지정·공고된 도로를 이용하는 경우이다. 즉, 지목과 상관없이 어떤 대지까지 연결된 사실상의 도로가 이미 건축허가나 신고 시에 건축법의 도로로 지정받았다면, 그 도로는 지목과 상관없이(최소 2m 이상) 건축법의 도로가 되었으므로, 그 도로에 접하거나 연결된 대지에 건축허가를 신청하는 것은 가능할 것이다.

(2) 영 제3조의3 제1호를 이용하는 경우이다. 법 제2조 제1항 제11호 본문 괄호 안에 의하면, 지형적으로 곤란한 경우 3m 이상(막다른 도로가 10m 미만이면 2m 이상)이면 건

축허가가 가능하다. 여기서 도로란 공간정보관리법(구. 지적법)의 지목이 '도로'인 경우만 아니라, 어떤 지목이라도 일반 공중의 통행로(공로)로 이용되고 있으면 가능할 수 있다.

(3) 영 제3조의3 제2호를 이용하는 경우이다. 영 제3조의3 제1호에 해당하지 아니하는 막다른 도로를 이용하는 경우로, 그 길이가 10m 미만이면 너비 2m, 10~35m 미만이면 너비 3m이면 된다. 또한, 예외적으로 35m 이상이면 너비 6m(비도시 읍·면은 4m) 이상의 도로(진입로)가 확보되어야 한다. 확정판결로 주위토지통행권을 확보한 경우도 포함된다.(건축법 기준에 맞는 경우에 한함)

(4) 법 제44조 제1항 단서를 이용하는 경우이다. 대지는 4m(막다른 도로는 3-2m) 이상의 도로에 2m 이상이 접해야 하나, 건축법 도로가 아닌 자동차 통행이 가능한 통로(=현황도로)가 있다면 기존 건축물의 개축과 비도시·면 지역의 신축허가는 해당 건축물의 출입에 지장이 없다고 인정되는 곳(제1호)과 건축물 주변에 광장, 공원, 유원지, 그밖에 관계 법령에 따라 건축이 금지되고 공중 통행에 지장이 없는 공지가 있는 곳(제2호)은 건축이 가능해야 한다(영 제28조 제1항).

(5) 건축 후퇴선을 활용하는 경우이다. 건축 후퇴선이란 도시지역 등에서 이미 건축물이 너비 4m 미만의 좁은 도로를 이용하여 밀집되어 지어졌을 경우, 그 도로를 이용하여 건축물을 지으려는 사람은, 기존의 도로가 4m 미만인 경우 그 도로를 4m 이상으로 확장하여야 하는데 개인이 토지를 수용할 권한도 없고, 설사 사용할 수 있다고 하여도 타인의 손실을 보상할 능력이 모자라기 때문에 내 집 앞에만 건축법에서 요구하는 소요 도로 폭(4-3-2m)을 충족하면 되는 것이다(건축행정길라잡이, p.301).

(6) 오랫동안 주민들이 사용해 온 현황도로(건축법 지정도로가 아니거나, 지목이 '도로'가 아니거나, 지적에 표시되지 않는 경우 등)을 이용하는 경우이다. 이 도로는 지목과 상관없

이 그 너비가 4-3-2m 기준(건축법의 도로 기준)에 맞다면 큰 문제없이 건축허가가 가능할 것이다. 다만, 이런 현황도로는 콘크리트 포장이 되었다고 하여 (곧바로 건축허가가 가능한) 건축법의 도로라고 할 수는 없다(대법원 선고 89누7016). 이때 도로 소유자의 동의는 건축법 제45조에 의하여 필요하되, 예외적으로 소유자의 동의 없이 건축허가가 가능한 도로로 건축위원회에서 심의할 수 있는 도로의 종류는 각 지자체 건축 조례에 있다(법 제45조 제1항2호). (part 4-9 조례도로 참조)

(7) 비도시지역의 면지역이다(지구단위계획구역 제외). 이곳에는 건축법 제44~47조가 적용되지 않으므로 기존의 도로에 2m 이상이 접하지 않아도 된다(법제처 10-0317). 다만, 개발행위허가 대상인 경우에는 (1천 ㎡ 미만의 단독주택 및 1종 근생 부지를 제외하고) 4m 이상의 도로를 확보하여야 한다.

(8) 비도시지역의 읍·동지역이다. 건축법 제5조에 의하면, (국토계획법의) 비도시지역이면서 (행정구역이) 읍·동지역(지구단위계획 제외)에 건축하는 건축물로서 건축 조례로 정하는 건축물인 경우에는 법 제2조 제1항 제11호 및 제44조에 따른 기준이 완화되는 것이므로, 4m 미만의 도로를 확보하여도 건축허가가 될 수 있다(영 제6조 제1항 제7의 2호). 그러므로 그 지자체 조례를 확인해야 한다.

(9) 농로農路를 이용하여 건축허가나 신고를 받는 경우이다. 농촌 지역 또는 농업용으로 사용하고 있는 농로의 종류는, ①국토계획법에 의한 용도지역(도시지역 및 비도시지역)에 따라서, 또는 ②관리 주체에 따라서(농어촌공사, 면사무소 등), 또는 ③개설 법규에 따라서(농어촌도로정비법, 농어촌정비법 등의 새마을도로, 현황도로 등), 그 종류가 다양하므로 일률적으로 판단하기 어렵고, 농로는 농지이므로(농지법 시행령 제2조) 농업경영에 지장을 주는 자동차 통행은 문제가 될 수 있을 것이다. 다만, 농로라도 비도시·면지역의 경우에는 건축법의 도로지정 의무가 없으므로, 주민이 마을길 등으로 오랫동안 사용한 통로라면 단독주택의 진입로로 사용이 가능한 것이다.

⑩ 하천법의 제방 등을 이용하는 경우이다. 제방 도로가 4m 이상인 경우, 다른 법률에 (건축)제한이 있거나 또는 일반인의 통행이 금지되지 않았다면, 건축법의 도로로 지정받을 수 있을 것이고(대법원98두18299). 다만, 너비가 4m 미만의 제방도로인 경우에도 지형적으로 곤란한 경우 등은 허가권자(제방 관리자 포함)가 제방의 기능을 저해하지 않는 범위 내에서 허가될 수도 있다. 왜냐하면 민법 제219조의 주위토지통행권은 행정재산에도 적용될 수 있다는 대법원 판례가 있고(94다14193), 지자체 건축 조례에 제방도 도로로 이용할 수 있는 곳도 있기 때문이다.(part 5-13 하천점용허가 참조)

⑪ 조례도로를 활용하는 방법이다. (part 4-9 조례도로 참조)

6 주차장법의 (허가)기준 확인하기

⑴ 1979.4.17. 주차장법이 제정되어 건축법에 맞는 대지라도 주차장법의 기준에 맞지 않으면 맹지가 될 수 있으므로, 건축할 건축물의 용도 및 규모에 따른 주차장 확보 공간이 주차장법 및 지자체 조례기준에 맞는지 확인해야 함은 물론 주차장법에 규정된 차로, 출입구의 너비가 허가기준에 미달하는지 확인해야 한다.

⑵ 예를 들어 건축법의 접도의무는 '4m 이상의 도로에 2m 이상이 접하는 것'이나, 주차장법 시행규칙 제11조에 의하면 부설주차장의 차로너비를 2.5m 기준으로 하고 있으므로, 현행 차량통행을 포함하는 건축물의 접도의무는 사실상 2.5~3m 이상을 확보하여야 안전한 것이다.

> **법 조항 살펴보기**
>
> **주차장법 시행규칙** [시행 2020.6.25]
> 제11조 (부설주차장의 구조·설비기준)
> ⑤ 부설주차장의 총주차 대수 규모가 8대 이하인 자주식 주차장의 구조 및 설비기준은 제1항 본문에도 불구하고 다음 각 호에 따른다. 〈개정 2012.7.2., 2013.1.25., 2016.4.12.〉
> 　1. 차로의 너비는 2.5m 이상으로 한다. 다만, 주차단위구획과 접하여 있는 차로의 너비는

주차형식에 따라 다음 표에 따른 기준 이상으로 하여야 한다.

주차 형식	차로의 너비	
평행 주차	3.0미터	
직각 주차	6.0미터	
60도 대향 주차	4.0미터	
45도 대향 주차	3.5미터	
교차 주차	3.5미터	

5. 출입구의 너비는 3m 이상으로 한다. 다만, 막다른 도로에 접하여 있는 부설주차장으로서 시장·군수 또는 구청장이 차량의 소통에 지장이 없다고 인정하는 경우에는 2.5m 이상으로 할 수 있다.

(3) 주차장법이 적용되는 건축물은 주택은 50㎡ 초과, 근린생활시설은 200㎡ 이상(지자체 조례로 강화), 창고는 400㎡ 이상인 경우이다. 그런데 이 기준은 지자체 조례로 강화 또는 완화할 수 있다. 구체적인 사항은 주차장법 시행령 〔별표1〕을 참조하기 바란다.

(4) 또한 주차장법에 의한 부설 주차장을 설치하지 않아도 되는 건축물은 교통량이 거의 없는 ①근린생활시설 중 변전소·정수장·공중화장실 등 ②종교시설 중 수도원·사당 등 ③동식물 관련 시설 등을 말한다. (주차장법 시행령 〔별표 1〕의 비고 참조)

〔별표 1〕 주차장법 시행령 〈개정 2019.3.12〉

부설 주차장의 설치 대상 시설물 종류 및 설치기준 (제6조 제1항 관련)

시설물	설치기준
1. 위락시설	□ 시설 면적 100㎡당 1대(시설 면적/100㎡)
2. 문화 및 집회시설(관람장 제외), 종교시설, 판매시설, 운수시설, 의료시설, 운동시설(골프장·골프 연습장 및 옥외 수영장 제외), 업무시설(오피스텔 제외), 장례식장	□ 시설 면적 150㎡당 1대(시설 면적/150㎡)
3. 제1종 근린생활시설, 제2종 근린생활시설, 숙박시설	□ 시설 면적 200㎡당 1대(시설 면적/200㎡)
4. 단독주택(다가구주택은 제외한다)	□ 시설 면적 50㎡ 초과 150㎡ 이하: 1대 □ 시설 면적 150㎡ 초과 : 1대에 150㎡를 초과하는 100㎡당 1대를 더한 대수[1+{(시설 면적−150㎡)/100㎡}]
5. 다가구주택, 공동주택(기숙사는 제외한다), 업무시설 중 오피스텔	□ 「주택 건설 기준 등에 관한 규정」 제27조 제1항에 따라 산정된 주차 대수. 이 경우 다가구주택 및 오피스텔의 전용 면적은 공동주택의 전용 면적 산정 방법을 따른다.
8. 창고시설	□ 시설 면적 400㎡당 1대(시설 면적/400㎡)
10. 그 밖의 건축물	□ 시설면적 300㎡당 1대(시설면적/300㎡)

【비고】
3. 시설물의 소유자는 부설 주차장의 부지의 소유권을 취득하여 이를 주차장 전용으로 제공해야 한다. 다만, 주차전용건축물에 부설주차장을 설치하는 경우에는 그 건축물의 소유권을 취득해야 한다.
8. 단독주택 및 공동주택 중 「주택 건설 기준 등에 관한 규정」이 적용되는 주택에 대해서는 같은 규정에 따른 기준을 적용한다.

＊ 일부 생략했으므로, 원문은 법제처 사이트에서 다운로드할 것

– 국토계획법 해설집(2014.1. 국토부 도시정책과 발행), p. 266~268 살펴보기

건축법상 도로의 개념 (건축법 제2조 제11호)

☞ 건축법에서는 법정도로에 대해서만 '도로'로 인정하고 있으며, 예정도로도 '도로'로 인정됨. 다만 예정도로도 '도로'로 인정되나, 사용 승인 시점(준공 시점)에서는 건축물의 출입에는 지장이 없어야 함. ('도로'를 개설해야 한다는 의미는 아님)

대지와 도로와의 관계 (건축법 제44조)

비도시·면지역 제44조부터 제47조까지, 제51조 및 제57조를 적용하지 아니한다.

☞ 건축법상 대지와 도로와의 관계 적용 배제 조항

건축법 제44조 (대지와 도로의 관계)   **법 조항 살펴보기**

☞ 건축법 제44조 제1항 제1호에 따라 '해당 건축물의 출입에 지장이 없다고 인정되는 경우'라면 건축법상 도로를 반드시 확보할 사항은 아니라 할 것이며 건축물의 출입 범위는 사람의 출입으로도 충분하다고 봄(사찰의 경우).

☞ 다만, 건축법에서 도로가 없어도 건축물의 진출입에 지장이 없다고 인정하여 도로가 필요하지 않다고 판단하더라도, 국토계획법에 따른 개발행위허가 시에 건축법의 판단과는 달리 도로가 필요하다고 판단할 수 있으며, 이 경우 개발행위허가권자는 진입도로가 확보된 경우 허가를 할 수 있음.

영 제28조(대지와 도로의 관계)

① 법 제44조 제1항 제2호에서 "대통령령으로 정하는 공지"란 광장, 공원, 유원지, 그 밖에 관계 법령에 따라 건축이 금지되고 공중의 통행에 지장이 없는 공지로서 허가권자가 인정한 것을 말한다.

② 법 제44조 제2항에 따라 연면적의 합계가 2천㎡(공장인 경우에는 3천㎡) 이상인 건축물(축사, 작물 재배사, 그 밖에 이와 비슷한 건축물로서 건축 조례로 정하는 규모의 건축물은 제외한다)의 대지는 너비 6m 이상의 도로에 4m 이상 접하여야 한다. (건축법 시행령 제28조)

☞ 위 대지와 도로와의 관계는 다음과 같이 요약됨.

대상	(대지가 접해야 할) 도로의 너비	도로에 접한 길이
모든 건축물(원칙)	4m 이상	2m 이상
연면적 2,000㎡ 이상	6m 이상	4m 이상

건축허가의 도로 종류 및 너비

건축(허가)과 도로1)		너비(2조)	대지와 도로(44조)	유의 사항
건축법	법정도로2) (예정 포함)	4m ↑	2m 접도 원칙3) 건물 연면적 2천㎡ ↑ (공장 3천) 6m/4m 접도	점용·연결허가4)
	지정도로5)	2~4m ↑		이해관계인 동의(45조)
	지형적 곤란한 지정도로	3~2m ↑		
	막다른 도로	2~6m ↑		통과 도로6)

(B)의 길이에 따른 너비 (A)
- 10m 미만 : 2m
- 10~35m 미만 : 3m 이상
- 35m 이상 : 6m 이상
  (비도시 읍·면은 4m 이상)

막다른 도로 (B)

도로 (A)

비도시지역 (지구단위계획구역 외)	면지역	44~47조 비적용	2.5m ~ 3m ↑	차량 진출입7)
	읍·동지역	44~47조 완화	건축위원회심의 (공공·주변 피해)	

농어촌도로 정비법	면도	리도	농도	점용허가 (도로대장)
	6m(2*3m) ↑	5(4)m ↑	3m ↑	

관련법	건축 규모	도로 확보 기준	지구단위계획 도로
주택법 (공동주택)	300세대 ↓	6m ↑	8~12m ↑ (개별법)
	300~500세대 ↓	8m ↑	
	500~1000세대 ↓	12m ↑	
	1000~2000세대 ↓	15m ↑	

국토계획법	개발 규모		도로 확보 기준 및 예외 (개발행위허가운영지침)
개발행위 허가8)	5천㎡ 미만	4m 이상	① 차량 진출입이 가능한 기존 마을 안길, 농로 등에 접속한 농업·어업·임업용 시설(가공·유통·판매시설 제외), 부지 면적 1천㎡ 미만의 제1종 근린생활시설 및 단독주택 비적용 ② 증축 위한 기존 대지 10% ↓ 확장 ③ 증개축
	5천~3만㎡ ↓	6m 이상	
	3만㎡ 이상	8m+(교통)	

---

1) 건축법의 도로란 '보행과 자동차 통행이 가능한 너비 4m 이상'의 도로(예정포함)
2) 도시계획시설(기반시설), 도로법(국도·지방도·시군구도), 사도법, 농어촌(도로)정비법 등에 따라 고시된 도로(=기타 개발사업에 의하여 고시된(의제포함) 도로로써 기준 이상)
3) 주변에 공지(건축영구불가) 등이 있어, 건물 출입에 지장이 없다고 인정되는 경우 예외
4) 도로점용 및 연결허가를 받아서 사용할 수 있는 곳인지 확인(=연결금지 구간)
5) 건축허가(신고) 시에 허가권자가 위치를 지정·공고한 도로(건축물이 있는 곳까지)
6) 막다른 도로의 상대적 개념으로, 허가권자가 통과도로 기능상실 여부 판단.
7) 건축물 이용자의 편의와 긴급차량(화재·재난) 진출입 용이(대법원 91누8319 판결)
8) 진입도로는 도시·군계획도로 또는 시·군도, 농어촌도로에 접속하는 것을 원칙.

02 국토계획법의 도로 이용하기

1 기반시설과 도시계획시설

국토계획법의 도로[1] = 기반시설		
종류	조문	목적·취지 (법 제2조 6호 가목)
도시계획시설 결정	43조	도로는 4m 이상으로, 시설 결정 필수(민간도 사업 시행자)
개발행위허가	58조	개발자가 기반시설 확보(57조), 개발행위허가 기준(58조)
– 공공시설 귀속	65조	개발행위허가 받은 자가 행정청은 무상 귀속, 외는 정산

기반시설			
종류		소유권	판단 기준[2]
공공시설	도로법 도로	국·공유	도로법 도로·주택가 이면 도로 등 도시계획시설로 결정되지 않은 것도 공공시설임
	도시계획 도로		
기타 도로	지정도로	사/국공	개발행위허가 시 (제58조 개발행위허가 기준에 맞고) 건축법령에 적합한 경우에는 도로로 인정[4]
	사도법 도로	사유	
	사설도로[3]		
	현황도로	사/국공	

(국토계획법 해설집 260p. 국토교통부 도시정책과 2018 발행)

1) 국토계획법의 도로(기반시설)와 건축법의 도로(통행)는 확보 목적이 다름.
2) 판단 기준 ①형질변경 여부 ②이용자 편의 및 긴급 차량 통행(공익>사익) ③배타적 사용권 제한.
3) 대지와 도로의 소유자가 다른 경우 사용승낙 원칙적 필요, 같은 경우는 지정이 누락될 수 있음.
4) 배타적 사용·수익권의 포기 또는 행사가 제한된 도로도 포함되어야 한다.

(1) 도로^{道路}에 대한 국토계획법의 기반시설은 두 가지가 있다. ①주로 도시지역에서 국가(지자체장 등)가 도시계획시설로 지정해야 할 기반시설인 도로와 ②주로 비도시지역에서 개발행위허가신청자가 설치해야 할 기반시설인 도로이다. 개발행위허가의 기반시설인 도로는 개발행위허가를 통한 '사설도로'에서 설명하기로 한다.

(2) 여기서 도시계획시설이란 국토계획법의 기반시설을 도시·군관리계획(이하 도시관리계획)으로 결정한 것으로, 도시계획시설은 7개 시설군과 46가지(2018년 국토계획법 개정) 시설이 있는데 그중 교통시설군에 '도로'가 있다. 이 기반시설을 설치하려면 미리 도시·군관리계획으로 결정하여야 한다(국토계획법 제43조 1항).

(3) 도시계획시설인 도로의 개설 기준은 '도시·군계획시설의 결정·구조 및 설치기준에 관한 규칙'에 위임되어 있다(국토계획법 제43조 2항). 그러므로 국토계획법의 도로는 4m 이상인 경우 도시계획시설 결정을 통하여 만들어야 하는 것이다.

참고로 기반시설 46가지 중 미리 도시계획시설로 지정하지 않고 설치할 수 있는 시설이 있는데(임의시설), 도시계획시설로 결정하지 않지 않고 설치하려는 경우에도 허가신청자는 개발행위허가 및 건축허가 등 개별 법령에 따라 인허가를 받고 설치하여야 하며, 해당 용도지역에도 적합하여야 한다(국토의 계획 및 이용에 관한 법률해설집 183쪽. 국토해양부 도시정책과 2014.1 발행).

(4) ①도로법에 의한 도로나 ②도시계획 도로는 모두 국공유지이므로 모두 기반시설인 도로로 인정되어 공공시설이 되고, 이런 공공시설은 합법적인 절차를 통하여 정당한 보상을 하고 수용하여 개설하는 것이 원칙이다.

(5) 다만, 고속도로, 국도 및 지방도, 시·군도, 주택가 이면 도로 등 도로로서 공공시설이 명백함에도 도시계획시설로 결정(의제 처리 포함)·관리되지 아니하는 도로가 있어

대법원 판례(2008.11.27. 선고, 2007두24289)에 불구하고 도시계획 도로 여부와 관계없이 기존 공공시설로 인정한다(국토계획법 해설집(2014.1.) 309쪽).

(6) 민간도 (도시계획시설) 사업 시행자가 될 수 있다. 다만 도시계획시설 도로는 공공시설이므로, 민간이 개발한 도로는 무상 귀속(=기부채납)이 된다(국토계획법 제65조). 여기서 도로의 공공시설 여부를 가리는 것은 그 공공시설의 설치 목적에 방해되지 않는 범위 내에서 그 도로를 건축법의 도로로 사용할 수 있기 때문이다.

(7) 반면 ③ 건축법에 의해 지정·공고한 도로 ④ 사도법에 의한 사도 ⑤ 사설도로(이하 "기타 도로"라 함)는 배타적 사용·수익권이 포기된(제한된) 준공공시설로 분류되어 개발행위허가 시(국토계획법 제58조의 개발행위허가 기준에 따른) 건축법령에 적합하면 기반시설인 도로로 인정된다(해설집, 309쪽). 다만 ⑥ 현황도로의 경우에는 대법원 전원합의체 판례에 따라 배타적 사용·수익권이 제한된 것으로 해석될 수 있다.

(8) 만약 대지(=건축하려는 개발 부지)가 도시·군계획시설(이하 도시계획시설)인 도로에 직접 접해 있거나 가까운 곳에 있다면, 그 도로까지 연결하는 진입도로를 개발행위허가신청자가 허가 기준에 맞게 기반시설(도로)을 확보하여 신청서를 제출하게 되면 허가권자가 허가 여부를 결정하는 것이다.

(9) 특히 전원주택 단지 내에 대지를 매입하는 경우에 그 접속 도로가 도로관리대장, 사도관리대장 등에 등재되었는지 확인하여야 하고, 만약 등재되지 않았다면 (건축법 도로대장에) 등재 조건부 매매 계약을 하면 안전할 것이다. 참고로 비도시지역은 지정의무는 없으나 본인이 원하면 도로 지정이 가능하고, 토지이용계획확인서에 표시되고, 도로관리대장에 등재되어 건축법 도로로 관리할 수 있다.

(10) 또한 대법원은 분양형 택지 내의 도로는 배타적 사용권이 없다고 해석하지만(대

법원 2009다8802 등), 현황도로 소유자가 몽니를 부리면 허가권자가 사용승낙을 요구하는 경우도 있는데, 이것은 대법원 판결(2016다264556)에 위배되는 것이다.

– 국토계획법 해설집, p.257 살펴보기

[질의] 단독주택 부지(15호 정도)의 진입도로로 사용하기 위해 생산 녹지지역과 자연녹지지역에 폭 8m, 길이 약 170m의 사도를 개설하고자 하는 경우, 진입도로가 도시계획시설로 결정되어야 하는지 여부

[회신] 개발행위허가 시 진입도로는 「국토의 계획 및 이용에 관한 법률 시행령」 별표1의 2(개발행위허가 기준) 제1호 마목에서 '주변의 교통소통에 지장을 초래하지 아니하고, 대지와 도로와의 관계는 「건축법」에 적합하도록' 정하고 있고, 「개발행위허가운영지침」 3–1–5에서도 「건축법」에 적합하도록 확보하되, 해당 시설의 이용 및 주변의 교통소통에 지장을 초래하지 아니하도록 정하고 있으므로, 지구단위계획 등을 수립하는 경우 외에는 진입도로를 반드시 도시계획 도로로 개설해야 하는 것은 아닙니다.
다만, 15호 정도의 단독주택 부지를 조성하는 경우라면 사후적으로 진입도로에 대한 소유권이 변경되어 분쟁이 생길 소지가 많으므로 ①도시계획 도로로 개설하여 해당 지방자치단체에 무상 귀속하거나 ②「사도법」에 의한 사도 또는 ③사설도로(개발행위허가)로 개설하여 해당 지방자치단체에 기부채납하는 것이 바람직할 것입니다. 〈도시정책과–2259, 2010.4.1.〉

(11) 이제 건축법을 기초로 국토계획법과 도로법 등의 기반시설 및 도시계획시설 도로의 개념까지 이해하면, 토지의 개발가치를 이해하는 것이다.

(가) 소형 토지개발의 경우 도시지역 달동네의 현황도로 및 비도시지역의 마을안길, 농로 등은 접도의무를 찾기 쉽지만, 대지 및 진입도로를 (형질변경 목적의) 개발행위허가를 받아서 건축하고자 할 때에는 개발행위허가 기준을(조례에 위임된 것 포함) 이해하지 않으면 진입로를 확보하기 어렵다.

(나) 대형 토지의 개발은 최소의 비용으로 새 도로를 개설하는 방법을 찾되, 특히 비도시지역의 임야 개발 등 대형 토지의 개발은 진입도로를 도시계획시설로 결정하거나, 개발행위허가로 사설도로를 확보할 수 있어야 한다.

2 도시계획시설 도로와 사업 시행자

(1) 도로, 철도, 공원, 녹지 등 대부분의 공공시설은 도시계획시설 사업으로만 설치할 수 있다. 민간 사업자가 개발행위허가를 받아 공공시설을 설치할 수 있는 경우는 공공공지, 방화설비, 방풍설비, 방수설비, 사방설비, 방조설비 등 전체 공공시설 26개 중 6개에 불과한데, 이마저도 대부분 도시계획시설 사업으로 설치되고 있다. 여기서 도시계획시설사업과 개발행위허가의 차이는 행정절차 및 인허가 기간의 차이이다.

(2) 국토계획법에 의하여 주민이 시장·군수에게 제안할 수 있는 도시·군관리계획은 ①기반시설의 설치와 ②지구단위계획 수립 ③(산업 유통형) 개발진흥지구 지정인데, 도로는 기반시설의 설치에 해당되어 민간도 도시계획시설인 도로의 설치를 제안할 수 있다. 참고로, 국토계획법의 용도지역·지구·구역에 대한 사항은 주민이 제안할 수 없는 도시·군관리계획이다(해설집, 123쪽).

(3) 도시계획시설의 입안 및 결정 절차는 상당히 복잡하다. [주민 제안 → 입안 → 결정 → 시행자 지정 → 실시 계획 인가 고시 → 착공 → 준공] 등의 과정인데, 인허가 과정이라고 할 수 있는 주민 제안에서 시설 결정까지 보통 12개월 정도 소요된다. 물론 단계별 일정은 대상 구역의 입지 여건, 계획 수립의 타당성, 행정청과의 협의 등에 따라 기간이 달라질 수 있다. 또한, 시공 과정에서 보상 협의 지연, 무연고 묘지의 발견 등으로 의외로 많은 시간이 지체될 수 있다.

(4) 대형 토지를 개발할 때에는 도시계획시설인 도로를 만들 수 있어야 하는데, 도시계획시설 사업의 시행자는 행정청이 아닌 법인체 또는 개인 (이해관계자 포함), 즉 주민이 될 수 있지만, 도시·군계획시설이므로 대상 토지면적의 80% 이상을 확보하여야 시행자 지정을 받을 수 있다(국공유지 제외).

⑸ 참고로 지구단위계획의 제안에서 대상 토지면적의 동의는 아래와 같다.

　㈎ 도시지역은 대상 토지면적의 2/3 이상에 해당하는 토지소유자의 동의가 필요하다(국공유지 제외).

　㈏ 비도시지역은 대상 토지면적 및 대상 필지의 2/3 이상에 해당하는 토지소유자의 동의(국공유지 제외)를 받아야 한다.

　㈐ 이때 국공유지는 해당 재산관리청과 사전 협의하여야 한다.

⑹ 도시지역에 지목이 하천, 도로, 공원 등이 합해져 실제로 도시계획시설 도로로 사용되고 있는 곳이 많지만, 지목 변경이 되지 않거나, 합병 등 지적정리가 되지 않은 곳도 많다.(다음 사례 참조)

하천 + 도로 + 도로

지목	하천		면적	6,477.8㎡
개별공시지가 (㎡당)	2,986,000원 (2015/01)			
지역지구등 지정여부	「국토의 계획 및 이용에 관한 법률」에 따른 지역·지구등		도시지역, 제1종일반주거지역, 제2종일반주거지역, 제3종일반주거지역, 아파트지구, 일반미관지구, 도로(2014-08-14)(저촉), 도로(저촉)	
	다른 법령 등에 따른 지역·지구등		가축사육제한구역〈가축분뇨의 관리 및 이용에 관한 법률〉, 대공방어협조구역(위탁고도:77-257m)〈군사기지 및 군사시설 보호법〉, 과밀억제권역〈수도권정비계획법〉, 상대정화구역(토지전산망의 내용은 참고사항일뿐 교육청에 반드시 확인요망)〈학교보건법〉, (한강)폐기물매립시설 설치제한지여그한강수계 상수원수질개선 및 주민지원 등에 관한 법률〉	
	「토지이용규제 기본법 시행령」 제9조제4항 각 호에 해당되는 사항		〈추가기재〉 건축선지정(도로경계선에서 3m 후퇴)	
확인도면	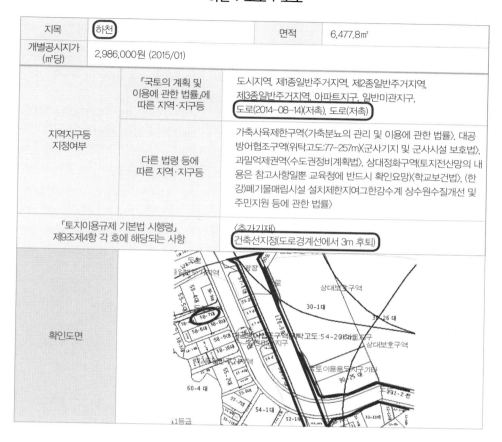			

(1) 지목이 하천이지만 현황은 도시계획시설인 도로이다. 지목 변경을 하지 않아도 도시계획시설인 도로이므로 불이익은 없다.

(2) 지목이 공원公園의 일부도 도로로 사용되고, 도시계획시설인 광장 등 여러 필지 합병되지 않은 상태로, 도시계획시설로 고지되고 실제로 도로로 사용되고 있다.

기반시설	도시계획시설 종류 및 내용	도시·군계획시설의 결정·구조 및 설치기준에 관한 규칙
7개 시설군, 46개 시설		

구분	종류 및 내용
교통시설 (10 ⇨ 8)	① ◈도로(일반도로, 자동차전용도로, 보행자전용도로, 자전거도로, 고가도로, 지하도로) ② 철도(철도, 도시철도, 고속철도, 사업의 시설) ③ 항만　　④ 공항(◆○도심공항터미널)　　　⑤ ●○◈주차장(노외주차장) ⑥ ○◈자동차정류장(여객자동차터미널(◆전세), 화물터미널, 공영·공동차고지) ⑦ ○궤도　　⑧ ●◈자동차 및 건설기계검사시설
공간시설 (5)	⑨ ○◈광장(교통광장, 일반광장, 경관광장, 지하광장, 건축물부설광장) ⑩ ●◈공원(소공원, 어린이공원, 근린공원, 역사공원, 문화공원, 체육공원, 수변공원, 묘지 공원◈제외) ⑪ 녹지　　⑫ 유원지　　⑬ ●◈공공공지
유통 및 공급시설 (9)	⑭ ◈유통업무설비(유통단지, 대규모 점포·임시 시장·전문 상가단지 및 공동 집배송 센터, 화물터미널 등) ⑮ ◈수도공급설비　　⑯ ◆◈전기공급설비◆신재생　⑰ ○◈가스공급설비 ⑱ ●◈열공급설비　　⑲ ◈방송·통신시설　　⑳ ◈공동구 ㉑ ●◈시장　　　　㉒ ○유류저장 및 송유설비
공공·문화 체육시설 (10 ⇨ 8)	㉓ ◈학교　　　　㉔ ●◈공공 청사　　　　㉕ ●◈문화시설 ㉖ ●◈체육시설(공공)　㉗ ●◈연구시설　　　㉘ ●◈사회복지시설 ㉙ ●◈공공직업훈련시설　　　㉚ ●◈청소년수련시설
방재시설 (8)	㉛◈하천　　　　㉜◈유수지　　　　㉝ ●저수지 ㉞ ●◈방화설비　㉟ ●◈방풍설비　㊱ ●◈방수설비 ㊲ ●◈사방설비　㊳ ●◈방조설비
보건위생 시설(7 ⇨ 3)	㊴ 장사시설　㊵ 도축장(◆○500㎡미만)　㊶ ●◈종합의료시설(종합병원)
환경기초 시설(4 ⇨ 5)	㊷ ◈하수도　㊸ ◈폐기물처리 및 ◆○재활용시설　㊹ 빗물저장 및 이용시설 ㊺ ◈수질오염방지시설　　㊻ ●◈폐차장

●는 도시지역 및 지구단위계획구역에서 도시관리계획으로 미리 설치하지 않아도 되는 시설
　(국토계획법 시행령 제35조 제1항 제1호) ◆1호 다목에서 허용
○는 도시지역 및 지구단위계획구역 외 지역에서 도시관리계획으로 설치하지 않아도 되는 시
　설(국토계획법 시행령 제35조 제1항 제2호: ● 포함)
◈는 지구단위계획으로 결정 가능한 도시계획시설(국토계획법 제52조 제1항 제2호, 동법시행령
　제45조 제3항 각호)

□ **기반시설** : 도로·공원·학교 등 **도시기능 유지**에 기본적으로 **필요한 물리적 시설**
□ **도시·군계획시설** : 기반시설 중 **도시·군 관리계획으로 결정된 시설**
□ **기반시설 종류 통합·신설**(53종→46종)(2018.12.27.시행)

'도시·군계획시설의 결정·구조 및 설치의 기준에 관한 규칙' 제14조에 의하면, '도로의 교차 지점에서의 교통을 원활히 하고 시야를 충분히 확보하기 위하여' 도로 모퉁이의 길이를 아래 별표의 기준 이상으로 하도록 규정되어 있다. 이 규칙 이외에 '도로의 구조·시설기준에 관한 규칙'이 있다.

〔별표〕 도로 모퉁이의 길이 (제14조 제1항 관련)

(단위 : m)

교차각도	도로의 너비	40 이상	35 – 40 미만	30 – 35	25 – 30	20 – 25	15 – 20	12 – 15	10 – 12	8 – 10	6 – 8 미만
90° 전후	40 이상	12	10	10	10	10	8	6	—	—	—
	35 이상 40 미만	10	10	10	10	10	8	6	—	—	—
	30 이상 35 미만	10	10	10	10	10	8	6	—	—	—
	25 이상 30 미만	10	10	10	10	10	8	6	5	—	—
	20 이상 25 미만	10	10	10	10	10	8	6	5	—	—
	15 이상 20 미만	8	8	8	8	8	8	6	5	5	5
	12 이상 15 미만	6	6	6	6	6	6	6	5	5	5
	10 이상 12 미만	—	—	5	5	5	5	5	5	5	5
	8 이상 10 미만	—	—	—	—	5	5	5	5	5	5
	6 이상 8 미만	—	—	—	—	5	5	5	5	5	5
60° 전후	40 이상	15	12	12	12	12	10	8	6	—	—
	35 이상 40 미만	12	12	12	12	12	10	8	6	—	—
	30 이상 35 미만	12	12	12	12	12	10	8	6	—	—
	25 이상 30 미만	12	12	12	12	12	10	8	6	—	—
	20 이상 25 미만	12	12	12	12	12	10	8	6	—	—
	15 이상 20 미만	10	10	10	10	10	10	8	6	6	6
	12 이상 15 미만	8	8	8	8	8	8	8	6	6	6
	10 이상 12 미만	6	6	6	6	6	6	6	6	6	6
	8 이상 10 미만	—	—	—	—	6	6	6	6	6	6
	6 이상 8 미만	—	—	—	—	6	6	6	6	6	6
120° 전후	40 이상	8	8	8	8	8	6	5	—	—	—
	35 이상 40 미만	8	8	8	8	8	6	5	—	—	—
	30 이상 35 미만	8	8	8	8	8	6	5	4	—	—
	25 이상 30 미만	8	8	8	8	8	6	5	4	—	—
	20 이상 25 미만	8	8	8	8	8	6	5	4	4	4
	15 이상 20 미만	6	6	6	6	6	6	5	4	4	4
	12 이상 15 미만	5	5	5	5	5	5	5	4	4	4
	10 이상 12 미만	—	—	4	4	4	4	4	4	4	4
	8 이상 10 미만	—	—	—	—	4	4	4	4	4	4
	6 이상 8 미만	—	—	—	—	4	4	4	4	4	4

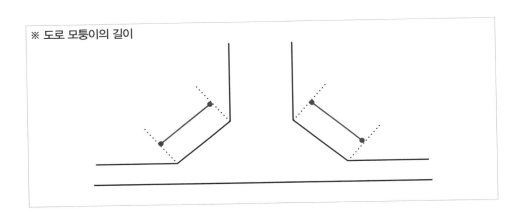

※ 도로 모퉁이의 길이

(1) '도시공원 및 녹지에 관한 법률'(약칭 공원녹지법)에 의한 녹지는 ①완충녹지 ②경관 녹지 ③연결 녹지가 있다. 이중 완충녹지는 '대기 오염, 소음, 진동, 악취 등 공해와 각종 사고나 자연재해를 방지하기 위하여 개설되는 것이다(제35조).

(2) '녹지를 가로지르는 진입도로의 설치(허가)기준'은 그동안 '공원·녹지점용허가지침'에 규정되었던 것이, 2018. 1. 9. '공원·녹지법' 시행령 〔별표 3의2〕로 상향 규정되었다.

〔별표 3의2〕 〈신설 2018. 1. 9.〉
녹지를 가로지르는 진입도로의 설치기준 (제44조제3호의3 관련)

1. 「건축법」 제2조제1항제11호에 따른 도로로 사용하기 위하여 녹지를 점용하려는 경우에는 이를 허가할 수 없다. 다만, 제2호 및 제3호에 해당하는 경우에는 그러하지 아니하다.

2. 이면도로가 이미 「국토의 계획 및 이용에 관한 법률」에 따른 도시·군관리계획으로 결정된 경우에는 진입도로의 점용기간은 도로개설 전까지의 기간에 한정한다.

3. 녹지의 결정으로 인하여 「공간정보의 구축 및 관리 등에 관한 법률」에 따른 지목이 대[ⓑ]인 토지가 맹지가 된 경우에는 토지의 현지여건을 고려하여 이면도로를 계

획한 후 점용을 허가하거나, 「국토의 계획 및 이용에 관한 법률」 제2조제13호에 따른 도로 또는 「사도법」 제2조에 따른 사도로 점용을 허가한다.

4. 녹지의 결정으로 인하여 해당 토지가 맹지가 된 경우로서 녹지 결정 이전의 도로를 그대로 이용하는 경우에는 녹지의 점용허가 없이도 도로의 이용이 가능하다.

5. 진입도로의 규모는 원칙적으로 8미터 이하로 하되, 8미터 이상의 도로가 필요한 경우에는 「국토의 계획 및 이용에 관한 법률」 제2조제13호에 따른 도로로 점용을 허가한다.

6. 도로변의 녹지를 가로지르는 진입도로 간의 최소거리는 250미터 이상으로 한다. 다만, 현지여건상 불가피하거나 교통의 원활한 소통을 위하여 시설물의 특성상 진입구·출입구의 분리가 필요한 경우에는 그러하지 아니하다.

7. 자동차전용도로변 또는 우회도로변의 녹지에는 진입도로를 허가할 수 없다. 다만, 진입도로의 개설이 녹지의 기능을 저해하지 아니하면서 주변의 교통체증을 현격히 감소시키는 등 그 필요성이 인정되는 경우로서 도로관리청과 협의한 때에는 그러하지 아니하다.

8. 제7호 단서에 따라 설치되는 도로를 영구적으로 사용하여야 하는 경우에는 「국토의 계획 및 이용에 관한 법률」 제2조제13호에 따른 도로의 점용을 허가하여야 한다.

9. 철도변 녹지에 진입도로의 점용을 허가하려는 경우에는 「철도안전법」 제45조제1항에 따른 철도보호지구의 관리자와 사전에 협의하여야 한다.

10. 「산업입지 및 개발에 관한 법률」 제2조제8호에 따른 산업단지 주위의 녹지의 경우에는 같은 조 제9호에 따른 산업단지개발사업에 따라 「국토의 계획 및 이용에 관한 법률」에 따른 도시·군계획시설로 정한 도로를 설치하도록 하고 개별공장별로 진입도로의 점용을 허가할 수 없다.

완충녹지

택지개발지구 외곽의 6차선 도로와 주거·상업 공간이 분리되기 위해서 도시관리계획으로 완충녹지를 신설하여야 한다.

완충녹지는 폭이 10m 이상이 되어야 한다. 그런데 그 완충녹지의 나무가 성장하면 안쪽의 건축물이 도로에서 보이지 않아서,

자동차전용도로 수준이 아닌 도롯가의 완충녹지는 주변 상권을 위축시키는 결과가 된다.

토지이용계획확인서

지목	공원		면적	2,580.7㎡
개별공시지가 (㎡당)	27,300원 (2015/01)			
지역지구등 지정여부	「국토의 계획 및 이용에 관한 법률」에 따른 지역·지구등		도시지역 자연녹지지역, 대로2류(폭 30m~50m)( )(접함) 대로2류 (폭 30m ~50m)(접함), 소류3류(폭 8m 미만)(접함), 완충녹지, 중로2 류(폭 15m~20m)( )(접함)	
	다른 법령 등에 따른 지역·지구등		가축사육제한구역(200m이내의지역)(가축분뇨의 관리 및 이용에 관한 법률), 하수처리구역(하수도법)	
「토지이용규제 기본법 시행령」 제9조제4항 각 호에 해당되는 사항				
확인도면				

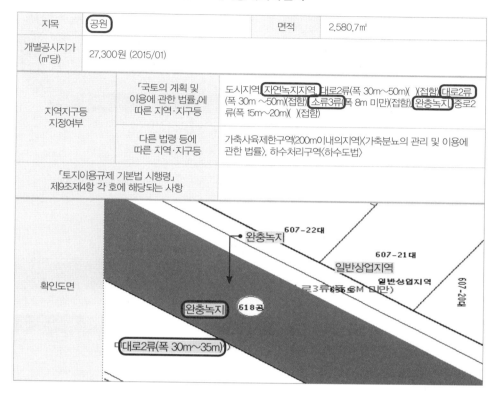

(1) 도심의 상업지역에 설치된 완충녹지에는 키 작은 수종을 식재하거나, 다른 방법으로 완충녹지의 역할을 할 수 있게 하면서, 상권도 보호하는 것이 좋겠다.

(2) 대로로부터 완충녹지로 격리된 곳이 상업지역인 경우에는 그 상권에 큰 영향을 주게 된다. 완충녹지 안쪽의 이면 도로가 8m 이하이므로 사실상 주차장 기능밖에 안 되어, 완충녹지와 이면 도로의 활용성을 높이는 방안을 연구할 필요가 있다.

03 ▶ 도로법의 도로 이용하기

1 도로점용허가

국토의 계획 및 이용에 관한 법률 [시행 2020.7.30][법률 제16902호]
국토교통부(도시정책과—개발행위), 044—201—3717

법 조항 살펴보기

제61조 (관련 인·허가 등의 의제)

① 개발행위허가를 할 때에…… 미리 관계 행정기관의 장과 협의한 사항에 대하여는 그 인

허가 등을 받은 것으로 본다.

6. 「도로법」 제52조에 따른 도로와 다른 시설의 연결허가 및 같은 법 제61조에 따른 도로

의 점용허가

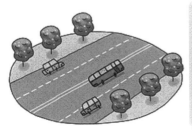

고속도로
일반도로
특별시도
광역시도
지방도
시도
구도

도로법에 의해 다음과 같이 도로가 분류되고, 도로에대한 일반사항이 정의됩니다.

출처: 서울시 도시계획국

(1) 도로법의 도로는 '차도, 보도步道, 자전거도로, 측도側道, 터널, 교량, 육교 등의 시설로 구성된 다음 7가지 도로(①고속국도 ②일반국도 ③특별시도·광역시도 ④지방도 ⑤시도 ⑥군도 ⑦구도) 및 도로의 부속물을 말한다(법 제2조 1호).

(2) 도로구역이란 도로를 구성하는 일단의 토지로, 도로구역으로 결정된 구역을 말한다. 도로구역은 도로법에 의하여 개설된 도로 및 도로를 보호하기 위한 구역으로, 도로관리청은 도로 노선의 지정·변경 또는 폐지의 고시가 있으면 지체 없이 해당 도로의 도로구역을 결정·변경 또는 폐지하여야 한다(법 제25조).

(3) 도로를 고시하는 경우 해당 도로구역과 지적이 표시된 지형도면(도면의 축척 등)을 첨부하여 국토교통부 장관이 하는 경우에는 관보에 게재하고, 행정청이 하는 경우에는 해당 지방자치단체의 공보에 게재하여, 그 도면을 일반인이 열람할 수 있도록 하여야 한다.(법 제25조 3항)

(4) 도로구역 및 도로구역 결정·변경 또는 폐지 예정지(이하 "도로구역 예정지"라 한다)에서 ①건축물의 건축 ②공작물의 설치 ③토지의 형질변경 ④토석土石의 채취 ⑤토지의 분할 ⑥물건을 쌓아놓는 행위 등을 하려는 자는 허가권자(시장·군수 등)의 허가를 받아야 한다(법 제27조).

(5) 도로점용허가란 '도로의 구역 안에서 공작물·물건 기타의 시설을 신설·개축·변경 또는 제거하거나 기타의 목적으로 도로를 점용하고자 하는 자가 도로관리청의 허가를 받는 것을 말한다(제61조). 도로 연결허가는 도로 점용의 일부이다.

(6) 현재 도로법의 도로가 공사 중인 곳의 도로구역을 점용하여 진입로를 연결하려면 그 도로 시행자의 동의가 필요하다.

(7) 건축을 위하여 도로구역에 수도관, 하수도관, 가스관, 전기관, 전기통신관, 농업용수관, 맨홀, 공동구 등의 공작물을 설치하려면 도로점용허가를 받아야 한다. 이 경우 점용 기간은 10년이다(영 제55조).

(8) 주유소 등 진입로로 사용하기 위한 점용료는 1년 단위로 산정하되, 점용 면적에 토지 가격(인접한 토지의 개별 공시지가 산술 평균 가격)의 0.02를 곱한 금액으로 한다(영 제69조).

(9) 다음의 경우에는 점용료를 감면한다(법제68조).

점용 목적	점용료
주택 출입 통행로	전액 면제(주택 외는 부과)
준주택 출입 통행로	50% 감면(주택 외는 부과)
소상공인 영업소 출입 통행로	10% 감액
장애인 등 편의법 주출입구	전액 면제
기부채납한 자	기부 금액 범위 내

＊ 준주택이란 주택법에 규정된 용어로 기숙사, 다중생활시설, 노인복지주택, 오피스텔을 말한다.

(10) 도로점용허가에 대한 자세한 내용은 국토교통부 건설정보사업시스템(https://www.calspia.go.kr)에서 확인 가능함.

도로법 [시행 2020.8.5]
국토교통부(도로운영과-점용, 접도구역, 연결허가), 044-201-3914

허가 절차

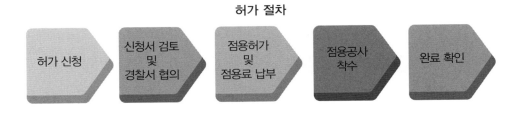

허가 신청 ▶ 신청서 검토 및 경찰서 협의 ▶ 점용허가 및 점용료 납부 ▶ 점용공사 착수 ▶ 완료 확인

경기도 용인시 기흥 IC에서 10분 거리, 아파트단지 개발로 주변 임야가 공원 지역으로 지정될 가능성 있었음

20m 이상의 도시·군계획시설 도로가 개설 진행 중에 있을 때에, 개발행위허가는 도로 시행자의 동의가 필요함

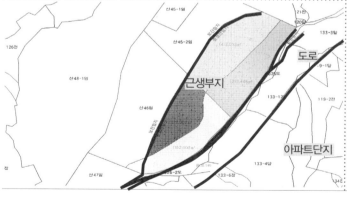

자연녹지의 임야를 근생으로 개발하려는 건축허가에서 도로점용(사업 시행자의 동의)이 필요함

토지이용계획확인서

지목	임야			면적	8,331㎡
개별공시지가 (㎡당)	133,000원 (2015/01)				
지역지구등 지정여부	「국토의 계획 및 이용에 관한 법률」에 따른 지역·지구등	도시지역, 자연녹지지역 중로1류(폭 20m~25m)(접함)			
	다른 법령 등에 따른 지역·지구등	가축사육제한구역(2013-09-26)〈가축분뇨의 관리 및 이용에 관한 법률〉 준보전산지〈산지관리법〉, 성장관리권역〈수도권정비계획법〉			
「토지이용규제 기본법 시행령」 제9조제4항 각 호에 해당되는 사항					
확인도면					

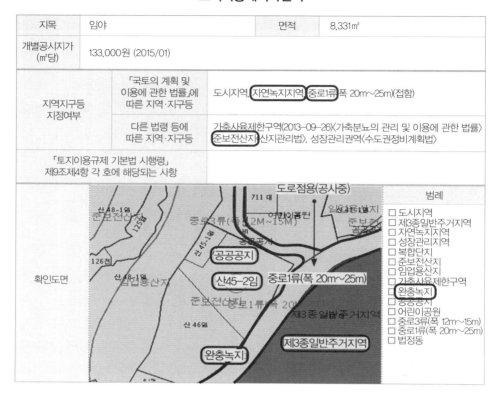

(1) 자연녹지이므로, 주변의 아파트 단지 거주자의 여가 체육시설(테니스장, 골프연습장, 퍼팅장 등)로 전용할 가치가 있었음.

(2) 완충녹지에 대한 점용은 녹지결정 이전의 도로를 그대로 이용하는 경우를 제외하고 새로운 점용은 어려울 수 있음.

(3) 도로점용허가도 공사 중인 경우에는 사업시행자의 동의가 필요할 수 있음.

일반 음식점 건축허가에서 진입로 확보를 위한 도로 점용

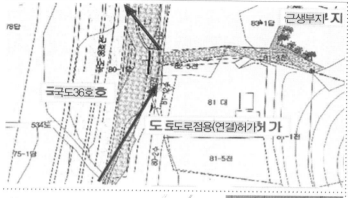

(세종시)

국도 36호선 변에 일반 음식점을 개설하기 위하여, 국도관리사업소로부터 점용 및 연결허가를 받은 사례

도로점용허가를 받아 국도로 연결될 가감속차선을 만들어, 국도 차량 통행에 지장을 주지 않아야 함

가감속차선이 만들어질 토지가 국유이면 도로 점용을, 사유이면 진입로를 사용승낙 또는 매입하여 개설해야 함

토지이용계획확인서

지목	전		면적	116㎡
개별공시지가 (㎡당)	235,700원 (2015/01)			
지역지구등 지정여부	「국토의 계획 및 이용에 관한 법률」에 따른 지역·지구등		계획관리지역, 개발행위허가제한지역(다가구주택, 환경오염시설 등)	
	다른 법령 등에 따른 지역·지구등		가축사육제한구역(2013-02-28) 〈가축분뇨의 관리 및 이용에 관한 법률〉	
	「토지이용규제 기본법 시행령」 제9조제4항 각 호에 해당되는 사항		국도40호선	

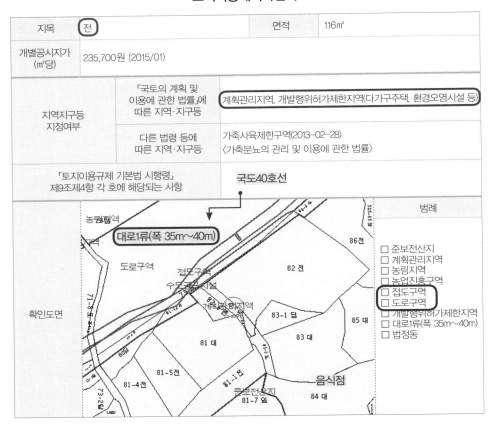

(1) 국도에 연결할 도로가 현황도로 또는 개발행위허가의 사설도로인 경우에는 도로점용을 받는 과정에서 국도관리사업소와 허가청의 해석이 다를 수 있다.

(2) 하나의 도로점용허가로 이용하는 토지소유자가 여러 명인 경우에는 다툼이 있을 수 있다.

(3) 도로연결허가를 받은 사람은 일반인의 통행을 제한해서는 안된다.(도로법 제53조) 그리고 새로 연결허가를 받아야 하는 사람은 공동으로 사용할 수 있다. 단, 공동사용 부분에 대한 비용의 분담을 요구할 수 있다.

국토의 계획 및 이용에 관한 법률 [시행 2020.7.30]

법 조항 살펴보기

국토교통부(도시정책과–개발행위), 044–201–3717

제61조 (관련 인·허가 등의 의제)

① 개발행위허가를 할 때에…… 미리 관계 행정기관의 장과 협의한 사항에 대하여는 그 인·허가 등을 받은 것으로 본다.

6. 「도로법」 제52조에 따른 도로와 다른 시설의 연결허가 및 같은 법 제61조에 따른 도로의 점용허가

(1) 도로연결허가란 '일반국도에 다른 도로·통로 등 기타의 시설을 연결하고자 하는 자가 받는 허가이며, 허가의 기준·절차 등에 대하여는 '도로와 다른 시설의 연결에 관한 규칙'으로 정하고 있다.

(2) 일반국도에 다른 시설(휴게소, 주유소, 공장, 아파트 진출입로 등을 위한 변속차로 등)을 연결하려는 자는 연결허가를 신청하기 전에 연결을 신청하려는 도로의 구간이 연결허가금지구간(규칙 제6조)에 해당되는지 사전에 확인해볼 수 있다(2021.8.3. 개정). 민원인은 「도로와 다른 시설의 연결허가 사전확인 신청서」에 위치도와 현장사진을 첨부하여 도로관리청에 제출하면 7일 이내에 답을 얻을 수 있다. 이 회신은 약식 검토이므로 실제 허가신청에서 시설물 구조 등의 검토 및 현장조사 결과에 따라 불허처분을 받을 수 있으므로 토목설계사무실을 통하여 신청하는 것이 안전할 것이다.

(3) 일반국도 이외에도, 시장이 관리청인 국도, 지방도, 4차선 이상으로 도로구역이 결정된 도로에 대한 기준·절차 등은 당해 지방자치단체의 조례로 정하는 바에 따른다.

(4) 연결허가를 받은 시설 중 도로와 연결되는 시설이 다른 도로나 통로 등 일반인의 통행에 이용하는 시설(이하 "진출입로"라 한다)인 경우 해당 연결허가를 받은 자는 일반

인의 통행을 제한하여서는 아니 된다(도로법 제53조 1항).

(5) 연결허가를 받은 자가 아닌 자가 새로운 연결허가를 받는 데 필요한 경우에는 다른 자가 먼저 연결허가를 받은 진출입로를 공동으로 사용할 수 있다. 이 경우 먼저 연결허가를 받은 자는 진출입로의 공동 사용 동의 등 새로운 연결허가를 받으려는 자가 연결허가를 받는 데 필요한 협력을 하여야 한다(법 제53조 2항).

(6) 먼저 연결허가를 받은 자는 새로운 연결허가를 받기 위하여 진출입로를 공동 사용하려는 자에게 공동 사용 부분에 대한 비용의 분담을 요구할 수 있다(법 제53조 3항).

(7) 비용의 분담 금액은 진출입로의 사용 면적을 기준으로 결정하되 구체적인 분담 금액의 결정 방법은 국토교통부령으로 정한다. 다만, 공동 사용 부분에 대한 비용의 분담에 대해 다른 법령에서 달리 정하고 있는 경우에는 그에 따른다(법 제53조 4항).

(8) 새로운 연결허가를 받으려는 자는 먼저 연결허가를 받은 자가 정당한 이유 없이 진출입로의 공동 사용에 응하지 아니하는 경우 국토교통부령 등에 의하여 산정한 비용을 공탁(供託)하고 도로관리청에 연결허가를 신청할 수 있다. 이 경우 연결허가 신청을 받은 도로관리청은 공탁이 적정한지 여부를 검토하고 새로운 연결허가를 할 수 있다(법 제53조 5항).

(9) 도로 연결허가를 받은 경우 도로법 제61조에 따른 도로점용허가를 받은 것으로 본다(도로법 제52조 5항).

(10) 일반국도에 도로 등 다른 시설을 연결하려는 경우 연결허가를 신청하기 전에 '연결금지구간'에 해당하는지를 관리청에 사전확인을 요청하는 제도가 신설되었다(2021.8.3. 도로와 다른시설의 연결에 관한 규칙 제4조의2).

[질의] 기존의 도로 점용 피허가자와 협의가 이루어지지 않을 경우

기존에 진·출입로로 도로점용허가를 받은 곳에 인접하여 새로운 시설물을 건축하였고 기존의 도로 점용 피허가자와 허가받은 진·출입로를 공동으로 사용하기 위해 협의하였으나 협의가 이루어지지 않을 경우 어떻게 해야 하나요? 이때 도로관리청(허가부서)에서는 어떠한 한 조치를 할 수 있나요?

[회신]

가. 도로법 제64조에 의하여 도로에 다른 도로·통로 그 밖의 시설을 연결하고자 하는 경우 동 규칙에 의하여 연결허가를 받아야 하며, 신규 도로 점용 신청자가 기존 도로 점용자의 연결로를 공동 사용할 경우 도로 점용료, 시설비 분담 등 당사자 간 분쟁을 고려하여 사전 합의가 필요하고, 또한 기존의 설치된 변속차로와 연결하여 다른 시설의 변속차로를 추가 설치하는 때에는 연결된 시설을 통합된 하나의 시설로 보아 그것에 적합한 연속된 분리대 설치를 위하여도 공동 협의가 필요함.

나. 부득이 변속차로 공동 사용에 대하여 기존 도로 점용자와 공동사용에 대한 협의가 안 될 경우 도로관리청에서는 투자 비용 분담에 관해 적정 시설비 분담액을 법원에 공탁하는 방법 등을 이용하여 민원을 해결하고 있으니 구체적인 사항은 현지 상황을 잘 알고 있는 허가권자인 당해 도로관리청에 문의하여 주시기 바람.

(11) 도로관리청은 도로법의 도로대장을 작성하여 보관하여야 한다.

[질의] 도로점용연결허가의 목적물(공장)을 경락받은 경우 진·출입로 시설 설치 비용 문제로 당초 피허가자의 동의 없이 권리·의무 승계 신고 시에 수리 가능 여부

[회신] 도로 점용 연결허가의 목적물(공장)을 경락받은 자가 그 점용 시설을 종전의 목적대로 계속 사용하고자 점용허가에 따른 조건이나 의무 등을 승계한다는 뜻을 해당 관리청에 신고할 경우 승계인(경락받은 자)의 날인만으로 도로점용허가의 권리·의무 승계 신고가 가능할 것으로 사료됨.

(12) 도로점용(연결)허가에 대한 자세한 내용은 국토교통부 '건설사업정보포털시스템' (https://www.calspia.go.kr)에서 확인 가능함.

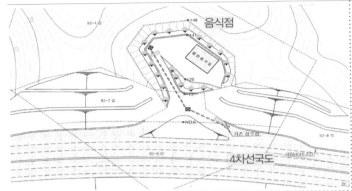

4차선 국도 공사가 진행되는 상황에서, 도로변 임야를 개발하면서 지방국도관리청으로부터 도로 점용을 받은 사례

경사도는 진입도로의 끝에서부터 산정하는 것으로 당시 자연녹지의 허용 경사도는 15도까지임.

토지 수용 전에 하단 분할로 적정 면적을 타협할 수 있음.
소단부 처리에 있어 산지관리법과 도로법의 차이가 있음.

토지이용계획확인서

지목	대		면적	1,465m²
개별공시지가 (m²당)	27,300원 (2015/01)			

지역지구등 지정여부	「국토의 계획 및 이용에 관한 법률」에 따른 지역·지구등	도시지역, 자연녹지지역
	다른 법령 등에 따른 지역·지구등	가축사육제한구역(200m이내의 지역)〈가축분뇨의 관리 및 이용에 관한 법률〉, 배출시설설치제한지역〈수질 및 수생태계 보전에 관한 법률〉
「토지이용규제 기본법 시행령」 제9조제4항 각 호에 해당되는 사항		
확인도면		

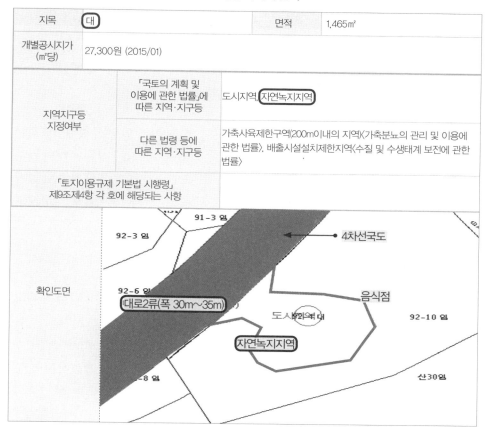

(1) 도로법 도로에 연결할 변속차로(가감속)를 설치할 공간이 없으면 사실상 개발이 불가능한 것임.

(2) 변속차로의 길이는 개발 부지로 통행할 차량 대수(주차 대수)에 따라 달라짐.

(3) 변속차로는 보통 90m(감속구간 30m＋가속구간 60m)에서 180m(감속 60m＋가속 120m)까지임. 구체적인 내용은 '도로와 다른 시설의 연결에 관한 규칙' [별표5] 참조.

지방도에 물류 창고 허가받은 사례

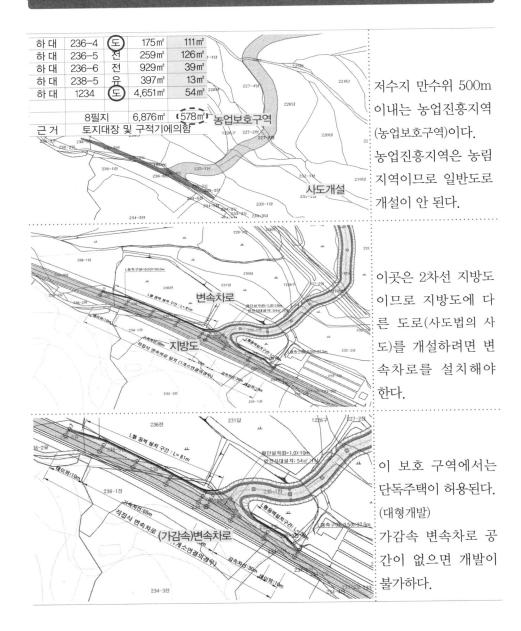

하 대	236-4	도	175㎡	111㎡
하 대	236-5	전	259㎡	126㎡
하 대	236-6	전	929㎡	39㎡
하 대	238-5	유	397㎡	13㎡
하 대	1234	도	4,651㎡	54㎡
	8필지		6,876㎡	578㎡
근 거	토지대장 및 구적기에의함			

농업보호구역

사도개설

변속차로

지방도

가감속 변속차로

저수지 만수위 500m 이내는 농업진흥지역 (농업보호구역)이다. 농업진흥지역은 농림 지역이므로 일반도로 개설이 안 된다.

이곳은 2차선 지방도 이므로 지방도에 다른 도로(사도법의 사도)를 개설하려면 변속차로를 설치해야 한다.

이 보호 구역에서는 단독주택이 허용된다. (대형개발) 가감속 변속차로 공간이 없으면 개발이 불가하다.

토지이용계획확인서

지목	구거		면적	16,621㎡
개별공시지가 (㎡당)	6,630원 (2015/01)			
지역지구등 지정여부	「국토의 계획 및 이용에 관한 법률」에 따른 지역·지구등	계획관리지역, 농림지역, 보전관리지역, 생산관리지역, 소로3류(폭 8m 미만)(저촉)		
	다른 법령 등에 따른 지역·지구등	가축사육제한구역(200m이내의 지역)〈가축분뇨의 관리 및 이용에 관한 법률〉, 가축사육제한구역(250m이내의지역)〈가축분뇨의 관리 및 이용에 관한 법률〉, 가축사육제한구역(400m이내의지역)〈가축분뇨의 관리 및 이용에 관한 법률〉, 가축사육제한구역(주거지역 1700m이내의지역)〈가축분뇨의 관리 및 이용에 관한 법률〉, 농업보호구역〈농지법〉, 도로구역〈도로법〉, 접도구역〈도로법〉, 산지전용·일시사용제한지역〈산지관리법〉		
	「토지이용규제 기본법 시행령」 제9조제4항 각 호에 해당되는 사항			
확인도면	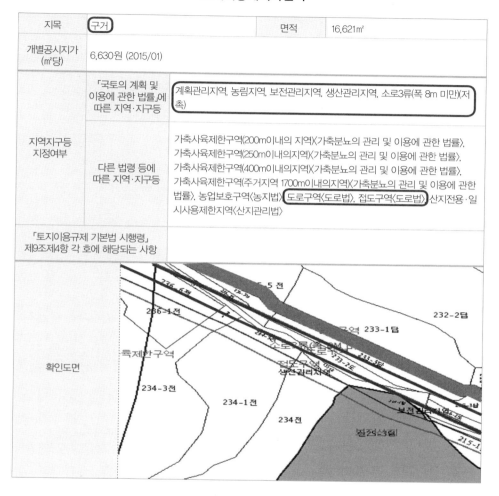			

(1) 사도법의 사도를 개설하여 지방도에 연결하는 것이므로, 변속차로를 확보 비용 및 공사비가 많이 소요되지만, 합법적인 멋진 도로 개설이 가능하다.

(2) 도로 중간에 (국유지) 도로, 구거 등이 있으면 별도의 허가를 받아야 하고, 사유라도 주변 토지의 지가가 상승하게 될 것이므로 사용동의가 어렵지 않을 것이다.

3 연결허가 가능 지역 체크리스트

도로와 다른 시설의 연결에 관한 규칙 (도로법 제52조)

국토교통부(도로운영과), 044-201-3914

허가 가능 지역을 판단하기 위한 체크리스트

〈연결 금지구간 해당 여부 판단 기준〉

1. 아래 체크리스트 중 모두 '예'이면 연결 금지구간에는 해당하지 않습니다.

2. 아래 체크리스트 중 어느 하나라도 '아니오'이면 연결 금지구간에 해당하여, 도로에 다른 도로, 통로, 기타의 시설물을 연결할 수 없습니다.

1. 자동차전용도로는 아닌가? (예, 아니오)

2. 측도가 설치된 본선에 대한 연결은 아닌가? (예, 아니오)

3. 곡선 반경이 280m(2차로 140m) 미만 도로인 경우 곡선 구간의 안쪽 차로의 중심선에서 장애물까지의 최소 거리 이상이 되는가? (예, 아니오)

구분	4차로 이상				2차로		
곡선 반경	260	240	220	200	120	100	80
최소 거리	7.5	8	8.5	9	7	8	9

4. 종단 기울기가 평지에서 5%, 산지에서 8%(2차로 도로의 경우에는 평지에서 6%, 산지에서 8%)를 초과하는 구간은 아닌가? (예, 아니오)

5. 일반국도와 ①도로법 도로 ②농어촌도로 정비법의 면도(2차선 이상) ③6m 이상의 2차로 도로 ④ 관할 경찰서장 등이 교통안전과 소통에 지장을 초래한다고 인정하는 도로 등에 연결할 때에 [별표 4]의 '교차로 연결 금지구간' 이내의 구간은 아닌가? (예, 아니오)
   (단, 일반국도로서 도시계획시설에 해당되거나, 5가구 이하의 주택, 농어촌 소규모시설의 진출입로는 [별표 4]의 제2호 및 제3호의 제한거리를 금지구간에 포함하지 않는다.)

6. 터널 및 지하 차도 등의 시설물 중 시설물의 내·외부 명암의 차이가 커서 장애물의 식별이 어려워 조명 시설을 등을 설치했을 경우 동 시설물로부터 300~350m(60㎞ 초과) 이내의 구간은 아닌가? (예, 아니오)

7. 교량 등의 시설물과 근접되어 변속차로를 설치할 수 없는 구간은 아닌가? (예, 아니오)

8. 버스 정차대, 측도 등 주민 편의 시설이 설치되어 이를 옮겨 설치할 수 없거나 옮겨 설치하는 경우 주민 통행에 위험이 발생될 우려가 있는 구간은 아닌가? (예, 아니오)

9. 변속차로의 최소 길이 [별표 5] 확보가 가능한가? (예, 아니오)

10. 1999년 8월 8일 이전에 최초로 도로 연결허가를 받은 시설이 허가 기간이 만료되어 새로 허가를 받아야 할 경우, 시설물의 용도 변경은 없는가? (예, 아니오)

〈변속차로 설치기준 (규칙 제8조)〉

1. 길이는 [별표 5]에서 정한 기준 이상으로 할 것.

2. 폭은 3.25m 이상으로 할 것.

3. 사업 부지에 접하는 변속차로의 접속부는 곡선 반지름이 12m 이상인 곡선으로 처리할 것.

4. 성토부, 절토부 등 비탈면의 기울기는 접속되는 도로와 같거나 그 도로보다 완만하게 설치할 것.

〔별표 4〕〈개정 2014.12.29.〉

교차로 연결 금지구간 산정 기준 (제6조 제3호 관련)

1. 변속차로가 설치되지 않았거나 설치 계획이 없는 평면교차로의 연결 금지구간의
   산정 기준은 다음 각 목과 같다.

   ㈎ 연결 금지구간은 도로가 교차하는 물리적인 영역과 제한거리로 한다.

   ㈏ 제한거리는 감속차선의 경우 차량의 정지선에서부터 산정하고, 가속차선의 경
     우 교차하는 도로의 연장선과 만나는 지점에서부터 산정하며, 최소 길이는 다음
     표와 같다.

설계 속도 (km/시간)	제한거리의 최소 길이(m)	
	제5조 제1항 제1호 및 제2호에 따른 지역, 지구단위계획구역, 제2단계 집행 계획 수립 지역	그 밖의 지역
50	25	40
60	40	60
70	60	85
80	70	100

〈예시도〉

변속차로가 설치되지 않았거나 설치 계획이 없는 평면교차로의 연결 금지구간

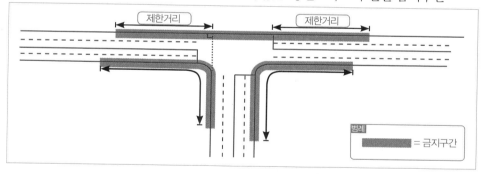

2. 변속차로가 설치되었거나 설치 예정인 평면교차로의 연결 금지구간의 산정 기준
   은 다음 각 목과 같다.

   ㈎ 연결 금지구간은 본선 또는 교차도로에서 교차로로 진입하는 감속차로 테이퍼
     의 시작점부터 교차로를 지나 교차도로 또는 본선에 진입하는 가속차로 테이퍼
     의 종점까지의 범위와 제한거리로 한다.

⒯ 제한거리는 본선 또는 교차도로의 가속·감속차로 전방·후방에서부터 산정하며 최소 길이는 다음 표와 같다.

구분	지구단위계획구역, 제2단계 집행 계획 수립 지역	그 밖의 지역
제한거리의 최소 길이(m)	10	20

⒟ 제5조 제1항 각 호의 어느 하나에 해당하는 경우에는 제한거리를 적용하지 않는다.(도시지역에서 도시관리계획으로 정비되어 있거나, 1단계 집행계획이 수립된 경우)

⒣ 5가구 이하의 주택과 농어촌소규모시설(「건축법」 제14조에 따라 건축신고만으로 건축할 수 있는 소규모 축사 또는 창고 등을 말한다.)의 진출입로를 설치하는 경우에는 제한거리를 적용하지 않는다.

3. 입체교차로에서의 연결 금지구간의 산정 기준은 다음 각 목과 같다.

⒢ 연결 금지구간은 본선 또는 교차도로에서 입체교차로로 진입하는 감속차로 테이퍼의 시작점부터 연결로를 지나 교차도로 또는 본선의 가속차로 테이퍼의 종점까지의 범위와 제한거리로 한다.

⒯ 제한거리는 연결로가 접속된 본선 또는 교차도로의 연결로 접속부 전방·후방에서부터 산정하며 최소 길이는 다음 표와 같다.

구분	4차로 이상	2차로
제한거리의 최소 길이(m)	60	45

⒟ 제5조 제1항 각 호의 어느 하나에 해당하는 경우에는 제한거리를 적용하지 않는다.(일반국도가 정비되거나 제1단계 집행계획이 있는 경우)

⒣ 5가구 이하의 주택과 농어촌소규모시설(「건축법」 제14조에 따라 건축신고만으로 건축할 수 있는 소규모 축사 또는 창고 등을 말한다.)의 진출입로를 설치하는 경우에는 제한거리를 적용하지 않는다.

【비고】
1. 위 표 중 "지구단위계획구역"은 「국토의 계획 및 이용에 관한 법률」 제51조에 따라 지정된 구역을 말한다.
2. 위 표 중 "제2단계 집행 계획 수립 지역"은 「국토의 계획 및 이용에 관한 법률」 제85조에 따른 단계별 집행 계획 중 제2단계 집행 계획이 수립된 도시지역을 말한다.

도로와 다른 시설의 연결에 관한 규칙 [별표 5] 〈개정 2019. 3. 11.〉
변속차로의 최소 길이 (제8조제1호 관련)

1. 지구단위계획구역, 제2단계 집행계획 수립지역의 경우
   가. 본선에 변속차로를 설치하는 경우 : (표 생략)
   나. 측도에 변속차로를 설치하는 경우 : (표 생략)
2. 그 밖의 지역의 경우
   가. 본선에 변속차로를 설치하는 경우

(단위 : m)

시설	주차 대수 또는 가구수	감속부의 길이		가속부의 길이	
		감속차로	테이퍼	가속차로	테이퍼
1) 공단 진입로 등	–	45(30)	15(10)	90(65)	30(20)
2) 휴게소 및 주유소 등	–	45(30)	15(10)	90(65)	30(20)
3) 자동차정비소 등	–	30(20)	10(10)	60(40)	20(20)
4) 사도·농로·마을진입로 또는 그 밖에 이와 유사한 교통용 통로 등	–	20(15)	10(10)	40(30)	20(20)
5) 판매시설 및 일반 음식점 등	10대 이하	20(15)	10(10)	40(30)	20(20)
	11대 이상 30대 이하	30 (20)	10 (10)	60 (40)	20 (20)
	31대 이상	45(30)	15(10)	90(65)	30(20)
6) 주차장·건설기계주기장·운수시설·의료시설·운동시설·관람시설·집회시설 및 위락시설 등	30대 이하	30 (20)	10 (10)	60 (40)	20 (20)
	31대 이상	45 (30)	15 (10)	90 (65)	30 (65)
7) 공장·숙박시설·업무시설·근린생활시설 및 기타시설	20대 이하	20(15)	10(10)	40(30)	20(20)
	21대 이상 50대 이하	30 (20)	10 (10)	60 (40)	20 (20)
	51대 이상	45(30)	15(10)	90(65)	30(20)
8) 주택 진입로 등	5가구 이하	도로 모서리의 곡선화(곡선 반지름 : 3m)			
	6가구 이상 100가구 이하	30(20)	10(10)	60(40)	20(20)
	101가구 이상	45(30)	15(10)	90(65)	30(20)
9) 농어촌 소규모 시설 (소규모 축사 또는 창고 등) 및 태양광 발전시설 등	–	도로 모서리의 곡선화(곡선 반지름 : 3m)			

나. 측도에 변속차로를 설치하는 경우 : (표 생략)
다. 적용기준
1) 가목은 왕복 4차로 이상 도로에 대한 기준이며, 괄호 안의 숫자는 왕복 2차로 도로에 대한 기준이다.
2) 연결로가 인접되어 변속차로가 중복된 경우 중복된 차로의 길이는 주차 대수를 합산하여 그 합산된 주차 대수에 해당하는 길이로 하고, 주차 대수를 적용할 수 없는 시설물과 중복되는 경우에는 그 중 큰 값을 기준으로 한다.
3) 가목5)부터 7)까지 및 나목4)·5)의 주차 대수를 산정할 때에는 「주차장법 시행령」 별표 1의 설치기준에 따른다.

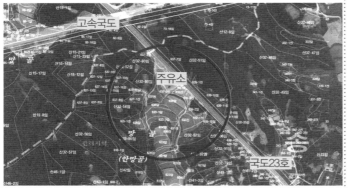

원래 도로구역의 토지는 도로변의 낮은 임야였는데, 그 뒤 토지주가 도로 점용을 받아서 개발한 사례

〈점용 가능 시설〉 공익시설(전주·변압탑, 수도·가스관, 주유소·주차장·수리소 등)에 준하는 시설만 점용이 가능하다.

넓은 면적의 도로구역을 점용하면 점용료가 높다. 절약 방안은 매각 허가를 받거나, 조경 면적을 최대한 넓히면 점용료가 줄어든다.

토지이용계획확인서

지목	대		면적	2,417㎡
개별공시지가 (㎡당)	176,000원 (2015/01)			

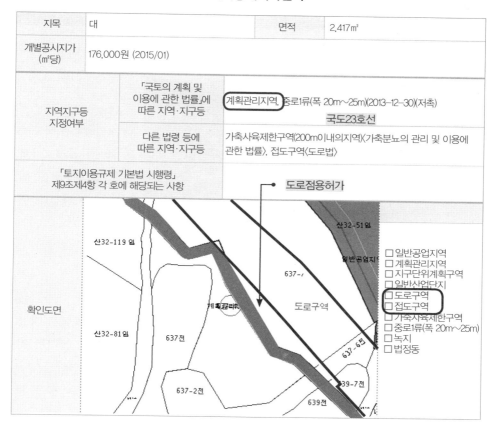

| 지역지구등
지정여부 | 「국토의 계획 및
이용에 관한 법률」에
따른 지역·지구등 | 계획관리지역, 중로1류(폭 20m~25m)(2013-12-30)(저촉)
국도23호선 |
| 다른 법령 등에
따른 지역·지구등 | 가축사육제한구역(200m이내의지역)(가축분뇨의 관리 및 이용에
관한 법률), 접도구역(도로법) |

「토지이용규제 기본법 시행령」
제9조제4항 각 호에 해당되는 사항

도로점용허가

확인도면

산32-119 임
산32-81임
637전
637-2전
산32-51임
일반공업지역
637-
도로구역
637-6전
39-7전
639전

□ 일반공업지역
□ 계획관리지역
□ 지구단위계획구역
□ 일반산업단지
□ 도로구역
□ 접도구역
□ 가축사육제한구역
□ 중로1류(폭 20m~25m)
□ 녹지
□ 법정동

(1) 도로구역 끝에 보상받지 않은 임야가 조금 있어 그 임야로 인하여 그 뒤의 농지가 맹지가 된다. 이 도로구역을 점용하여 (임야를 전용하면) 그 뒤의 농지까지 활용도가 높아진다.

(2) 국도의 도로구역 및 접도구역을 점용 및 연결하는 것은 원칙적으로 안된다. 도로의 본래 기능(차량의 안전한 통행)을 저해하면 안되기 때문이다.

두 개의 4차선 국도가 교차하는 입체교차로에서, 부체도로에 기존의 마을 안길을 연결한 사례

2차선 지방도와 4차선 국도가 교차하는 입체교차로에서 오른쪽 차선을 늘려서 마을로 들어가고, 나올 때는 지하(터널)를 확보한 사례

기존의 변속차로(주유소)에 붙여서 변속차로를 같이 이용하는 사례

토지이용계획확인서

지역지구등 지정여부	「국토의 계획 및 이용에 관한 법률」에 따른 지역·지구등	계획관리지역, 중로1류(폭 20m~25m)(2013-12-30)(저촉)
	다른 법령 등에 따른 지역·지구등	가축사육제한구역(200m이내의지역)(가축분뇨의 관리 및 이용에 관한 법률), 가축사육제한구역(250m이내의지역)(가축분뇨의 관리 및 이용에 관한 법률), 도로구역(도로법)
	「토지이용규제 기본법 시행령」 제9조제4항 각 호에 해당되는 사항	
확인도면		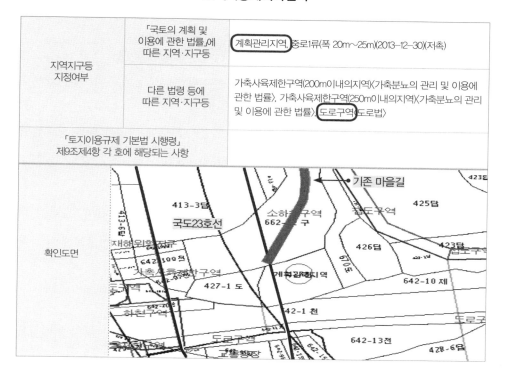

(1) 원래 부체도로에는 다른 통로를 연결할 수 없으나, 기존의 마을 통로(농로 포함)를 막을 수 없으므로 불가피하게 부체도로에 붙여서 개설한 사례이다.

(2) 입체교차로 부근의 도로 연결허가는 원칙적으로 불가능하고, 소하천구역, 접도구역, 재해위험지구, 제방 등에 대한 규제해석은 토목사무실을 통하여 확인하는 것이 안전하다.

도로의 구조·시설기준에 관한 규칙 [시행 2021.12.23.][국토교통부령 제922호]

국토교통부(간선도로과), 044-201-3893

(1) 개발 부지의 진입로를 확보하기 위해서 도로법의 도로에 연결할 때는 도로법의 '도로의 구조·시설기준'을 알아야 할 때가 있다(도로법 제50조).

(2) 차로의 폭은 차선의 중심선에서 인접한 차선의 중심선까지로 하며, 도로의 구분, 설계 속도 및 지역에 따라 아래 각 호 이외에는 다음 표의 폭 이상으로 한다(규칙 제10조).

① 설계 기준 자동차 및 경제성을 고려하여 필요한 경우 : 3m

② 접경 지역에서 전차, 장갑차 등 군용 차량의 통행에 따른 교통사고의 위험성을 고려하여 필요한 경우 : 3.5m

도로의 구분			차로의 최소 폭(m)		
			지방지역	도시지역	소형차도로
고속도로			3.50	3.50	3.50
일반도로	설계 속도 (km/h)	80 이상	3.50	3.25	3.25
		70 이상	3.25	3.25	3.00
		60 이상	3.25	3.00	3.00
		60 이상	3.00	3.00	3.00

(3) 일반도로의 기능별 구분에 따른 도로의 종류는 아래와 같다.

도로의 기능별 구분	도로의 종류
주간선도로	고속국도, 일반국도, 특별시도·광역시도
보조간선도로	일반국도, 특별시도·광역시도, 지방도, 시도
집산도로	지방도, 시도, 군도, 구도
국지도로	군도, 구도

(4) '정지시거停止視距'란 운전자가 같은 차로 위에 있는 고장 차 등의 장애물을 인지하고 안전하게 정지하기 위하여 필요한 거리로, 차로 중심선 위의 1m 높이에서 그 차로의 중심선에 있는 높이 15cm의 물체의 맨 윗부분을 볼 수 있는 거리를 그 차로의 중심선에 따라 측정한 길이를 말한다.

(5) '앞지르기시거'란 2차로 도로에서 저속 자동차를 안전하게 앞지를 수 있는 거리로, 차로 중심선 위의 1m 높이에서 반대쪽 차로의 중심선에 있는 높이 1.2m의 반대쪽 자동차를 인지하고 앞차를 안전하게 앞지를 수 있는 거리를 도로 중심선에 따라 측정한 길이를 말한다.

5 접도구역接道區域

도로법 [시행 2022.12.11.][법률 제18940호]
국토교통부(도로운영과―점용, 접도구역, 연결허가), 044―201―3914

(1) 접도구역은 '도로 구조의 파손 방지, 미관美觀의 훼손 또는 교통에 대한 위험 방지'를 위하여, 도로 경계선으로부터 양측으로 각각 아래 표의 구역을 접도구역으로 지정한다.(도로법 제40조) 시도·군도·구도의 경우 접도구역 지정 대상에서 제외함.(접도구역 관리지침)

도로의 종류	구분	지정 폭(양측)	비고
고속국도	전 구간	20 … 10m	2014.12.04.
일반국도	전 구간	5m	
지방도	전부·일부	5m	
군도	전부·일부	×	지정 제외

(2) 접도구역의 지정권자는 ①고속국도는 국토교통부 장관 ②일반국도는 국토교통부장관이 지방국토관리청장에게 위임하였고, ③지방도는 도지사이다. 지정 후 곧바로 고시하므로 도로관리청 및 시·군·구청에서 확인이 가능하다.

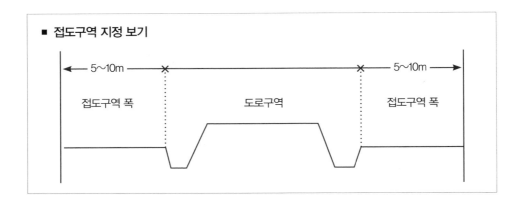

■ 접도구역 지정 보기

| ←—— 5~10m ——→ × × ←—— 5~10m ——→ |
| 접도구역 폭 | 도로구역 | 접도구역 폭 |

⑶ 접도구역 내의 토지는 원칙적으로 형질을 변경할 수 없다. 단, 기존 건축물의 개축·재축·이전·대수선, 연면적 10㎡ 이하의 화장실, 30㎡ 축사, 30㎡ 농어업용 창고, 50㎡ 퇴비사 등만 허용된다. 또한, 접도구역은 건폐율에 포함된다.

⑷ 도시지역에 대한 접도구역 지정 제외 : 「국토의 계획 및 이용에 관한 법률」에 의하여 도시지역으로 결정·고시된 구역 안의 도로는 같은 법 제83조의 규정에 의거 접도구역 지정 대상에서 제외된다.

⑸ 도로법 시행령 제39조 제1항 단서 조항에 따라 다음 지역에 대하여는 접도구역을 지정하지 아니할 수 있다.(접도구역 관리지침)

㈎ 국토의 계획 및 이용에 관한 법률 시행령 제31조 제2항 제7호에 따라 취락 지구로 지정된 구역 안의 도로

㈏ 다음 각 호의 1에 해당하는 지역으로서 교통 등에 위험 등이 없다고 인정하는 지역

① 해당 지역의 도로 중 차도·길어깨·비탈면·측도·보도 및 길도랑 등에 제공되지 아니하는 부지의 폭(부체도로의 폭을 포함한다)이 인접한 접도구역의 폭 이상인 지역.(예시도 1)

건축법 도로로 맹지탈출하기 ≫

■ 접도구역 지정 보기 (예시도 1)

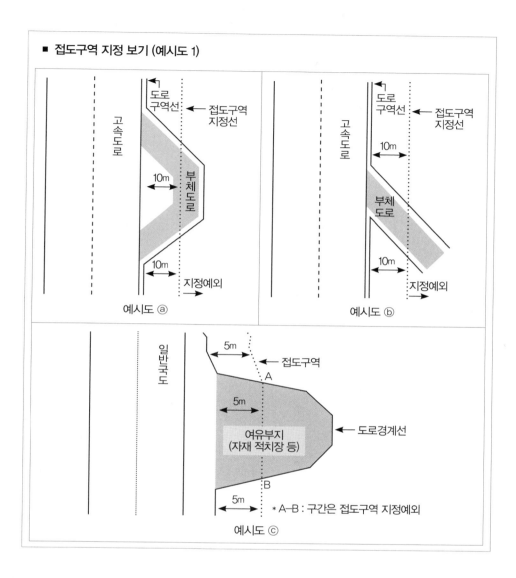

예시도 ⓐ

- 고속도로
- 도로구역선
- 접도구역 지정선
- 10m
- 부체도로
- 10m
- 지정예외

예시도 ⓑ

- 고속도로
- 도로구역선
- 접도구역 지정선
- 10m
- 부체도로
- 10m
- 지정예외

예시도 ⓒ

- 일반국도
- 5m
- 접도구역
- A
- 5m
- 여유부지 (자재 적치장 등)
- 도로경계선
- B
- 5m
- * A–B : 구간은 접도구역 지정예외

② 해당 지역 도로의 폭 및 구조 등이 인접한 도시지역(「국토의 계획 및 이용에 관한 법률」 제6조 제1호에 따른 도시지역을 말한다. 이하 이 조에서 같다.)의 도로의 폭 및 구조 등과 유사하게 정비된 지역으로서 그 도시지역으로부터 1㎞ 이내에 있는 지역 중 주민의 집단적 생활 근거지로 이용되는 지역. (예시도 2)

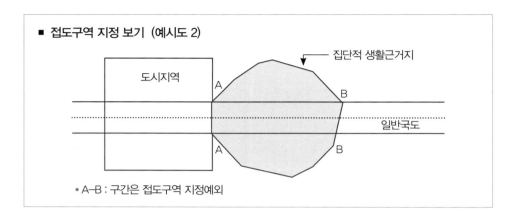

■ 접도구역 지정 보기 (예시도 2)

집단적 생활근거지

도시지역

A
B

일반국도

A
B

* A-B : 구간은 접도구역 지정예외

③ 해당 지역 도로의 폭 및 구조 등이 인접한 도시지역의 도로의 폭 및 구조 등과 유사하게 정비된 지역으로서 해당 지역의 양측에 인접한 도시지역 상호 간의 거리가 10㎞ 이내인 지역. (예시도 3)

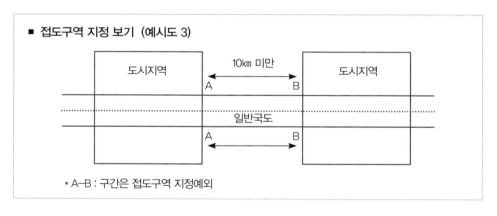

■ 접도구역 지정 보기 (예시도 3)

도시지역

10km 미만

A
B

도시지역

일반국도

A
B

* A-B : 구간은 접도구역 지정예외

⑹ 접도구역 지정 당시부터 해당 토지를 계속 소유한 자는(상속 포함) 접도구역 지정으로 효용이 현저히 감소한 경우 및 사용 수익이 불가능한 경우에 한하여 매수 청구할 수 있다(법 제41조).

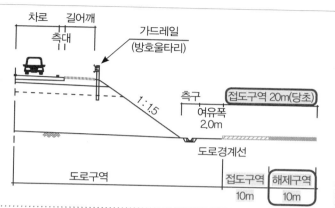

고속국도는 가드레일 밖으로 비탈(경사)면이 있고, 측구의 2M까지 도로구역이고, 그로부터 접도구역이 지정됨.

도로 높이인 일반국도의 접도구역은 나무 식재 등 관리가 어렵지만, 도로보다 낮은 고속국도의 접도구역은 꽃밭 등으로 조성하면 좋을 것.

20m이던 고속국도의 접도구역이, 10m로 줄어들면서, 해제된 곳을 주차장 및 컨테이너 유치 공간으로 활용할 수 있게 됨.

토지이용계획확인서

지목	답		면적	1,128㎡
개별공시지가 (㎡당)	44,500원 (2015/01)			
지역지구등 지정여부	「국토의 계획 및 이용에 관한 법률」에 따른 지역·지구등	계획관리지역, 개발행위허가제한지역(다가구주택, 환경오염시설 등), 대로2류(폭 30m~35m)(저촉)		
	다른 법령 등에 따른 지역·지구등	가축사육제한구역(2013-02-28)(가축분뇨의 관리 및 이용에 관한 법률), 도로구역(도로법)		
「토지이용규제 기본법 시행령」 제9조제4항 각 호에 해당되는 사항				
확인도면	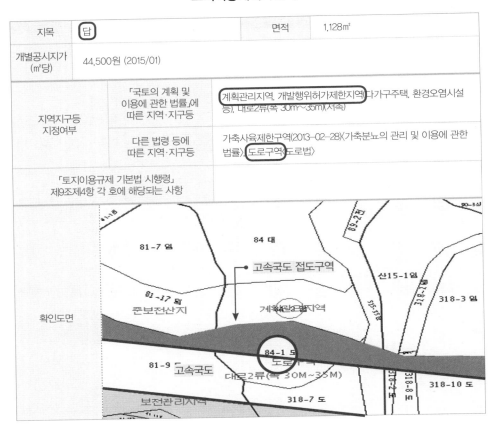			

(1) 접도구역은 고속국도는 10m, 일반국도와 지방도는 5m인데, 이웃 토지 경계를 판단함에 있어 도로 경계선이 아니라 도로구역 경계로부터 확인하여야 한다.

(2) 접도구역의 경계는 도로관리청 및 소재지 지자체에 문의하면 되고, 공사 중인 경우에는 건설현장 사무소에서 도면을 확인할 수 있다.

04 사도법私道法의 사도 개설

1 사도법의 사도

국토의 계획 및 이용에 관한 법률 [시행 2020.7.30][법률 제16902호]

제61조 (관련 인·허가 등의 의제)

① 개발행위허가를 할 때에…… 미리 관계 행정기관의 장과 협의한 사항에 대하여는 그 인·허가 등을 받은 것으로 본다.

8.「사도법」제4조에 따른 사도개설의허가

(1) 사도법의 사도私道라 함은 '도로법 제2조 제1항의 규정에 의한 도로나 도로법의 준용을 받는 도로가 아닌 것으로서 그 도로에 연결되는 길'을 말하는 것으로, 개발행위허가(형질변경)로 새로운 도로(진입로)를 개설하는 것이다.

(2) 사도는 법정도로와 연결하여 일반의 통행에도 제공하는 공공용의 성격을 갖는 개인이 만드는 공도이므로 건축법의 도로로 인정되어 누구나 사용할 수 있다.(법 제9조) 다만, 완성되기 전은 사도 이해관계인의 동의를 얻어야 하고, 완성 후라도 새로운 대형 개발인 경우에는 사도의 유지 관리 비용을 분담해야 하기 때문에 동의가 필요하다.

(3) 사도법의 사도는 일반 건축허가에서 개발행위허가로 전용할 수 없는 '농업진흥지역'과 '보전산지'에도 가능하므로, 만약 개발 부지가 도로법의 도로에서 직선거리는 가까운데 그 사이에 일반목적의 개발행위허가가 불가한 농업진흥지역 농지(≒경지 정리된 또는 예정된 논·밭)나 농림 지역의 보전산지가 있는 경우에 사용한다.

(4) 공장의 경우, 공장 설립 승인권자가 사도법의 사도를 허가하는 것은 재량이 아니라 의무이다(산업집적활성화 및 공장설립에 관한 법률 제13조의3).

(5) 사도법의 사도는 비도시지역에만 있는 것이 아니라 도시지역에도 있다. 대도시의 경우 토지이용계획확인서에 나온다.

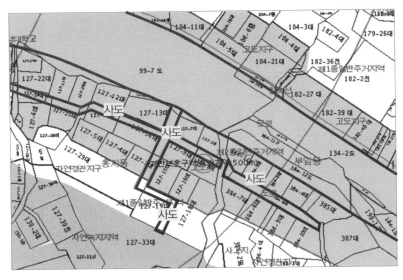

이 사도법은 1938년 '조선사도규칙'에 뿌리를 둔 것으로 사도는 이때부터 만들어진 것으로 얼핏 도시계획도로처럼 보이지만, 사실상 공공성이 없는 골목길에 불과하므로 없어져야 한다.

또한 대도시에서 5호 이하의 택지를 분양하면서 안쪽의 대지를 도시계획시설 도로까지 연결하기 위해서 사도법의 사도 지정을 신청한 곳이 지금까지 사도개설이 이루어지지 않아서 소유자와 이웃 주민들과의 분쟁이 생기는 곳이 있다. 이런 곳은 건축법

제45조제1항단서에 의하여 '조례도로'로 지정해야 할 것이다.

(2012.12.18. 이전 법조문) 사도법 제3조
(적용제외) (생략) 5호이내의 사용에 공하는 도로 및 법률에 의하여 설치하는 도로에 대하여는 본법을 적용하지 아니한다. 단, 특별시장, 광역시장, 시장 또는 군수가 필요하다고 인정할 때에는 5호이내의 사용에 공하는 도로에 대하여 본법을 적용할 수 있다.

(6) 사도법의 사도와 소유권에 따른 구분인 (국·공유지가 아닌 사유지인) 사도는 전혀 다른 개념이므로 혼동하면 안된다.

(7) '빈집 및 소규모주택 정비에 관한 특례법'에 의한 정비사업에 사도법의 사도개설 허가가 의제되어 도시재생사업의 효율성이 높아졌다.

② 사도개설허가

(1) 사도법의 사도는 도로법 도로나 도시계획시설과 달리 수용권이 없으므로, 개설하려는 자가 도로 소유권 또는 이용권(=사용승낙)을 확보하여야 한다. 사도개설허가는 2013년 사도법이 개정되어(사도법 제4조3항 신설) ①설치기준에 맞고 ②타법에 제한이 없으며 ③주거환경을 심각하게 침해하지 않은 한 개설허가를 해야 하는 기속행위가 되었다.

불허사유 및 유의사항 (「사도법」 제4조제3항)
① 사도가 구조기준에 맞지 않는 경우
② 해당 토지의 소유 또는 사용에 관한 권리가 없는 경우
③ 「사도법」 또는 다른 법령에 따른 제한에 위배되는 경우
④ 주변 거주 주민의 사생활 등 주거환경을 심각하게 침해 우려
⑤ 사람의 통해에 위험을 가져올 것으로 인정되는 경우
⑥ 사도의 구조는 시도 또는 군도의 기준에 따라야 함(조례완화)
⑦ 농어촌도로에 연결해야 함
⑧ 사도는 사도개설자가 관리하여야 함(법제7조).

⑵ 개설 기준은 도로법 또는 준용 도로(농어촌도로 정비법의 면도) 수준이어서 공사비가 과다할 수 있었다. 그런데 농어촌도로정비법의 도로 또는 농어촌정비법의 도로에 연결해도 되고(2013년 개정), 농어촌도로 개설 수준으로 완화되었다(2015년 개정).

⑶ 사도의 너비(도로 폭)는 최소 4m(설계 속도 60㎞/h, 차선 폭 3m와 노견 양측 각 0.5m) 이상으로 개설토록 허가할 수 있다. (도로통합업무지침 2002 한국건설기술연구원 '13. 사도 개설허가 시 사도 구조(도로 폭)에 대한 기준' 도정 58010-108 (1995.1.28.))

⑷ 시·군·구청장은 사도의 구조 기준을 완화하려는 경우에는 통행에 지장을 주지 아니하는 범위에서 조례로 완화할 수 있다(사도법 시행규칙 제4조).

농업진흥구역(농림 지역)의 경지 정리된 논을 진입로로 하여, 공장 허가를 받은 것으로, 사도법의 사도를 개설한 것이다.

멀리 공장이 보인다. 노란색의 분리선이 표시된 2차선 도로이다. 경지 정리된 논으로 사도법의 도로가 아니면 전용이 안 되는 곳이었다.

4차선 국도가 신설되면서 통행량이 줄어든 2차선 국도에 사도법 사도가 연결되어 주위 토지는 상대적으로 좋아졌다.

토지이용계획확인서

지목	도로		면적	462㎡
개별공시지가 (㎡당)	6,270원 (2015/01)			
지역지구등 지정여부	「국토의 계획 및 이용에 관한 법률」에 따른 지역·지구등	농림지역		
	다른 법령 등에 따른 지역·지구등	가축사육제한구역(200m이내의지역)(가축분뇨의 관리 및 이용에 관한 법률), 농업진흥구역(농지법), 배출시설설치제한지역(수질 및 수생태계 보전에 관한 법률)		
「토지이용규제 기본법 시행령」 제9조제4항 각 호에 해당되는 사항				
확인도면	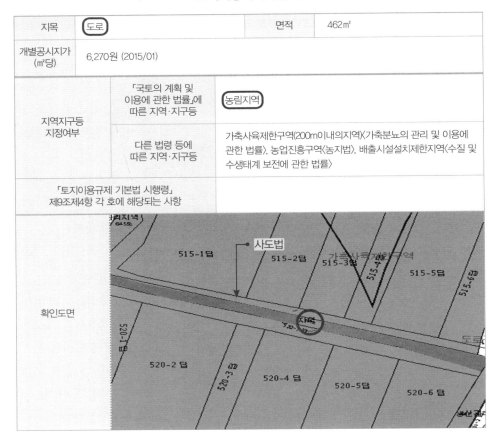			

(1) 이곳은 사도법의 사도를 국도와 연결한 개발 사례인데, 원래 경지 정리한 곳이라 농로 및 구거가 있었던 곳이다.

(2) 공장으로 개발하려는 임야는 국도에 가깝지만, 하천과 경지 정리된 논으로 둘러싸여(농림 지역이고 농업진흥구역인 토지를 가로질러 진입도로를 확보하지 않으면, 우회할 길도 없었던 곳) 사실상 맹지이었다.

대형 단지를 개발하기 위해서는 가까운 도로(지방도)까지 허가신청자가 진입로(기반시설)를 확보하여야 한다.

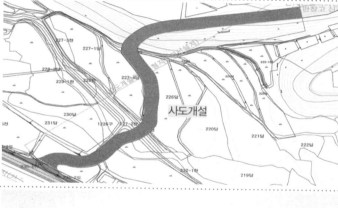

도로를 개설할 곳의 토지가 농업진흥구역이면 사도법에 의한 사도 개설밖에 없다.

그 사도 개설 부지에 구거, 도로를 포함되면 구거 점용과 국유재산 수익 허가가 필요하다.

토지이용계획확인서

지목	구거			면적	16,621㎡
개별공시지가 (㎡당)	6,630원 (2015/01)				
지역지구등 지정여부	「국토의 계획 및 이용에 관한 법률」에 따른 지역·지구등		계획관리지역, 농림지역, 보전관리지역, 생산관리지역, 소로3류(폭 8m 미만),(저촉)		
	다른 법령 등에 따른 지역·지구등		가축사육제한구역(200m이내의지역)(가축분뇨의 관리 및 이용에 관한 법률), 가축사육제한구역(250m이내의지역)(가축분뇨의 관리 및 이용에 관한 법률), 가축사육제한구역(400m이내의지역)(가축분뇨의 관리 및 이용에 관한 법률), 가축사육제한구역(1700m이내의지역)(가축분뇨의 관리 및 이용에 관한 법률), 농업보호구역(농지법), 도로구역(도로법), 접도구역(도로법), 산지전용·일시사용제한지역(산지관리법)		
	「토지이용규제 기본법 시행령」 제9조제4항 각 호에 해당되는 사항				
확인도면		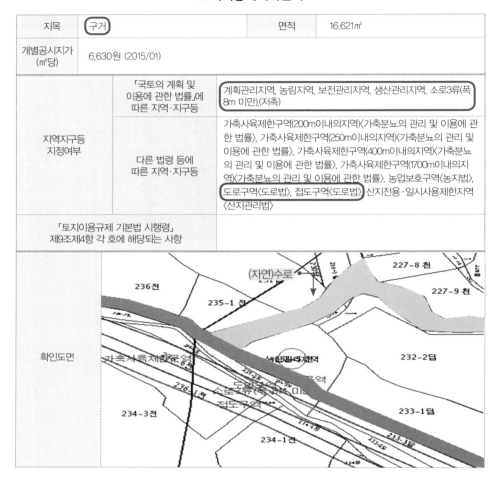			

(1) 사도법의 사도는 수용권은 없지만, 구거, 도로가 국공유지인 경우 (사용) 허가는 받을 수 있다.

(2) 6m 이상의 2차선 사도가 개설되면 주변 토지소유자의 지가도 크게 상승할 것이 므로, 토지 협의를 유리하게 이끌 수 있다(후 지불 또는 무상 협의 등).

05 기타 관계 법령의 도로

1 농어촌도로 정비법의 농어촌도로

(1) 기타 관계 법령에 의해서 만들어진 도로란 위 3가지 법정도로 이외에 농어촌도로 정비법의 도로, 농어촌정비법의 도로 등과 수많은 개발 법령(약 150여 가지)에 의제되어 신설 또는 변경에 관한 고시가 된 도로로, 건축법 기준에 맞는 4~8m 이상의 도로를 말한다.

(2) 또한, 특정 지역의 중대형 개발은 대부분 지구단위계획구역으로 지정되기 때문에 내·외부 도로가 2차선 이상으로 충분히 확보된다.

(3) 농어촌도로란 도로법에 규정되지 아니한 도로로, 농어촌지역 주민의 교통 편익 과 생산·유통활동 등에 공용共用되는 공로公路로 고시된 도로를 말하며, 다음 3가지가 있다.

행정안전부(지역균형발전과) 044-205-3518[1]

농어촌도로 정비법	면도面道	이도里道	농도農道	점용허가 (도로대장)
	6m(2*3m)↑	5(4)m↑	3m↑	

① 농어촌도로 정비법에 의하여 만들어지는 면도는 도로법의 군도 이상의 도로에 연결되는 읍·면지역의 기간^{基幹} 도로를 말한다. 면도는 도로법 도로에 준용한 도로가 있고, 그렇지 않은 면도가 있는데, 점용허가 절차가 다르다.

② 이도^{里道}는 군도 이상의 도로 및 면도와 갈라져 마을 간이나 주요 산업단지 등과 연결되는 도로를 말하며, 농도^{農道}는 경작지 등과 연결되어 농어민의 생산활동에 직접 공용되는 도로를 말한다.

③ 시장·군수는 농어촌도로의 노선을 지정하였을 때에는 도로대장을 작성하여 보관하여야 한다.

④ 도로의 구역에서 인공 구조물, 물건, 그 밖의 시설을 설치·개축·변경·제거하거나 쌓아두거나 그 밖의 목적으로 도로를 점용하려는 자는 군수의 허가를 받아야 한다(농어촌도로 정비법 제18조).

⑤ 군수(도농복합도시는 시장 포함) 또는 도로정비의 허가를 받은 자는 노선이 지정된 도로구역에 있는 토지·건축물 등을 수용^{收用}·사용할 수 있다(법 제13조).

⑥ 농어촌도로의 정비는 군수가 한다(법제5조). 노선이 지정되면 농어촌도로대장을 작성·보관해야 한다.

(4) 댐 건설 및 주변 지역 지원 등에 관한 법률(약칭: 댐건설법)에 의하여 개설된 2차선 도로는 관리 주체가 수자원공사이므로, 이 도로의 일부(특정부분)에 진입로를 연결할 때에는 수자원공사의 동의를 받아야 할 경우도 있다.

(5) 기타 수많은 개별법에 의하여 도로법의 준용 도로로 개설된 도로의 관리 주체가 시장·군수가 아닌 경우에 그 도로에 연결하여 단독주택 한 채가 아닌 중대형 개발은 그 도로소유자의 동의가 필요 하는 등 맹지 탈출에 어려움이 생길 수 있다.

                                        ≫

택지개발촉진법 [시행 2020.6.9]

제11조(다른 법률과의 관계)

① 시행자가 실시계획을 작성하거나 승인을 받았을 때에는 다음 각 호의 결정·인가·허가·협의·동의·면허·승인·처분·해제·명령 또는 지정을 받은 것으로 보며, 지정권자가 실시계획을 작성하거나 승인한 것을 고시하였을 때에는 관계 법률에 따른 인·허가등의 고시 또는 공고가 있는 것으로 본다. 〈개정 2011. 4. 14., 2014. 1. 14., 2016. 1. 19., 2019. 11. 26.〉

1. 「국토의 계획 및 이용에 관한 법률」제56조에 따른 개발행위의 허가
6. 「공유수면 관리 및 매립에 관한 법률」 제8조에 따른 공유수면의 점용·사용허가
7. 「하천법」 제33조에 따른 하천의 점용허가
8. 「도로법」 제61조에 따른 도로점용의 허가
16. 「국유재산법」 제30조에 따른 행정재산의 사용허가
19. 「소하천정비법」 제14조에 따른 소하천의 점용허가

농어촌정비법 [시행 2022.12.1.][법률 제18522호]

제106조(다른 법률과의 관계)

② 농어촌정비사업의 시행자가 농어촌정비사업의 계획 승인을 받은 경우 다음 각 호의 "인·허가등"을 받은 것으로 보며, 농어촌정비사업의 계획을 고시하였을 때에는 관계 법률에 따른 인·허가등의 고시 또는 공고를 한 것으로 본다. 〈개정 2022. 12. 27.〉

6. 「관광진흥법」에 따른 휴양 콘도미니엄 사업계획의 승인
11. 「도시개발법」에 따른 도시개발사업 시행자 지정
16. 「산업입지 및 개발에 관한 법률」에 따른 토지형질변경 허가
26. 「청소년활동 진흥법」에 따른 청소년 수련시설의 설치·운영의 허가
27. 「체육시설의 설치·이용에 관한 법률」에 따른 사업계획의 승인

주택법 [시행 2022.8.4.][법률 제18834호]

[2020.7.24] 제19조(다른 법률에 따른 인가·허가 등의 의제 등)

지구단위계획구역으로 지정되려면 8m 이상의 진입로가 확보되어야 한다.

2차선 지방 도로부터 사업 부지까지 원래 농어촌도로 면도와 리도 구간이었다.

면도 및 리도의 시종점까지 사업계획을 수립하고, 공사 계획은 2단계로 나누어 1단계 공사를 한 것이다.

토지이용계획확인서

지목	도로		면적	221㎡
개별공시지가 (㎡당)	11,800원 (2015/01)			

지역지구등 지정여부	「국토의 계획 및 이용에 관한 법률」에 따른 지역·지구등	계획관리지역
	다른 법령 등에 따른 지역·지구등	가축사육제한구역(2013-02-25)(일부제한지역)(가축분뇨의 관리 및 이용에 관한 법률), 비행안전제5구역(지원)(제2항공여단-6019(2013.12.31) 군협의업무 행정위탁)(군사기지 및 군사시설 보호법), 자연보전권역(수도권정비계획법), 배출시설설치제한지역(수질 및 수생태계 보전에 관한 법률)
「토지이용규제 기본법 시행령」 제9조제4항 각 호에 해당되는 사항		농어촌도로 면도/리도

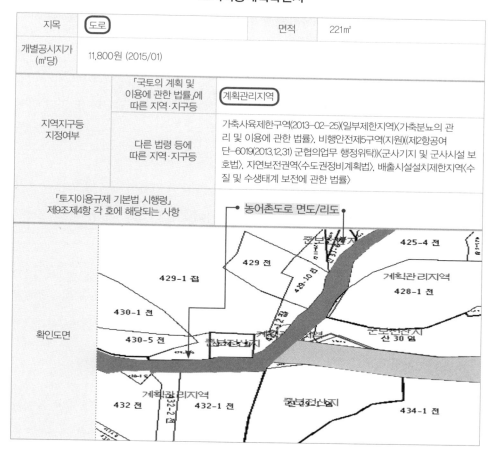

확인도면

농어촌도로의 구조·시설기준에 관한 규칙

행정안전부(지역발전과), 044-205-3517

---

(1) 농어촌도로인 면도面道가 도로법 도로에 준용되는 경우 농어촌도로의 구조·시설기준에 맞는 것이 아니라, 도로법 도로의 구조·시설기준에 맞아야 한다.

(2) 농어촌도로라도 도로법 준용 도로는 도로법 수준의 점용허가를 받아야 한다.

(1) 도로법의 국도는 일반국도와 고속국도로 나뉜다. 고속국도는 도로공사에서 관리하고, 이 고속국도로부터 일반도로 연결되는 근처에 IC 및 톨게이트가 있는데, 2012년부터 국토부가 하이패스 IC를 활용해서, 전국의 고속국도 휴게소 활성화 및 지역 경제 활성화 목적으로 하이패스 IC 조성을 권장하고 있다.

(2) 하이패스 IC는 본선형과 휴게소형이 있는데, 2017년 말까지 전국에 15개가 준공되어 하이패스 IC로 통행하게 되었다. 이곳은 휴게소 연결형으로 이천시가 조성하였는데 하이패스 IC 개설비용의 50%를 도로공사(국토부)가 부담한다.

(3) 이천시는 사양화되어가고 있는 도자산업을 육성하기 위하여, 2005년 지역특화발전법에 의하여 '도자기특구'로 지정되었고, 2010년 유네스코 창의도시(공예부문)로 지정되어 도자기산업의 메카역할을 하고 있다.

(4) 이천시는 도자 산업의 활성화와 문화 관광 산업의 발전을 통한 지역 경제 활성화를 목표로 총사업비 766억 원을 투입하여 총 406,798㎡(123,000평) 규모의 예스파크를 조성하여, 도자 산업을 육성(생산, 전시, 교육, 판매, 체험, 유통)하고 있다.

(5) 현재 '예스파크(이천도자예술촌)'의 진입도로는 국도 3호선 및 경강선 전철역과 연결되어 있으나, 고속도로를 이용할 경우 서이천 IC를 통하여 접근이 가능하지만 약 5㎞를 우회해야 하며, 이천시 중심부로 들고나는 많은 차량과 섞여 불편함이 있다.

(6) 이제 중부고속도로 이천휴게소(서울 방향)를 통한 하이패스 IC가 완료되어, 이천시 경제와 이천휴게소의 상호 성장 잠재력이 크기에 이천시는 국토부 및 도로공사의 주력 사업에 동참하는 의미도 있고, 또한 예스파크'의 접근성 향상이 동시에 이루어져

서 이천시 경제발전에 크게 기여할 것으로 기대하고 있다.

(7) 하이패스 IC를 설치하기 위해서는 먼저 타당성 조사를 하여야 한다. 교통수요예측을 하고, 사업비(공사비 및 용지 보상비, 시설비 등) 도출 등의 경제적 분석을 통하여 최적의 대안을 도출하게 된다.

(8) 하이패스 IC는 도로법에 의한 도로연결허가를 신청하여 국토부 승인을 받아서 시공하게 되는데, 이곳은 2015년 5월 국토부 승인을 받아서, 2017년 12월 말에 하이패스 IC가 완성되어, 2018년 4월 27~5월 13일까지 예스파크(이천도자예술촌)에서 개최되는 제32회 '이천도자기축제'부터 예스파크로의 주통로가 되었다.

(9) 하이패스 IC 진입로는 고속국도이므로 그 진입로에 건축법의 통로를 직접 연결하지 못한다. 다만, 하이패스 IC를 개설되기 이전부터 있었던 도로 및 마을 통로는 그대로 보존하게 된다. 그러므로 기존 도로 및 통로에 접한 토지는 도로통행에 지장이 없는 범위 내에서 건축허가를 받을 수 있을 것이다.

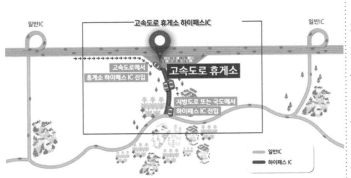

기존의 고속도로 휴게소 등을 활용, 물류, 관광시설 등과 연결하는 하이패스 전용으로 운영하는 저비용 간이 형식의 나들목

고속도로 접근성 향상으로 관광객 1,000만 명/년 시대 개막에 필요

사업량: L=1.2㎞ (전용 나들목 L=0.53㎞, 나들목 진입도로 L=0.64㎞)

전국 유일의 도자 산업 특구로 지정된 이천시의 도예 산업 활성화 및 지역 경제 발전이 기대됨

현황
도로로
맹지탈출하기

디디알부동산연구원 www.ddr114.co.kr

기존도로와 개설도로의 비교

2023.1.8.

상태	구분	맹령 노하우 16	세부 사항	확인 사항
기존 도로 (현황도로)	건축법 도로	가목(법정) ② 국토계획법	기반시설 → 도시계획시설 결정	결정된 곳은 점용허가 및 점용료 대상
		③ 도로법	국도(고속·일반)·지방도·시·군·구도	연결허가(변속차로·금지구간)/완충녹지
		④ 사도법	연결 및 설치 기준(농어촌도로 수준)	진흥농지·보전산지도 사설도로 전용 ○
		⑤ 기타 도로	농어촌도로/2종 개별법 도로	연결허가?/관리기?기관에 연결동의?
		(예정도로 ①~⑤) 나목 ① 지정도로	사용승인 전 준공 or 지정도로	준공 후 예정노로가 미준공일 때?
			도로대장·토지이용계획확인서	도로대장에 없으면 꼭 동의가 필요?
	현황도로[1]	⑯ 건축 협정 도로	건축·대수선·리모델링 협정 시	건축법 77~13조의 건축협정(구역) 확인
		⑥ 도시지역(주·상·공)	개발행위허가 기준 직접 → 기반시설	결정 안 된 이면도로(해설점[2] 309p.)
		⑦ 녹지지역·비도시	자연·생산·보전녹지·4m↑/2m 접도	비도시 → 도시, 면 → 읍·동 상향된 곳?
		⑧ 비도시·면지역	법44~47조 미적용(마을간 연결도로)	개발행위허가가 대상이면 동의 필요?
		⑨ 조례도로(지자체)	조례에 정한 도로 + 건축위원회 심의	조례에 없으면 불가?/건 조례개정
		⑩ 마을 도로	(법정·약정)통행권·내물연 판례정리	관습상 도로(배타적 사용·수익권 제한)
개설 도로 (사설도로)	개발행위 허가[3]	⑪ 개발행위허가	허가기준(=도시관리계획·기반시설)	토지 형질변경 → 진입로(운영로정)
		⑫ 국유재산 사용허가	도시계획시설사업 인가에 의제 처리	국유재산 매각이 허용행식으로 변경됨
		⑬ 하천점용허가	하천법·소하천정비법이 접용허가	하천정비계획 확인(교량·공용시설=기부)
		⑭ 구거점용허가	농업생산기반시설의 사용허가	우기(빠)에 물이 흐르는 곳은 모두?
		⑮ 공유수면용허가	(국유) 공유수면 점용·사용허가	사설상 구거(국유)는 허가대상?

----

1) 76.21 전에 개설된 4m 이상의 모든 도로(현황도로 포함. 국·공유·사유포함하는 건축법 도로(=공로)로 본다.(93누20023)

2) 도시계획시설로 결정 안 된 곳도 개발행위기준에 맞으면 기반시설이다.(국토계획법 해설점(2014.1. 국토부 도시정책과 발행))

3) 개발행위허가에 의재된 각종 (항)별연경하기는 상당히 어려워서 (건축사무실이 아닌) 토목측량사무실에 의뢰하여야 한다.

06 도시지역(주거·상업·공업)의 현황도로 이용하기

1 (도로대장에 없는) 현황도로가 생긴 이유

현황도로 ≒ 사실상 도로 ≒ 관습상 도로

(1) 현황 도로가 건축법 기준에 맞는데도 도로관리대장에 없는 이유는 여러 가지이다. ①건축법 도로로 지정했어야 하는데 (허가권자가) 지정하지 않았거나 ②지정되었다. 지정한 근거를 남길 수 없었거나(81.10.8. 전에 도로대장이 없어), 누락되었거나 ③개발행위허가를 받아서 건축 하였으나 (복합민원이 아니라서) 건축법 도로지정을 하지 않았거나, 도로관리대장을 만들지 않았거나 ④도시계획시설로 결정되지 않은 개별법에 의제된 도로이거나 ⑤본인의 토지(현황도로)를 통해서 진출입에 지장이 없다고 판단하여 지정하지 않았거나 ⑥기타 법령부적합, 법령미비, 소급처리 불가 등으로 등재되지 못한 것 등이다.

(2) 현황^{現況} 도로(=현재의 토지이용 상황이 도로로써 일반인의 통행이 자유로운 통로)는 맹지 탈출할 수 있는(보행 및 자동차 통행이 가능하여 건축법의 도로로 지정될 수 있는) 도로와 건축허가를 받을 수 없는 도로로 나눌 수 있는데, 공부^{公簿}에 등재되거나 법률로 개설된 도로 이외에 아래 모든 도로를 포함하여 검토하여야 한다.

① 주변 건축물의 진입로로 사용된 현황도로(배치도의 접도의무 표시)

② (국공·사유 모두) 배타적 사용·수익권이 포기 또는 제한된 것 같은

③ 지적도에 없거나 도로 부분을 분할하지 않았어도, 이용상황이 도로이면

④ 지목이 도로가 아니어도 이용상황이 도로이면

⑤ 무허가(불법전용) 도로(산지관리법 위반 제외)라도 현황이 도로이면

⑥ 기타 도로관리대장에 등재되지 않은 모든 현황도로를 포함한다.

(3) 주민들이 (오랫동안) 도로로 이용하는 등 배타적 사용·수익권이 포기된 수많은 도로 특히 유일한 통로이면 이 현황도로가 조례 도로로 지정되지 않거나, 도로관리대장에 등재되지 않았어도 허가청은 공로로 판단할 가능성이 높다.

(4) 현황도로는 ①도시지역의 현황도로 ②녹지지역·비도시지역의 현황도로 ③비도시·면지역의 현황도로로 나눌 수 있다. 하나씩 살펴보기로 한다.

2 현황도로에 대한 행정부의 유권해석

(1) 국토교통부에서는 ①건축법에 의해 지정·공고한 도로 ②사도법에 의한 사도 ③사설도로(개발행위허가 등) ④현황도로가 개발행위허가 시(국토계획법 제58조의 개발행위허가 기준) 건축법령에 적합하면 기반시설인 도로로 인정한다(해설집, 309쪽).

(2) 산지 전용 시 진입로로 인정되는 "현황도로"는 아래 4가지이다(단, 임도 제외).

① 현황도로로 이미 다른 인허가가 난 경우

② 이미 2개 이상의 주택 진출입로로 사용하고 있는 도로

③ 지자체에서 공공 목적으로 포장한 도로

④ 차량 진출입이 가능한 기존 마을 안길, 농로

(3) 산지전용 시 기존도로(≒법정도로)를 이용할 필요가 없는 시설은 아래와 같다.

산지 전용 시 기존 도로를 이용할 필요가 없는 시설 및 기준

[시행 2018.2.28] [산림청고시 제2018-25호]

산림청(산지관리과), 042-481-4142

□ 산지별 세부 기준 및 조건

대상산지	세부기준 및 조건
1. 보전산지 · 준보전산지	가. 도로 없이 설치 할 수 있는 시설 : 사설묘지(개인, 가족, 종중·문중), 사설 자연장지(개인, 가족, 종중·문중), 광고탑, 기념탑, 전망대(국가나 지방자치단체가 시행하는 시설에 한함), 농지(전용하려는 산지 전체가 농지로 둘러싸여 있는 1만제곱미터 이하의 산지를 개간하는 경우에 한함), 헬기장, 국방·군사시설 등 그밖에 이와 유사한 시설
	나. 현황도로를 이용하여 설치 할 수 있는 시설 : 농지, 초지
	다. 「공간정보의 구축 및 관리 등에 관한 법률」 제67조에 따른 지목이 "도로"로서 차량 진출입이 가능한 도로를 이용하는 경우
	라. 하천점용허가 또는 공유수면의 점용·사용허가 등을 받아 차량진출입이 가능한 시설물을 설치하여 진입도로로 이용하는 경우
	마. 문화재·전통사찰의 증·개축·보수 및 복원을 위해 차량 진출입이 가능한 토지를 이용하는 경우
2. 공익용산지	「산지관리법」 제12조제3항에 따라 해당법률의 행위제한을 적용하는 경우로서 해당 법률에서 도로로 인정하는 경우
3. 준보전산지	차량진출입이 가능한 기존 마을안길, 농로 등 현황도로를 이용하여 시설하는 경우에는 기존도로를 이용하지 아니할 수 있다.

* 기존 도로란 도로공사의 준공 검사가 완료되었거나 사용 개시가 이루어진 도로를 말한다.

---

③ 도시지역의 현황도로

(1) 도시지역의 현황도로는 주로 '주거환경개선사업' 대상이 되는 달동네 또는 재개발지역 그리고 하천을 복개한 도로 등에 있는데, 도시지역의 현황도로가 건축법의 도로로 지정되면 배타적 사용수익권이 포기된 공도公道가 된다.

(2) 최근 도시지역은 도시재정비사업지구로 편입되거나, 지적재조사특별법의 지적재

조사지구 등으로 지정되어 많은 현황도로가 공도가 되고 있어 분쟁이 많이 줄어들고 있다.

⑶ 그렇지만 이런 사업지구 밖의 현황도로의 배타적 사용권의 존재여부에 대한 판단이 지자체마다 달라서 아직도 고통받은 국민이 많다. 또한 같은 지자체 내에서도 민원실과 건축과에서 해석을 달리하는 곳도 있다.

⑷ 대법원도 물권법정주의에 어긋나는 배타적 사용·수익권이 제한된 현황도로의 존재를 인정하면서, 현황도로 소유자의 권리를 보호하기 위하여 허가권자에게 그 현황도로의 존재에 대해서 여러 가지 사정을 종합하여 판단하라고 하였으므로, 2019.1.24. 선고된 대법원 전원합의체 판결(2016다264556)을 참고하여 주민들의 통행자유권을 보장하여야 할 것이다. 그리고 국토부는 긴급 시 피난 차량의 통행로 확보가 의무인 허가권자가 적극행정을 펼 수 있도록 건축법을 개정하여야 할 것이다.

⑸ 도시지역의 현황도로는 (앞서 살펴본 대로) 여러가지 이유로 건축법 도로로 지정되지 못하였을 것이므로, 그 근거를 스스로 찾아서 건축법 제45조1항단서2호에 의한 '조례도로'의 지정을 요청하여야 할 것이다.

⑹ 도시지역의 현황도로의 배타적 사용·수익권이 제한되었다고 (허가권자가) 판단하면 그 지하도 제한되므로(대법원 2016다264556) 상·하수도 관로, 가스 관로 등의 매설에 있어 사유私有라도 사용승낙을 요구할 필요가 없다.

주택가 이면 도로는 도시계획시설로 지정되지 않아도 건축법의 도로이고, 토지이용계획확인서의 도시계획 도면을 꼭 확인하여야 한다.

복개覆盖된 하천은 도시계획시설로 지정되지 않아도 (자동차 통행에 지장이 없으면) 건축법의 도로로 본다.

①건축허가 부서 ②도시계획시설과 시·군·구도 개설부서 ③유지·보수하는 부서 ④국공유지 관리부서의 역할이 각기 달라 혼돈이 생길 수 있다.

토지이용계획확인서 (주택가 이면 도로+도로+하천 도로)

지목	도로		면적	66.9㎡
개별공시지가 (㎡당)				
지역지구등 지정여부	「국토의 계획 및 이용에 관한 법률」에 따른 지역·지구등	도시지역, 제2종일반주거지역 도로		
	다른 법령 등에 따른 지역·지구등	가축사육제한구역(2013-02-25)(일부제한지역)(가축분뇨의 관리 및 이용에 관한 법률), 비행안전제5구역(지원)(제2항공여단-6019(2013.12.31) 군협의업무 행정위탁))(군사기지 및 군사시설 보호법), 자연보전권역(수도권정비계획법), 배출시설설치제한지역(수질 및 수생태계 보전에 관한 법률)		
「토지이용규제 기본법 시행령」 제9조제4항 각 호에 해당되는 사항				
확인도면	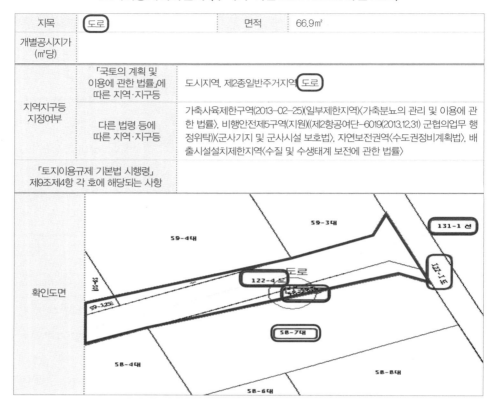			

(1) 도시지역은 차량통행이 가능한 너비 4m 이상의 도로는 모두 건축법의 도로로 보기 때문에(1976.1.31. 이전) 토지소유자의 사용승낙(=동의)이 필요 없다.

(2) 도시계획시설로 지정되지 않은 도로, 도로관리대장에 없는 주택가 이면도로[1], 하천 복개 도로 등도 건축법 도로 기준에 맞으면 건축법의 도로이다.(국토계획법 해설집 309쪽, 국토해양부 도시정책과 2014.1 발행)

---

1) 건축허가 또는 주택사업승인 시 필지를 분할하여 도로 지목을 변경하였으나 무상귀속(또는 기부채납)이 되지 않은 사유(私有) 도로와 건축허가 시 국토부 및 지자체 소유가 아닌 국공유의 현황도로의 소유권을 정리하지 않은 채 공도(公道)로 사용되는 있는 모든 현황도로를 말한다.

07 녹지지역 및 비도시지역의 현황도로 이용하기

1 녹지지역과 비도시지역

(1) 국토계획법의 용도지역으로 구분되는, 도시지역은 주거·상업·공업·녹지지역으로 나뉘는데, 도시지역은 국토의 16.7%인데 도시지역 중 녹지지역은 국토의 12%이다. 그리고 비도시지역은 국토의 83.3%를 차지한다.

(2) 도시지역 중 주거·상업·공업 지역은 인구와 산업의 유치를 위해서 미리 개발 협의를 마친 지역이고, 녹지지역은 주·상·공을 쾌적하게 보전하기 위한 주변 지역이면서 자연녹지는 필요할 때 개발할 수 있는 예비 용지이다.

■ 국토계획법의 용도지역 21

비도시 84% 도시 16% ➡

용도지역 면적 (세분류)	
■ 주거지역	2.5% (준/1.2종전용/1.2.3일반)
■ 상업지역	0.3% (중심/일반/근린/유통)
■ 공업지역	1.0% (전용/일반/준)
■ 녹지지역	12% (자연/생산/보전)
■ 관리지역	25% (계획/생산/보전)
■ 농림지역	46.9%
■ 자연환경보전지역	11.5%

11.5%
자연
12.0%
개발제한구역=GB(4%)
농림
관리 25.0%
46.9%

(3) 비도시지역이란 도시지역의 강학상의 상대적 개념인 국토계획법의 용도지역으로 관리·농림·자연환경보전지역을 말하는데, 이곳은 개발 협의가 되어 있지 않으므로, 주로 보전 목적의 각종 규제가 존재하는 곳이다. 비도시지역은 행정구역의 면지역에만 있는 것이 아니라 도농 복합 도시의 읍·동에도 있다.

(4) 비도시지역은 각종 기반시설을 도시관리계획으로 미리 결정 및 설치하지 않는 곳이기 때문에, 사인(私人)이 토지를 개발하려면 (도시지역과 달리) 예상치 못한 비용이 많이 들어갈 수 있다. 이때 유의할 곳이 도시지역 중 녹지지역이다.

(5) 녹지지역은 주·상·공의 외곽에 위치하므로, 도심과의 접근성이 좋은 곳은 상대적으로 높은 가치를 인정받아서 혜택을 입을 수 있지만, 반대로 도심 사람들이 선호하지 않은 곳은 불이익이 있다. 특히 비도시지역이 도시지역으로 편입되면서 발생하는 맹지는 토지소유자의 측면에서 보면 피해가 큰 것이 사실이다.

2 녹지지역 및 비도시지역의 현황도로

(1) 녹지지역과 비도시지역의 마을과 마을이 연결되는 도로는 너비 및 기능이 미흡한 경우가 대부분인데 이런 현황도로로 건축신고가 가능하다. 비도시·면지역을 제외한 녹지지역과 비도시·읍·동지역은 건축허가 시 접도의무 및 도로지정이 원칙이므로 이런 현황도로가 허가·신고로 건축법의 도로로 지정되면 배타적 사용권이 제한된 공로(公路)가 된다. 또한 대부분의 지자체는 도시계획조례로 건축법 도로를 요구하고 있다.

(2) 비도시지역의 현황도로에서 확인할 점은 ①소유자의 배타적 사용권의 포기여부에 따라 이해관계인(소유권자 등)의 동의가 필요한지 ②개발행위허가의 기반시설인 진입로 확보기준에 맞는지이다.

(3) 도시지역 중 인구와 산업의 유치를 위해서 미리 기반시설인 도시계획시설을 결정한(설치는 순차적으로 진행) 주거·상업·공업지역은 국토의 4%이고 녹지지역은 국토의 12%인데, 녹지지역과 비도시지역은 기반시설을 필요할 때에 결정 및 설치한다.

(4) 비도시지역의 건축허가는 도시지역과 다른 기준이 적용되는데, 대표적인 것은 ㉠ 개발에 필요한 각종 기반시설 설치 의무가 있고 ㉡형질변경 목적의 개발행위허가가 기준이 다르며 ㉢비도시·면지역에는 건축법 제44~47조의 적용 예외가 있다. 그러므로 (주택 신축을 제외하고) 허가신청자는 개발행위허가로 진입로를 확보해야 한다.

국토계획법	개발 규모		도로 확보 기준 및 예외 (개발행위허가운영지침)
개발행위 허가㉣	5천㎡ 미만	4m 이상	① 차량 진출입이 가능한 기존 마을 안길, 농로 등에 접속한 농업·어업·임업용시설(가공·유통·판매시설 제외), 부지 면적 1천㎡ 미만의 제1종 근린생활시설 및 단독주택 비적용 ② 증축 위한 기존 대지 10%↓ 확장 ③ 증·개축
	5천~3만㎡↓	6m 이상	
	3만㎡ 이상	8m+ (교통)	

(5) 그런데 건축법이 제정된 지난 50여 년 동안 용도지역이 비도시·면지역이던 곳이 도시지역(녹지지역)으로 상향된 곳도 있고, 행정구역이 면지역에서 읍·동지역으로 상향되어 건축법의 접도의무가 여러 곳에서 생기게 되었다.

그래서 녹지지역으로 상향된 곳은 수십 년 동안 현황도로로 사용하던 도로의 소유자 동의가 필요할 수도 있고, 너비도 4m 이상이 필요하게 되었다.

㈎ 면 소재지는 대부분 도시지역이지만, 도로의 너비가 4m 이상이 안 된 곳이 많다. 특히 자연녹지에는 농로 수준으로 도로너비가 미달하는 곳이 많다. 이런 곳까지 자세한 규정이 있는 지자체도 있다.

㈏ 단독주택을 건축하기 위한 허가 기준은 (국토계획법의) 자연녹지와 관리지역이 큰 차이가 있고, (행정구역의) 면지역과 읍·동의 지역의 차이가 있다.

㈐ 비도시지역에서 200㎡·2층 이하의 건축물은 건축신고 없이 농지전용만으로 허

---

2) 진입로는 도시·군계획도로 또는 시·군도, 농어촌도로에 접속하는 것을 원칙.

가되는 사후신고 건축물이 있었다(2006.5.8.까지). 이런 곳은 진입로가 미달될 수 있었는데, 이런 곳이 도시 지역인 녹지지역으로 상향되면 접도 의무가 발생한다.

㈃ 1975년 농지법 제정 이전에 농업인이면 건축허가(신고) 없이 읍·면·동장의 확인으로 농지에 주택을 짓던 시절도 있었다. 이런 건축물로 출입하는 진입로는 현행 건축법 기준에 미달한 곳이 많은데, 이중 도시지역 또는 읍·동지역으로 상향된 곳은 건축허가를 받기 어려워 재산권 행사에 큰 제약이 된다.

(6) 현황도로 소유자의 배타적 사용·수익권을 보호하기 위하여 허가권자는 건축허가(신고)에서 도로 소유자 동의를 반드시 확인해야 하지만, 다음 여러 이유로 토지소유자의 배타적 사용권에 제한된 근거를 찾기 어려운 경우가 많다.

㈎ 최근 지자체 예산(면사무소, 시 건설과, 시의원 숙원 사업 등)으로 만들어진 포장도로는 배타적 사용권이 포기 또는 제한된 것으로 판단할 수 있다.

㈏ 1970년대 전후 새마을 사업으로 만들어진 도로가 사유인 경우 또는 도시지역의 달동네 및 비도시지역에도 마을주민이 합심하여 만든 도로가 사유지인 경우, 공도로 보아야 하지만, 건축법 도로로 지정되지 않은 곳은 간혹 다툼이 있다.

㈐ 지목이 도로가 아닌 구거, 하천, 임야, 농지(전·답·과) 등의 토지가 실제 현황은 농로 또는 마을 안길로 사용되는 곳이 많아서 분쟁이 발생될 수 있으므로 지자체가 직권으로 지목변경을 할 수 있도록 법을 개정할 필요가 있다.

㈑ 현황도로의 소유자가 국가 기관 또는 지자체인 경우에는 주택의 도로 점용료가 면제되는 것처럼, 그 국공유지 본래의 목적이 훼손되지 않는다면 별도의 사용승낙을 받거나 사용료를 지급할 필요가 없도록 법을 개정해야 할 것이다.

㈒ 국·공유지는 사권의 설정을 할 수 없지만, (주택을 위한) 주위토지통행권 등은 사권 설정이 아니라는 대법원 판례가 있으므로(94다14193), 국공유지가 오랫동안 주민들의 통행로로 사용되는 경우에는 건축허가에서 동의를 해 주어야 할 것이다.

(ㅂ) 비도시지역에도 건축법 제45조1항 단서2호에 의한 조례도로로 지정해야 할 현황도로가 많으므로, 지자체가 건축조례로 지정할 수 있도록 법을 개정해야 한다.

(ㅅ) 비도시지역에서 전원주택 단지를 개발할 때에 도로를 지자체가 기부(채납)받지 않아서 개인소유로 있는 경우가 많은데, 대법원 판례에서 분양업자는 수분양자에게 도로를 확보해주어야 할 의무가 있다고 하였으므로, 경매로 그 현황도로를 취득한 자나 원래 분양했던 업자가 건축주 또는 대지소유자에게 사용료를 달라는 것은 잘못이고, 허가권자가 사유이므로 사용승낙을 요구하는 것은 재량권 일탈·남용이 될 수 있다(73다1308 → 88다카16997 → 2009다8802 → 2016다264556).

(ㅇ) 현황도로 소유자가 건축법 도로로 지정되지 않았으므로 배타적 사용권이 포기되지 않았다고 생각하면서, 임의로 도로를 막거나 통행을 방해하는 경우가 발생한다. 주민들의 통행로는 원칙적으로 막을 수 없다(대법원 2020다229239).

(7) 기존 건축물(주택의 가치가 없는 아주 오래된 집)의 개축 또는 대수선(리모델링)으로 진입로를 해결하는 것도 개발가치를 극대화하는 좋은 방법의 하나이다.

(8) 녹지지역 및 비도시지역의 현황도로의 경우 오랫동안 주민생활의 통로로 사용한 곳은 그 도로소유자의 동의(=사용승낙)가 필요 없는 곳이 대부분이다. 통과도로는 동의가 필요 없지만, 막다른 도로인 경우에는 동의가 필요할 수 있다.

(9) 한적한 시골의 도로가 통과도로인지 막다른 도로인지에 대한 판단은 대체로 ①그 현황도로가 마을과 마을(집 1채도 포함)을 연결해주거나 ②농어촌도로에서 다수가 사용하는 농지까지 농기계 통행을 위한 통로가 포장되어 있으면 통과도로로 볼 수 있다. 이때 이 통로의 너비는 자동차 통행이 가능한 2.5~3m는 되어야 하는데, 지적도의 도로 너비가 모두 2.5~3m 이상이 아니라 실제 자동차 통행이 가능한 공간이 있으면 된다. 그런데 일부 지자체는 도시계획조례로 3m 이상을 요구하고 있다. 그러므로 조례 및

규칙, [별표]를 확인하고, 토목설계사무실 또는 허가청에 문의하여야 한다.

담당기관	국토해양부	카테고리	도시
관련법령	국토의 계획 및 이용에 관한 법률		
담당부서	도시정책과	전화번호	
등록일자	2005.03.23	수정일자	2009.01.20
제 목	도로확보요건		
질의내용	○ 관리지역 안에서 건축허가(신고포함)를 받아 농가주택을 건축할 경우 사유지인 진입로와 대부받은 국유지 현황도로를 진입도로로 보아 건축이 가능한지 궁금합니다.		
회신내용	○ 국토의 계획 및 이용에 관한 법률 시행령 제56조 별표1 개발행위허가 기준 제1호 마목의 기반시설인 도로는 너비4미터 이상 확보하여 인근도로와 연결되어야 하며, 대지와 도로의 관계는 건축법에 적합하여야 합니다.		
	○ 다만, 관리지역내의 면지역이라면 너비4미터 이상의 도로는 확보하지 않아도 되나 당해 대지에 통행이 가능한 통로는 있어야 하는 것이니 이와 관련한 구체적인 사항은 당해 허가권자에게 문의하시기 바랍니다.		

③ 녹지지역 및 비도시지역의 자연취락지구 진입로

(1) 이곳은 4차선 도로에서 2차선 도로를 통하여 마을 안의 현황도로로 연결된 많은

현황 도로로 맹지탈출하기 ≫

주택이 있는 자연취락지구이다. 이곳에 건축허가를 위한 도로를 확인할 때에, 기존주택의 개축은 문제가 없고, 개발행위허가를 통하여 주택을 지을 때에는 개발행위허가 운영지침의 예외로 가능하다. 다만 주택 및 1종근생, 농업용시설 이외에는 4m 이상의 도로를 확보하라고 요구할 수 있다.

(2) 토지이용계획확인서를 통하여 취락지구 근처의 현황도로를 살펴본다. 4가지의 현황도로가 얼핏 너비 미달 또는 지적도에 없는 현황 도로로 보여서 맹지로 보인다.

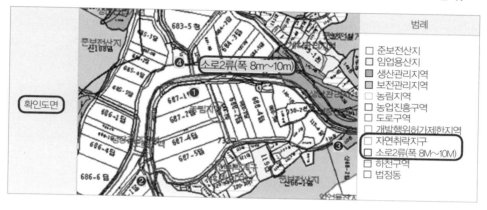

① 지적도의 마을 길 (농어촌도로정비법의 농도)

2차선 도로에서 마을(자연취락지구)로 들어가는 농로이다. 지적도에는 너비 6m 가까이 되는 도로이지만 비탈면을 제외하고 실제 통행이 가능한 너비는 3m이다. 이 도로는 경지정리를 하면서 개설된 것이므로 농도農道라도 개발행위허가의 진입로가 될 수 있다.

② 지적도의 도로 + 현황도로가 포장된 마을길

오른쪽 2차선 도로에서 마을로 진입하는 도로는 지적도의 도로 너비 2~4m의 국유지와 사유인 현황도로가 합쳐져 있어, 지적도로만 보면 맹지같지만 허가기준만큼 포장이 되어 있어 건축허가 및 개발행위허가의 진입로 기준에 맞다.

③ 현황 도로 = 관습상 도로 = 마을 길

2차선 도로에서 마을로 진입하는 도로는 지적도에 표시되지 않은 현황도로이고 지목이 임야이며 사유私有라서 맹지로 보일 수 있지만, 시에서 포장하고 관리하고 있는 비법정도로이고, 비도시·면지역이므로 자동차 통행이 가능한 2.5~3m 이상의 너비이면 이 현황도로를 이용하여 건축신고가 가능하다.

현황 도로로 맹지탈출하기 　≫

④ 농림지역 주택 – 현황도로(구거) 접도

대지가 농림지역의 구거 또는 현황도로에 접하면 건축이 가능하다. 지적도에 구거가 있으면 농업생산기반시설 사용허가를 받아야 하지만, 실제로는 경지정리사업이 완료된 후에 지적정리가 안된 곳으로 농업인주택은 추후 개축 등에 문제가 없다.

부동산종합증명서의 (도시계획)확인 도면과 지적도

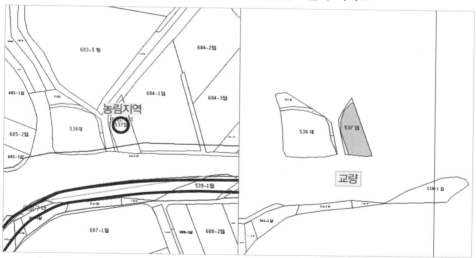

08 비도시·면지역의 현황도로 이용하기

(1) 도시계획외지역(2005.5.26. 비도시·면지역으로 개정)은 건축법이 제정된 1962년부터 건축법 제44~47조의 접도의무 등이 적용되지 않았으므로 대지^{부地}(목적사업 부지)가 개발행위허가 대상이면 그 면적에 따른 진입로 확보의무가 있지만, 단독주택(≒전원주택)의 경우 1,000㎡ 이하의 면적은 마을안길 또는 농로로 건축신고를 할 수 있기 때문에, 너비 2.5~3m 정도의 통과도로에 접도하였으면 그 도로소유자의 동의 없이 건축할 수 있다.(막다른 도로가 사유이면 소유자 동의를 받아야 한다는 지자체도 있다)

이때 비도시·면지역의 도로 너비는 도시계획조례에 3m로 규정한 지자체도 있고, 지적도의 너비가 3m가 되지 않아도 실제 현황이 3m가 되면 허가가 되는 등 지자체마다 판단기준이 다를 수 있다.

또한 비도시·면지역에 허가(신고) 건축물이 있는 곳까지의 현황도로는 대부분 사용승낙이 필요 없다. 왜냐하면 차량통행이 가능한 현황도로가 이미 있는 곳은 새로 건축신고를 할 때에 건축법 도로지정이 면제되기 때문이다(건축법 제44~47조 미적용). 그래서 마을안길 및 농로의 경우 소유자가 배타적 사용·수익권을 주장하지 않으면 개발행위허가에서 진입로로 인정되고 있다.

(2) 그런데 비도시·면지역에도 주택 이외의 건축물을 짓기 위하여 개발행위허가를

신청하면 건축법의 접도의무와 별개로 개발행위허가에서 기반시설인 진입로 확보 의무가 생긴다. 현행 개발행위허가운영지침에서는 개발행위허가신청자는 4~8m의 기반시설인 도로 개설 의무가 있다. (part 5-11 개발행위허가 참조)

(3) 비도시·면지역은 건축법 제45조에 의한 도로의 지정·관리 의무가 면제되는데 이 또한 문제이다. 실제로 전원주택단지 등이 조성되면서 영세한 개발업자가 진입로 또는 내부 도로를 분할하여 토목공사는 하였으나 그 도로 등이 도시지역처럼 기부채납을 받지 않았던 경우가 대부분이고, 건축법의 도로로 지정되지도 않았다.

다행히 대법원에서는 택지분양 시 원칙적으로 도로개설의무가 있고, 그 도로는 배타적 사용권이 제한된다고 유권해석하고 있으니 잘 활용하면 될 것이다.(대법원 2009다8802, 2016다264556)

(4) 비도시·면지역은 허가권자가 도로관리대장을 작성할 의무는 없지만, 다행히 최근 비도시·면지역도 허가신청자가 원하면 또는 도시계획조례에 의한 행정지도로 건축법 도로로 지정하여 도로관리대장에 등재하고 토지이용계획확인서에 공시되고 있다.

(5) 비도시·면지역의 마을 안길 또는 농로는 현황도로라도 대부분 누구나 사용할 수 있는 공도인데도, 건축법의 도로로 지정되지 않아서 (그 도로 소유자의 배타적 사용수익권의 주장으로 인하여) 귀촌·귀농인과 현지 주민 또는 토지 소유자와의 분쟁이 발생하여 지역민의 화합을 해치고 있다. 앞으로 이런 문제점을 해결할 적극적인 유권해석(국토교통부, 법제처, 대법원 판례 등) 또는 건축법 개정이 필요하다.

(6) 비도시·면지역의 임야에 건축물을 지어야 할 때는 산지전용허가를 받아야 하는데, 그 진입로는 원칙적으로 건축법 도로에 접도해야 한다.(산지관리법 시행령 [별표4] 2018.10.30. 개정)

■ 산지관리법 시행령 〔별표 4〕〈개정 2021.1.5.〉

산지전용허가기준의 적용범위와 사업별·규모별 세부기준 (제20조제6항 관련)

1. 산지전용 시 공통으로 적용되는 허가기준

허가기준	세부기준
마. 사업계획 및 산지전용 면적이 적정하고 산지전용방법이 자연경관 및 산림훼손을 최소화하고 산지전용 후의 복구에 지장을 줄 우려가 없을 것	10) 다음의 어느 하나에 해당하는 도로를 이용하여 산지전용을 할 것. 다만, 개인묘지의 설치나 광고탑 설치 사업 등 그 성격상 가)부터 바)까지의 규정에 따른 도로를 이용할 필요가 없는 경우로서 산림청장이 산지구분별로 조건과 기준을 정하여 고시하는 경우는 제외한다. 가)「도로법」,「사도법」,「농어촌도로 정비법」또는「국토의 계획 및 이용에 관한 법률」(이하 "도로관계법"이라 한다)에 따라 고시·공고된 후 준공검사가 완료되었거나 사용개시가 이루어진 도로 나) 도로관계법에 따라 고시·공고된 후 공사가 착공된 도로로서 준공검사가 완료되지 않았으나 도로관리청 또는 도로관리자가 이용에 동의하는 도로 다) 이 법에 따른 산지전용허가 또는 도로관계법 외의 다른 법률에 따른 허가 등을 받아 준공검사가 완료되었거나 사용개시가 이루어진 도로로서 가)에 따른 도로와 연결된 도로 라) 이 법에 따른 산지전용허가 또는 도로관계법 외의 다른 법률에 따른 허가 등을 받아 공사가 착공된 후 준공검사가 완료되지 않았으나 실제로 차량 통행이 가능한 도로로서 다음의 요건을 모두 갖춘 도로 (1) 가)에 따른 도로와 연결된 도로일 것 (2) 산지전용허가를 받은 자 또는 도로관리자가 도로 이용에 동의할 것 마) 지방자치단체의 장이 공공의 목적으로 사용하기 위하여 토지소유자의 동의를 얻어 설치한 도로 바) 도로 설치 계획이 포함된 산지전용허가를 받은 자가 계획상 도로의 이용에 동의하는 경우 해당 계획상 도로(「산업집적활성화 및 공장설립에 관한 법률」에 따른 공장설립 승인을 받으려는 경우에만 해당한다) 11)「건축법 시행령」별표 1 제1호에 따른 단독주택을 축조할 목적으로 산지를 전용하는 경우에는 자기 소유의 산지일 것(공동 소유인 경우에는 다른 공유자 전원의 동의가 있는 등 해당 산지의 처분에 필요한 요건과 동일한 요건을 갖출 것) 15) 농림어업인이 자기 소유의 산지에서 직접 농림어업을 경영하면서 실제로 거주하기 위하여 건축하는 주택 및 부대시설을 설치하는 경우에는 자기 소유의 기존 임도를 활용하여 시설할 수 있다.

(7) 다만, 예외적으로 산림청장의 고시에 의하여 현황도로를 이용하여 산지전용허가를 할 수도 있다.(산지전용 시 기존도로를 이용할 필요가 없는 시설 및 기준, 산림청 고시 제2018-25호)

(8) 최근 신재생에너지 산업의 필요성이 확산되면서 임야에 태양광 발전소를 설치하려는 사업체가 많이 늘어났다. 이때 임야가 준보전산지이면 별문제가 없지만, 임업용 산지이면 임도 및 현황도로만으로는 산지전용허가를 받을 수 없다. 왜냐하면, 산림청에서 지목이 도로인 완성된 도로가 있어야 산지전용허가를 받을 수 있다고 유권해석하고 있기 때문이다. 그러나 이런 해석은 잘못된 것 같다. 태양광 발전소는 설치 당시에만 진입로가 필요할 뿐 그 이후에는 차량의 통행이 거의 없는데, 왜 굳이 통행량도 없는 곳에 자연을 훼손하여 도로를 만들어야 하는지 이해가 되지 않는다.

(9) 보전산지는 일반인의 전용이 불가능하지만 임업용 산지는 농업인 주택, 산림공익시설, 공익시설 등의 건축물에 한하여 진입로 50m까지 4m (유효) 너비로 산지전용이 허용되고(2020.11.24. 개정), 공익용 산지는 농업인 주택, 도로 등 공용·공공용 시설 등만 제한적으로 허용된다

(10) 그동안 비도시·면지역에도 자동차 사용량이 많아졌으므로, 그동안 건축법의 진화 등으로 인하여 발생한 비법정도로에서의 여러 가지 문제점을 국가나 지자체가 나서서 해결하여 국민(=허가신청자)의 고통을 덜어주어야 한다.(특별한 경우에만 현황도로 소유자의 권리가 구제되어야 한다.) 특히 모든 현황도로가 (건축법 기준에 맞으면) 건축위원회에서 조례도로의 지정을 검토할 수 있도록 건축법이 개정되어야 한다.

(11) 앞으로 비도시·면지역에 건축허가 및 개발행위허가로 개발하는 경우, 1960년대보다 교통량이 굉장히 늘어났으므로 기존의 마을 안길 너비(통상 2.5~3m) 이상의 진입로 확보의무를 부여하는 건축법 개정이 필요할 것 같고(개발행위허가운영지침에 있음),

그동안 지정 하지 못함으로써 발생한 분쟁(문제점)은 조례도로의 지정 등을 전국적으로 시행하여 공평하게 해결되어야 한다.

비도시·면지역 건축법 예외 (제3조)		
국토계획법 용도지역	지방자치법 행정구역	건축법 미적용
① 도시지역 : ☞ 주거/상업/공업/ 　녹지지역	① 도농 복합 도시 　- 동(도시 형태) 　- 읍·면面	▶ 접도의무(44조) ▶ 지정 의무(45조) ▶ 건축선(46조) ▶ 완화(비도시 읍·동)
② 관리/농림/자연환경 ☞ 비도시지역	② 군郡의 면面	

⑿ 또한 농촌지역의 부동산 가치가 제대로 평가받을 수 있도록 국가 및 지자체의 예산으로 마을길(사유지 및 국공유지)을 확장·보수하면 농촌 뉴타운, 귀농·귀촌인 유치, 지방 균형발전의 토대가 동시에 만들어질 것이다.

⒀ 그리고 농어촌도로정비법(1991.12.14. 제정) 부칙에 의하면, ②(도로고시에 대한 경과조치) 이 법 시행 당시 지방양여금법 제4조의 규정에 의하여 지정된 농어촌도로는 제6조의 규정에 의한 기본계획이 수립될 때까지 이 법에 의한 도로로 본다. 라고 규정되어 있으므로, 당시 농어촌도로로 지정된 근거를 찾으면 건축법 제2조제1항11호가목의 '관계법령에 따라 고시된 도로'로 볼 수 있을 것이다.

⒁ 과거 70~80년대 경제개발 성장기에 마을 단위로 내무부령(농어촌정비법 이전) 등에 의하여 설치된 농어촌지역의 마을안길, 농로, 소교량 등 소규모 비법정시설을 지자체가 「소규모공공시설법」(2016.7.24. 제정)에 의하여 '소규모 공공시설 대장'을 작성·관리하고 있으므로, 이 대장을 통하여 현황도로를 건축법 도로로 인정받을 수 있을 것이다.

⒂ 산지전용허가 제도 전의(1961.7.27) 현황도로와 농지전용허가 제도 전의(1973.1.1.) 현황도로도 건축법 및 개발행위허가 기준에 맞다면 건축허가의 도로로 인정받을 수 있어야 한다.

비도시지역에서 개발
행위허가의 예외는
포장된 농로를 이용
한 것이다.
농로 주변은 경지 정
리된 논이다.

실제로 면지역의 마을
안길은 너비 3m 미만
인 경우가 많다.
그런데도 건축허가 또
는 신고가 가능하다.

2차선 지방 도로부터
마을 입구로 들어가는
교량의 너비는 4m 정
도이다.

토지이용계획확인서

지목	도로		면적	762.1㎡
개별공시지가 (㎡당)	8,910원 (2015/01)			
지역지구등 지정여부	「국토의 계획 및 이용에 관한 법률」에 따른 지역·지구등	농림지역		
	다른 법령 등에 따른 지역·지구등	가축사육제한구역(2013-02-28)(가축분뇨의 관리 및 이용에 관한 법률), 농업진흥구역(농지법)		
	「토지이용규제 기본법 시행령」 제9조제4항 각 호에 해당되는 사항			
확인도면				

(1) 현장에서 현황도로의 배타적 사용권의 포기 또는 제한 여부를 판단하는 근거는 주로 ①포장 여부 ②마을 주민이 사용하는 관습상 도로 여부이다.

(2) 새마을 사업, 마을 공동 사업 등에서 관공서의 비용으로 포장한 도로의 경우에는 사실상 기부(채납)한 것인데 그 근거가 없으면 분쟁이 발생하게 된다.

(3) 농어촌도로법으로 개설된 농도는 주로 경지정리사업지구 등에서 3m 이상으로 개설한 도로이고, 농지법의 농로^{農路}는 너비기준이 없는 농업용 통로를 말한다.

농촌마을

농촌 마을이라도 행정 구역이 읍·동지역이 아닌 면面 지역이고, 비도시지역(관리·농림·자연환경 보전)이면 건축법 제44~47조가 적용되지 않는다.

2차선지방도

하지만 건축 시 도로를 확인하려면 2차선 포장도로부터 개발 부지(=대지)까지 (현황) 도로 상황을 확인해야 한다.

현황도로   지목:구거

이곳은 면지역이므로 현황상 자동차 출입이 가능하면 도로 소유자의 동의 없이(국유인 구거가 말라버린 곳) 건축을 위한 개발행위허가가 가능하다.

토지이용계획확인서

지목	전		면적	139㎡
개별공시지가 (㎡당)	36,700원 (2015/01)			
지역지구등 지정여부	「국토의 계획 및 이용에 관한 법률」에 따른 지역·지구등	생산관리지역		
	다른 법령 등에 따른 지역·지구등	가축사육제한구역(400m이내의지역)(가축분뇨의 관리 및 이용에 관한 법률)		
「토지이용규제 기본법 시행령」 제9조제4항 각 호에 해당되는 사항		(사후신고)건축물		

(1) 비도시·면지역은 건축법 제44조의 접도의무가 없지만, 자동차 통행이 가능한 진입로는 있어야 한다는 국토부 유권해석이 있다.

(2) 말라버린 구거, 농지 일부가 수십 년간 농로로 사용되는 현황도로가 비도시지역에는 뜻밖에 많다.

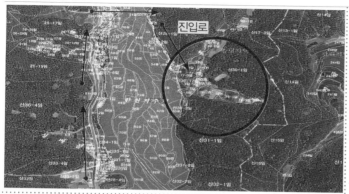

저수짓가에 도로로 분할되지도 않았고, 비포장 상태로 50년 가까이 마을(4호) 안길로 사용되는 폭 3~4m의 도로가 있다.

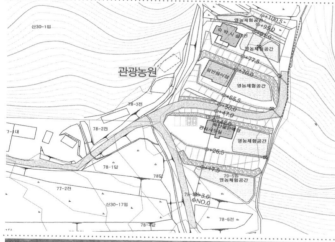

관광농원은 농업용 시설로 분류되어, 건축법 및 개발행위허가에서 진입로 개설 의무에 대한 예외를 인정받을 수 있었다. 그러나 지금은 야영장 등에서 사고가 난 이후로는 너비 4~6m를 요구하고 있다.

자연경관이 좋은 대형 저수짓가를 펜션 등 관광농원으로 개발하려면 농업인 또는 농업 법인이 되어야 한다.

<h1>토지이용계획확인서</h1>

지목	임야		면적	1,190㎡
개별공시지가 (㎡당)	3,120원 (2015/01)			

지역지구등 지정여부	「국토의 계획 및 이용에 관한 법률」에 따른 지역·지구등	보전관리지역
	다른 법령 등에 따른 지역·지구등	가축사육제한구역(200m이내의지역)(가축분뇨의 관리 및 이용에 관한 법률), 하천구역(2014-09-01)(지방하천도천)(하천법)
「토지이용규제 기본법 시행령」 제9조제4항 각 호에 해당되는 사항		

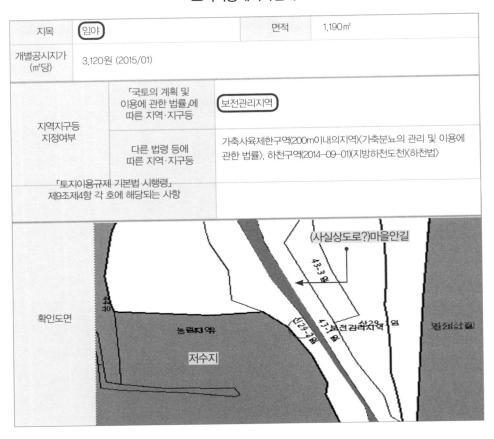

확인도면

(1) 40~50년 전에 지어진 소마을(2~5호)까지 개설된 현황도로는 비도시·면지역인 경우에는 마을 안길이므로 지목, 너비와 상관없이 도로로 본다.

(2) 단독주택이 아닌 대형 건축물(공장 등)이나 차량 통행이 많은 시설물을 건축하기 위해서 진입로를 개설하는 경우에는 건축법 또는 개발행위허가에서 4m 이상의 도로 개설을 요구한다.

현황도로를 '조례도로'로 지정하기

　(1) 건축법 제45조에 지자체 건축위원회 심의로 이해관계인(≒토지소유자)의 동의 없이 건축법의 도로로 지정할 수 있는 근거가 있다. 이곳에서는 이런 현황도로를 '조례도로'라고 하자. 이 조례도로는 그 현황도로가 만들어진 사정을 잘 알고 있는(도로 소유자의 배타적 사용수익권이 포기된 사정) 지자체장이 토지소유자의 권리도 보호하면서, 도로 및 통행로가 가지는 공익성 및 공공성에 부합되면 비법정도로를 건축법 도로로 만들어서 국민의 불편을 해소하라는 것이다.

> **법 조항 살펴보기**
>
> **건축법 제45조** (도로의 지정·폐지 또는 변경)
> ① 허가권자는 제2조 제1항 제11호 나목에 따라 도로의 위치를 지정·공고하려면 국토교통부령으로 정하는 바에 따라 그 도로에 대한 이해관계인의 동의를 받아야 한다. 다만, 다음 각 호의 어느 하나에 해당하면 이해관계인의 동의를 받지 아니하고 건축위원회의 심의를 거쳐 도로를 지정할 수 있다. 〈개정 2013.3.23.〉
> 　1. 허가권자가 이해관계인이 해외에 거주하는 등의 사유로 이해관계인의 동의를 받기가 곤란하다고 인정하는 경우
> 　2. 주민이 오랫동안 통행로로 이용하고 있는 사실상의 통로로서 해당 지방자치단체의 조례로 정하는 것인 경우

　(2) 이 법조문은 1999년 2월 8일 만들어졌고 99년 5월 9일에 시행되어, 지자체 건축

조례에 건축위원회의 심의를 거쳐 건축법의 도로로 지정될 수 있는 기준을 정하도록 위임되었지만, 전국 기초 지자체가 그 취지를 이해하지 못하고 천차만별의 기준을 조례에 정하고 있는 현실이다. 조례도로로 지정해야 할 필요성은 다음과 같다.

① 법령의 진화, 법령 미비, 부처 간 비협조 등으로 건축법의 도로로 지정하지 못한 여러 가지 경우도 있다. ㉠앞 장(part 3-01 건축법의 도로 이용)에서 살펴본 황당한 사례 ㉡건축허가와 개발행위허가가 복합민원이 되기 전 ㉢비도시지역에서 (공장)허가의 경우 ㉣기타 다양한 경우에 대한 해결책은 조례도로밖에 없다. 또한 ㉤비도시·면지역의 현황도로를 조례도로로 지정할 수 있도록 법이 개정되길 바란다.

② 지자체가 주도하고(70년대 도시지역의 달동네 및 비도시지역의 새마을 사업) 주민들이 공공사업으로 건설한 도로인데도 그 도로 소유자의 배타적 사용수익권의 포기가 명확하지 않은 곳, 주민들이 오랫동안 자유롭게 사용한 현황도로인데도(토지 소유자의 측면에서 보면 20년 이상 묵인한) 건축법의 도로로 지정한 근거가 없다고 하여 주민들의 분쟁이 생긴다면 이 또한 국가 및 지자체가 대법원 전원합의체 판결(2016다264556) 법리에 따라 선제적으로 해결해야 한다.

③ 국토계획법의 용도지역이 비도시지역이고, 행정구역이 면지역이었던 곳이 도시지역 또는 비도시·읍·동지역으로 상향된 지역에 존재하는 현황도로이다. 이때 그 통로를 이용하여 새로운 건축허가가 신청된다면 허가권자는 건축 조례를 통해 건축법의 조례도로로 지정하는 방법을 찾아야 할 것이다. 왜냐하면, 건축법에서 비도시·면지역은 도로 지정의 예외를 두었지만, 그 통로를 이용하여 이미 건축허가 또는 신고된 건축물이 있다면 그 통로는 공도公道로 보아야 하기 때문이다.

④ 1992년 6월 1일 전에 지어진 신고 대상 건축물과 비도시지역에 2006년 5월 8일 이전에 지어진 사후 신고 건축물[3](비도시지역, 200㎡ 및 3층 미만) 등은 그 건축물의

---

3) 건축법 [시행 2006.5.9.] [법률 제7696호, 2005.11.8. 일부 개정]
　나. 건축허가 대상 건축물 등의 확대(법 제8조 제1항) 도시지역 및 (2종)지구 단위 계획구역 외의 지역에서 연면적이 200제곱미터 미만이고 3층 미만인 건축물은 건축신고를 하도록 함. → 개정 전은 위 범위 이상만 허가 대상이었고, 허가 대상 중 일부를 신고로 하였기 때문에, 사후 신고 건축물이 존재하였음.

허가 시 진입 통로가 건축법의 도로로 지정되지 않은 상태인데, 이곳이 도시지역 또는 읍·동지역으로 편입되면 (그 현황도로가 현행 건축법의 도로 기준에 맞다면) 토지 소유자의 동의 여부는 국가가 나서서 해결해주어야 한다는 것이다.

(3) 그런데 주민이 장기간 통행로로 사용해온 현황도로(건축법 등에서는 '사실상의 도로'라고 함)는 만들어진 배경 및 목적, 지목, 토지 형상 등에 따라 다양한데, 지자체가 조례도로를 지정하고 싶어도 건축 조례에서 몇 가지 종류의 현황도로만 가능하다고 하여 결국 조례도로를 지정하지 못하고 있는 지자체도 많다.

이런 지역에서 허가신청자는 먼저 지자체에 건축 조례의 개정을 요구하여 건축 조례를 개정한 후에 그 도로를 조례도로로 지정받으면 건축허가가 가능할 것이다. 그렇지만 단독주택의 건축신고를 하는 개인이 지방의회를 통하여 조례를 개정한다는 것은 시간 및 능력이 모자라서 불가능할 것이므로 국가가 적극적으로 나서야 한다.

예를 들어 현황도로가 건축위원회에 건축법 도로의 지정안이 상정되기 전에 소유자가 원하면 토지보상법 수준으로(주변 시세의 1/3~1/5) 보상하고 지자체가 매입하는 것이다. 반면 소유자가 원하지 않아도 개발행위허가 등으로 합법적으로 개설된 도로이면 (배타적 이용만 아니면) 공도로 만들어서 주민들 간의 분쟁을 해결해야 한다.

(4) 또한 주민이 오랫동안 사용해 온 현황도로가 국·공유이지만 그 지자체에서 직접 관리하지 않거나, 마을길이 보전산지(임업용산지)에 현황도로로 존재한 경우 또는 댐 건설 시 만들어진 2차선 도로 등에 접한 대지에 건축허가를 신청하면, 지자체는 그 도로 관리자의 동의를 건축허가신청자에게 직접 받아오라고 하고 있는데, 그보다는 그 (현황)도로의 개설목적에 저해되지 않는다면 지자체(허가청)가 그 관리청으로 협의공문을 보내서 해결하는 것이 맞다. 왜냐하면 국공유지 관할청(공공기관포함)에서 낯선 개인이 동의를 요구하면 소극행정을 할 것이 뻔하기 때문에 국토부 및 지자체는 법을 개정해서라도 국민의 고통을 덜어주어야 한다.

(5) 이런 조례 도로를 제대로 만들려는 지자체와 잘못된 지자체를 비교해 보면,

① 서울시는 건축조례에 ⑦복개된 하천·구거 부지 ⑥제방도로 ⑥공원 내 도로만을 규정하여 국공유지만 조례도로로 만들 수 있었고, 사유지가 배타적 사용권이 포기 또는 제한된 것이 명백한 데도 해결방법이 없었는데, 2018.5.3. 조례를 개정하여 사유지도 조례도로로 지정할 근거를 마련하였다.

서울특별시 건축 조례 제27조 (도로의 지정)

서울특별시(건축기획과), 02-2133-7101

법 제45조제1항에 따라 주민이 장기간 통행로로 이용하고 있는 사실상의 도로로서 허가권자가 이해관계인의 동의를 얻지 아니하고 위원회의 심의를 거쳐 도로로 지정할 수 있는 경우는 다음 각 호의 어느 하나와 같다. 〈개정 2018. 1. 4., 2018. 5. 3., 2018. 7. 19.〉

1. 복개된 하천·구거(도랑)부지
2. 제방도로
3. 공원 내 도로
4. 도로의 기능을 목적으로 분할된 사실상 도로
5. 사실상 주민이 이용하고 있는 통행로를 도로로 인정하여 건축허가 또는 신고하였으나, 도로로 지정한 근거가 없는 통행로

② 반면 대전광역시는 1999년 조례도로가 도입된 후에 현황도로에 관한 조례를 한 번도 개정하지 않고, 경기도 김포시는 국공유지만 가능한 상태로 되어 있어, 주민들 간의 분쟁은 물론 허가공무원이 굉장히 힘들어 하는 후진행정을 펴고 있다.

대전광역시 건축조례 [시행 2022.4.15.]
제36조(도로의 지정) 법 제45조제1항제2호에 따른 사실상의 통로는 다음 각 호와 같다.
1. 복개된 하천 및 구거溝渠부지
2. 공원 안 도로
3. 제방도로
4. 통행로로 사용되고 있는 토지소유자가 행방불명된 토지

현황 도로로 맹지탈출하기

김포시 건축조례 [시행 2022.9.21.]

제28조(도로의 지정) 법 제45조제1항제2호에 따라 이해관계인의 동의를 얻지 아니하고 건축위원회의 심의를 거쳐 도로로 지정할 수 있는 경우는 다음 각 호와 같다. 〈개정 2017. 6. 30.〉

1. 주민이 통로로 사용하고 있는 지목이 하천·구거(도랑)·제방인 토지로서 해당 관리청과 협의한 부지 〈개정 2019. 6. 26.〉

2. 공원내도로

③ 세종특별자치시의 경우, 다양한 현황도로를 건축위원회에서 배타적 사용수익권 포기 여부에 대한 판단을 공정하게 하여, 주민의 분쟁을 적극적으로 해결하려고 노력하고 있다. 이제 전국의 지자체장 및 의회는 건축법 및 국토계획법의 진화에 따른 배타적 사용권(건축허가에 한정된)의 포기가 불분명한 현황도로를 해결하려고 노력하여야 한다.

세종특별자치시 건축 조례 [시행 2022.4.20.]

제33조(도로의 지정) 법 제45조제1항제2호에 따라 주민이 오랫 동안 통행로로 이용하고 있는 사실상의 통로로서 다음 각 호의 어느 하나에 해당하는 경우 해당 도로에 대한 이해관계인의 동의를 받지 아니하고 위원회의 심의를 거쳐 도로 지정할 수 있다. 〈개정, 2020. 4. 10.〉

1. 복개된 하천 및 구거부지〈개정, 2020. 4. 10.〉

2. 제방도로 및 공원 내 도로로서 건축물이 접하여 있는 통로〈개정, 2020. 4. 10.〉

3. 사실상 주민이 이용하고 있는 통로를 도로로 인정하여 건축허가 또는 신고하였으나, 도로로 지정한 근거가 없는 통로〈개정, 2020. 4. 10.〉

④ 경기도 이천시는 2002년부터 배타적 사용권이 포기 또는 제한된 현황도로에 대한 분쟁해결에 선제적으로 대비하였으며, 경기도 광주시, 용인시는 (개발압력이 가중되어) 난개발된 지역의 현황도로 해결에 적극적인 것 같다. 이제 전국의 지자체는 조례도로의 적극적 지정을 통하여 국민의 고통을 해결하고 지자체 발전의 계기로 삼아야 할 것이다.

이천시 건축 조례 제27조(도로의 지정·폐지 또는 변경)

법 제45조제1항제2호에 따라 "주민이 오랫동안 통행로로 이용하고 있는 사실상의 통로로 서 해당 지방자치단체의 조례로 정하는 것"은 다음 각 호의 경우를 말한다. 〈개정 2009.7.31, 2013.8.7.〉

1. 주민이 통행로로 사용하고 있는 경우 관계부서와 협의 후 이상이 없는 복개된 하천·제 방·공원 내 도로·구거·철도 및 그 밖의 국유지인 경우 〈개정 2009.7.31.〉

2. 주민이 사용하고 있는 통로로서 동 통로를 이용하여 건축허가 또는 신고되어 건축물 이 건축된 경우 [전문개정 2002.5.18.]

(경기도) 광주시 건축 조례 [시행 2022.4.15.]

제34조(도로의 지정) ① 법 제45조제1항제2호에 따라 주민이 통행로로 이용하고 있는 사실 상의 통로로서 위원회의 심의를 거쳐 허가권자가 법 제2조제1항제11호나목에 따라 도로의 위치를 지정·공고하고자 할 때, 다음 각 호의 어느 하나에 해당하는 경우에는 이해관계인 의 동의를 얻지 아니할 수 있다. 〈개정 2017.1.9.〉

1. 국가 또는 지방자치단체에서 직접 시행하거나 지원에 따라 포장되어 사용하고 있는 경우

2. 주민이 통행로로 사용 중인 마을안길 또는 진입로 중 복개된 하천, 제방, 구거, 철도용지, 그 밖에 이와 유사한 국·공유지

3. 사인이 포장한 도로라도 불특정 다수의 주민이 장기간 통행로로 이용하고 있는 사실상 의 통로

4. 「국토의 이용 및 계획에 관한 법률」에 따라 결정고시가 되었으나 미개설된 도로 안에 포 함되어 있는 통로 〈개정 2017.1.9.〉

5. 「여객자동차 운수사업법」에 따른 시내버스(한정면허 포함) 노선으로 이용하고 있는 사실 상의 통로 〈개정 2017.1.9.〉

6. 도로로 지정한 근거가 없으나 사실상 주민이 이용하고 있는 통로를 도로로 인정하여 건 축허가(신고) 된 통로

7. 전기, 상수도, 하수도, 도시가스 등 공공기반시설이 설치되어 있는 통로

⑤ 강원도 춘천시 등은 지자체장이 공공목적으로 포장한 현황도로만을 조례도로로 지정한다고 규정하여, 소유자 스스로 또는 주민자조사업으로 개설된 도로조차 공로 로 인정하려고 하지 않는 소극행정을 하고 있다. 이제 대법원 전원합의체 판례(2016 다264556) 법리에 따라 적극행정을 하여야 한다.

춘천시 건축 조례 [시행 2022.12.29.]

제28조(도로의 지정) 법 제45조제1항제2호에 따라 다음과 같은 경우에는 이해관계인의 동의를 얻지 아니하고 위원회의 심의를 한 후에 도로로 지정할 수 있다.

1. 불특정 다수의 주민이 장기간 통행로로 이용하고 있는 복개된 하천, 제방, 구거 부지
2. 시장이 공공의 목적으로 주민의 주거환경개선 등을 위하여 포장한 도로

(6) 1999.5.9. 건축법에서 지자체 건축조례로 위임되어 많은 현황도로가 건축위원회의 심의를 통하여 건축법 도로로 지정될 수 있는 기회가 열렸으나, 지자제장이 민원이 두려워서 또는 조례도로의 입법취지를 이해하지 못하고 소극행정을 펴고 있다. 그러나 지자체는 지금이라도 도로의 공공성 및 공익성을 제대로 인식하여 (건축조례를 활용하여) 지자체 발전과 주민들 간의 분쟁의 해결을 위하여 현황도로를 건축법 도로로 흡수하려는 노력을 하여야 할 것이다.

(7) 건축허가(신고) 때에 허가신청자가 조례도로의 지정을 신청하는 절차에 대해서 제주시는 신청양식까지 만들어 제공하고 있으며, 경기도 광주시, 의정부시, 파주시, 양주시, 양평군 등은 건축조례에 조례도로 신청절차를 규정하여 주민의 편의를 돕고 있다. 이제 다른 지자체도 현황도로의 공도만들기에 적극 나서야 할 것이다.

[별지 제3호서식] 〈개정 2013.7.26〉

도로지정 심의신청서
제주특별자치도지사 귀하

[별지 제4호서식] 〈신설 2007.9.27〉

도로지정 현장조사서

[별지 제5호서식] 〈신설 2007.9.27〉

도로지정 심의결과 통지서

서울, 광역시, 경기도 건축조례 비교

명칭	조	수	복개된 하천·도랑	제방도로	공원내 도로	도로로 분할된 허가·신고 근거없는 건축물 대장	새마을화 포장 주거환경 개선	소유자 행불	기타 사유 (건축위원회 심의)
서울시	27	5	○		○계획				(가평군 같음)
부산	27	4	○		○	○			기반시설완료/허가건자계판단 (덤성군 같음)
대구	34	6	○포장 건물점	○건물점		○건물점			도시계획도로내/버스노선 (옹진·강화 같음)
인천	24	5	4m. 포장 건물점	○건물점		○포장			사업상 주민통로로서 건축물이 점한 곳
광주	30	5				×		○	장기간 통행한 유일한 통로 (울주구 같음)
대전	36	4	○(연결)	○건물점		×		○	농로 등 구.공유지, 공공기관이 포장한 도로
울산	23	4					○		
세종	33	3	○			2호↑			
제주	25	3	○(+기타사유)				○		그밖에 이와 유사한 구.공유지
가평군	26	5	○(+기타사유)	○안전		○건물 점	지자체·주민지원		국가·지자체 직접시행 주민공동 사설상 도로
고양시	37	3	○(관계부서협의)	○		○포장			
과천	26	3	○(관계부서협의)	○안전			지자체·지원포장		도시계획도로내/버스노선·신기가반시설완/일반공동
광명	31	2	○(마을길)				○공공사업		
광주	34	7	○(관리부서협의)						불특정 다수가 이용하는 도로로 건축하기가 빈번
구리	31	3							
군포	33	4	○관리청과 협의			○			주민이 오랫동안 통행한 통로로 건축하기간
김포	28	2	○도로	○계획			시포장		(구.공유지) 관계부서와 미리협의한 경우 제외
남양주	25	5	○철도			×			이해관계 없는 공동길
동두천	26	3	○						주민이 장기간 사용 건축물 접한 사설상 통로
부천	26	5	○			○			미리 관계부서(기관) 협의하여 이상 없는 경우
성남	22	4	○협의	○협의		×	시포장		국. 공유인 농업생산기반시설 농로·구거등
수원	34	5	○			○			건축물대장 등재된 대지에 접한 주민이용 통로
시흥	25	3	○관리부서협의						
안산	27	3	○포장				공공사업		주민 통로로 사용하고 있는 포장된 도로
안성	32	5	○포장			×	농로·숙원(포장)		관계서와 협의 후 이상이 없는 국유지
안양	29	4	○철도				공공사업		불특정 다수인이 이용하는 도로로 건축하기간
양주	34	2	○선속도로·소규모골목						관계법령으로허가된/농로·임도/주민대표이인↑
양평군	24	5	○(법령근거없는)						주민이 통로로 이용하고 있는 포장된 도로
여주	32	2	○						사설상 주인 사용하고 있는 포장된 통로
연천군	27	4							2구↑주민 사용하는 유일한 통행로
오산	29	2	○(철도부지·농로 등)			○포장	공공사업		국. 공유인 농업생산기반시설 농로·구거등
용인	30	4	○(철도부지 등 국유지)						주민 통로로 사용하고 있는 포장된 도로
의왕	32	2	○협의·점용허가	·녹지					관계서와 협의 후 이상이 없는 국유지
의정부	32	2	○소규모골목				국가·지자체·주민지원		소유자서면동의·私유포장 공공통행 위원회심의
이천	27	2	○(철도 등)			×	공공사업		2구↑주민 사용하는 유일한 통행로
파주	26	4	○(마을입길)			×			선속의 통로/소규모 농로길/사설상 주인 통로
평택	32	4	○(유연한 통로)						기존 건축물의 개축이 불가능한 경우
포천	25	6	○			○			관계부서 협의 후 이상 없는 국(시)유지상의
하남	33	2							
화성	33	2	○선속도로·소규모골목			○			

10 민법民法으로 해결하기

1 통행지역권으로 도로 만들기

(1) 지역권地役權이란 어떤 토지의 편익을 위하여(요역지要役地) 어떤 토지를 일정한 방법으로 지배·이용하는(승역지承役地) 부동산 용익물권(민법 291~302조)으로, 지역권 설정계약과 등기에 의해 취득된다.

(2) 지역권은 승역지를 적극적으로 이용하는 경우, 즉 ①통행지역권 ②인수引水지역권 또는 용수用水지역권이 대표적인 것이나, 승역지 소유자의 부작위 의무 부담, 예컨대 요역지의 관망觀望이나 일조日照 확보를 위하여 승역지에서의 공작물의 설치를 제한하는 ③관망지역권 또는 일조지역권 등을 설정할 수도 있다.

(3) 통행지역권은 ①계약에 의하여 설정되는 것이 보통이나, ②관습상의 지역권 또는 ③시효에 의하여 취득하는 지역권 ④법정지역권인 주위토지통행권이 있다.

① 지역권의 설정을 등기하면 승역지의 소유자가 바뀌어도 지역권을 주장할 수 있

다. 지역권은 지상권자도 취득할 수 있다.

② 관습상 지역권은 법원이 인정하지 않고 있으므로, 지자체가 나서서 건축조례에 근거하여 건축법의 지정도로(건축법제2조1항11호나목)로 만드는 데 앞장서면 좋을 것이다. 또한 이런 관습상(≒현황) 도로는 비도시·면지역에 많이 있는데, 국가가 법을 개정하고 예산을 세워서 전국적으로 해결한다면 주민 간의 분쟁도 막고, 귀촌·귀농을 활성화하는 등 농촌 뉴타운에 크게 도움이 될 것이다.

③ 시효취득지역권은 민법 제294조에 '지역권은 계속되고 표현된 것에 한하여 제245조의 규정을 준용한다'고 규정되어 있는데, 민법 제245조는 점유로 인한 부동산소유권의 취득기간을 ㉠20년간 소유의 의사로 평온, 공연하게 부동산을 점유하는 자는 등기함으로써 그 소유권을 취득한다. ㉡부동산의 소유자로 등기한 자가 10년간 소유의 의사로 평온, 공연하게 선의이며 과실없이 그 부동산을 점유한 때에는 소유권을 취득한다.고 규정하고 있다. 그러므로 이 권리는 요역지 소유자가 승역지 위에 스스로 통로를 개설하여 20년이 경과되어야 가능하다(대법원 91다46861, 95다1088)

(4) 건축허가의 진입로 확보를 위하여 허가신청자와 도로소유자가 협의(통행지역권 또는 주위토지통행권)가 이루어지지 않으면 결국 소송으로 해결할 수밖에 없다. 아래 판시사항 및 판시이유를 참고하여 토지전문 변호사에게 의뢰하면 된다.

대법원 2015.3.20. 선고 2012다17479 판결 [도로 시설 등 철거 등] 판례 살펴보기 🔍
[판시 사항]
1. 통행 지역권의 시효 취득 요건
2. 점유 기간 중에 부동산의 소유자가 변동된 경우, 취득 시효 기산점의 인정 방법/점유가 순차 승계된 경우 취득 시효의 완성을 주장하는 자가 자기의 점유만을 주장하거나 자기의 점유와 전 점유자의 점유를 아울러 주장할 수 있는 선택권이 있는지 여부(적극) 및 위 법리는 통행 지역권의 취득 시효에 관하여도 마찬가지로 적용되는지 여부(적극)

[판시 이유]

상고 이유를 판단한다.

1. 통행 지역권의 취득 시효 완성에 관한 상고 이유에 대하여

가. 지역권은 일정한 목적을 위하여 타인의 토지를 자기 토지의 편익에 이용하는 권리로서 계속되고 표현된 것에 한하여 취득 시효에 관한 민법 제245조의 규정을 준용하도록 되어 있다. 따라서 통행 지역권은 요역지(要役地)의 소유자가 승역지(承役地) 위에 도로를 설치하여 요역지의 편익을 위하여 승역지를 늘 사용하는 객관적 상태가 민법 제245조에 규정된 기간 계속된 경우에 한하여 그 시효 취득을 인정할 수 있다(대법원 1995.6.13. 선고 95다1088, 095 판결, 대법원 2001.4.13. 선고 2001다8493 판결 등 참조).

그리고 취득 시효 기간을 계산할 때에, 점유 기간 중에 해당 부동산의 소유권자가 변동된 경우에는 취득 시효를 주장하는 자가 임의로 기산점을 선택하거나 소급하여 20년 이상 점유한 사실만 내세워 시효 완성을 주장할 수 없으며, 법원이 당사자의 주장에 구애됨이 없이 소송자료에 의하여 인정되는 바에 따라 진정한 점유의 개시 시기를 인정하고, 그에 터 잡아 취득 시효 주장의 당부를 판단하여야 한다(대법원 1995.5.23. 선고 94다39987 판결 등 참조).

한편 점유가 순차 승계된 경우에는 취득 시효의 완성을 주장하는 자가 자기의 점유만을 주장하거나 또는 자기의 점유와 전 점유자의 점유를 아울러 주장할 수 있는 선택권이 있다(대법원 1998.4.10. 선고 97다56822 판결 등 참조). 소유권의 취득 시효에 관한 위와 같은 법리는 지역권의 취득 시효에 관한 민법 제294조에 의하여 민법 제245조의 규정이 준용되는 통행 지역권의 취득 시효에 관하여도 마찬가지로 적용된다.

또한, 법원은 변론 전체의 취지와 증거 조사의 결과를 참작하여 사회 정의와 형평의 이념에 근거하여 논리와 경험의 법칙에 따라 자유로운 심증으로 사실 주장을 판단하므로, 자유 심증주의의 한계를 벗어나지 아니하는 한 증거의 가치 판단 및 사실인정은 사실심법원의 재량에 속하고, 사실심법원이 적법하게 확정한 사실은 상고 법원을 기속한다(민사소송법 제202조, 제432조).

(1) 주위토지통행권은 민법의 상린관계(215-244조)의 하나로, 이웃이 인정하지 않으면 소송을 통하여 확인받는 권리이므로, 이런 토지는 (취득하기 전에) 토지전문 변호사의 도움을 받는 것이 좋다.

(2) 어느 토지와 공로公路 사이에 그 토지의 용도에 필요한 통로가 없는 경우에 그 토지소유자는 주위의 토지를 통행 또는 통로通路를 개설하지 않고서는 공로에 출입할 수 없거나 공로에 통하려면 과다한 비용을 요하는 때에는 그 토지소유자는 주위의 토지를 통행할 수 있고, 필요한 경우에는 통로를 개설할 수 있는 권리이다(민법 제219조 1항).

그러나 이에 따른 손해가 가장 적은 장소와 방법을 선택하여야 한다. 통행권자는 통행 토지소유자의 손해를 보상하여야 한다(민법 제219조 2항).

(3) 주위토지통행권은 그 소유 토지와 공로 사이에 그 토지의 용도에 필요한 통로가 없는 경우에 한하여 인정되는 것이므로, 이미 그 소유 토지의 용도에 필요한 통로가 있는 경우에는 그 통로를 사용하는 것보다 더 편리하다는 이유만으로 다른 장소로 통행할 권리를 인정할 수 없다(대법원 1995.6.13. 선고 95다1088, 95다1095).

(4) 주위토지통행권 확인소송에 승소하였다고 하여 곧바로 건축허가를 받을 수 없다는 대법원 판례가 있다(91누3758) 그러나 이 판례는 주위토지통행권으로 건축법 도로지정을 할 수 없다는 것이지, 건축법 제44조와 제45조의 예외규정으로 허가할 수 없다는 것은 아니다. 그리고 주위토지통행권의 범위는 건축허가에 가능할 정도가 되어야 한다는 판례와 그럴 필요가 없다는 판례가 있지만, 판결문으로 확보한 너비와 면적이 건축법 기준에 맞다면 허가되어야 할 것이다.

①(1.5m를 인정한 사례) 민법 제219조 제1항 소정의 주위토지통행권은 주위토지소유

자에게 가장 손해가 적은 범위 내에서 허용되는 것이지만 적어도 통행권자가 그 소유 토지 및 지상 주택에서 일상생활을 영위하기 위하여 출입을 하고 물건을 운반하기에 필요한 범위는 허용되어야 하며, 어느 정도를 필요한 범위로 볼 것인가는 통행권자의 소유 토지와 주위토지의 각 지리적 상황 및 이용관계 등 제반 사정을 참작하여 정하여야 한다(88다카9364).

②(2m를 인정한 사례) 주위토지통행권의 범위를 결정함에 있어, 도시계획구역 내의 일반주거지역에 위치한 토지로서 현재 채소밭으로 이용되고 있으나 원고가 그 지상에 건축을 계획하고 있는 사실 즉 건축허가 요건 충족을 위한 2m 도로 확보 규정 등을 참작하여 통행로의 노폭을 2m로 인정한 원심판결을 수긍한 사례(96다10171).

(5) 또한 개발행위허가(도시계획조례) 또는 산지전용허가에서 별도의 제한이 없다면 주위토지통행권을 도로로 인정한다는 판결이 있고(대법원 2012두9932), 아래 국토부의 유권해석 처럼 건축법의 너비기준에 맞으면 건축허가의 도로(해당 건축물 출입에 지장이 없다고 인정되는 경우)로 인정하여야 한다.

사인이 소유·관리하는 진입로로 건축하려는 경우에는 소유자의 사용동의를 받아 권리를 확보해야 할 것이나, 법원의 판결에 따라 그 권리를 확인한 경우라면 별도로 도로소유자의 사용동의를 받을 필요는 없을 것이며, 민법 등에 따라 허가권자가 판단할 사항이다.

〈도시정책과-1817, 2015.03.05. 〉

(6) 또한 원래 공로로 통하고 있던 토지를 분할 혹은 일부 양도함으로써 공로에 통하지 못하게 된 토지가 된 경우에는 그 토지소유자는 공로에 출입하기 위하여 다른 분할자^{分割者}나 양수인^{讓受人}의 토지 또는 잔존부분^{殘存部分}의 토지를 통과할 수 있다. 다만 이때에는 보상의 의무가 없다(민법 제220조 1항, 2항 무상통행권).

대법원 2005. 7. 14. 선고 2003다18661 판결 [토지인도등]

[판시 사항]

[1] 주위토지통행권자가 피통행지의 소유자 이외의 제3자를 상대로 통행권의 확인 및 방해금지 청구를 할 수 있는 경우

[2] 민법 제219조에 정한 주위토지통행권이 인정되는 경우, 그 통행로의 폭과 위치를 정함에 있어 고려할 사항

[판시 이유]

[1] 통상 주위토지통행권에 관한 분쟁은 통행권자와 피통행지의 소유자 사이에 발생하나, 피통행지의 소유자 이외의 제3자가 일정한 지위나 이해관계에서 통행권을 부인하고 그 행사를 방해할 때에는 그 제3자를 상대로 통행권의 확인 및 방해금지 청구를 하는 것이 통행권자의 지위나 권리를 보전하는 데에 유효·적절한 수단이 될 수 있다.

[2] 민법 제219조에 규정된 주위토지통행권은 공로와의 사이에 그 용도에 필요한 통로가 없는 토지의 이용이라는 공익목적을 위하여 피통행지 소유자의 손해를 무릅쓰고 특별히 인정되는 것이므로, 그 통행로의 폭이나 위치 등을 정함에 있어서는 피통행지의 소유자에게 가장 손해가 적게 되는 방법이 고려되어야 할 것이고, 어느 정도를 필요한 범위로 볼 것인가는 구체적인 사안에서 사회통념에 따라 쌍방 토지의 지형적·위치적 형상 및 이용관계, 부근의 지리상황, 상린지 이용자의 이해득실 기타 제반 사정을 기초로 판단하여야 한다.

(7) 주위토지통행권 : 공로에 연결 권리로 (대법원) 판례

① 주위토지통행권 주장은 신의칙에 위배되지 않는다. : 대구지방법원 1988.3.2. 선고 86가단3852 87가단2521 판결

② 제한을 알고 취득한 토지소유자의 통행금지는 권리 남용이다. : 서울민사지방법원 1992.4.14. 선고 91나13075 91나13082 제3부 판결

③ 통행권의 범위는 현재의 토지의 용법에 따른 이용의 범위 : 대법원 2006.10.26. 선고 2005다30993 판결

④ 민법 제220조의 무상 통행권은 특정 승계인에게 불가하다. ∴ 유상으로 해석

▶ 3 통행방해금지 (가처분) 소송으로 도로 만들기

(1) 주민들이 통행하고 있는 현황도로를 소유자가 막는 경우가 있다. 그 이유는 여러 가지이겠지만 대화로 해결되지 않으면 일반 공중의 통행로인 경우에는 일반교통방해 죄(형법 제185조)(대법원 2020다229239) 또는 도로교통법 위반, 통행방해금지 (가처분) 소송을 통하여 통행에 방해되는 물건을 제거하여 현황도로를 찾을 수밖에 없다.

(2) 이런 경우 현황도로의 일부가 건축법 지정도로이거나, 주민자조사업으로 개설된 도로 등 공공성이 있는 현황도로는 지자체가 나서서 해결해주어야 하는데 대부분의 지자체는 민법사안이라면서 허가신청자에게 미루고 있다. 그러나 각종 허가에서 합법 적으로 개설된 도로는 당시 허가서와 각 부서에 있는 소유자의 사용동의서 등을 찾아 서 그 현황도로의 공공성을 종합적으로 판단할 수 있도록, 국토부가 그 근거(=허가청의 면책규정)를 만들어 주어야 주민들의 분쟁이 줄어들 것이다.

▶ 4 배타적 사용·수익권의 제한 확인하기

(1) 지자체는 현황도로의 배타적 사용권의 포기 또는 제한에 대하여 종합적으로 분 석하여 만약 그 현황도로가 배타적 사용·수익권의 포기 또는 제한된 것으로 판단되면 추후 '토지인도 및 부당이득반환' 청구 소송에서 불리하지 않을 것이고(대법원 2016다 264556), 일반 공중의 통행로를 막으면 민법의 불법행위 및 권리남용에 해당될 수 있으 므로(대법원 2020다229239), 지금 허가신청자에게 사용승낙을 요구하면 안될 것이다.

(2) 그러므로 허가신청자는 그 현황도로가 언제, 왜, 어떻게 개설되었는지 허가부 서-관리부서 등을 통하여 확인하여 (필요 시 정보공개 요청하여) 그 현황도로의 배타적 사용·수익권이 포기 또는 제한된 근거를 허가권자에게 제출하여야 할 것이다.

(3) 또한 허가청에서 현황도로를 이용하여 (사용승낙 없이) 허가를 해준 후에 소유자가 민원을 제기하면 허가청은 그 현황도로의 배타적 사용권의 포기 또는 제한여부를 자세히 조사하지 않고 허가신청자에게 사용승낙을 요구하는 경우가 있다. 그러나 한 번 허가를 받아 기득권이 있는 행정처분(=수익적 행정처분)은 허가청이라도 함부로 취소할 수 없고, 중대한 공익 또는 제3자의 이익을 보호해야 할 경우에만 (제한적으로) 취소처분이 가능한 것이다(대법원 2003두7606).

대법원 2004. 7. 22. 선고 2003두7606 판결 [형질변경허가반려처분취소] 판례 살펴보기 🔍

[판시 사항]
[4] 수익적 행정처분에 대한 취소권 등의 행사의 요건 및 그 한계

[판시 이유]
[4] 수익적 행정처분을 취소 또는 철회하거나 중지시키는 경우에는 이미 부여된 그 국민의 기득권을 침해하는 것이 되므로, 비록 취소 등의 사유가 있다고 하더라도 그 취소권 등의 행사는 기득권의 침해를 정당화할 만한 중대한 공익상의 필요 또는 제3자의 이익보호의 필요가 있는 때에 한하여 상대방이 받는 불이익과 비교·교량하여 결정하여야 하고, 그 처분으로 인하여 공익상의 필요보다 상대방이 받게 되는 불이익 등이 막대한 경우에는 재량권의 한계를 일탈한 것으로서 그 자체가 위법하다. (대법원 90누9780, 92누17723 판결 등 참조).

(4) 사유인 현황도로의 배타적 사용권의 제한 여부와 사용승낙으로 인한 분쟁, 통행방해 등은 맹지탈출노하우 제2편 '현황도로'에서 135개 실제 사례를 통하여 소유자와 이용자 그리고 허가청(국가)의 입장에서 자세히 분석하고 있으므로 유사한 사례를 참고하면 도움이 될 것이다.

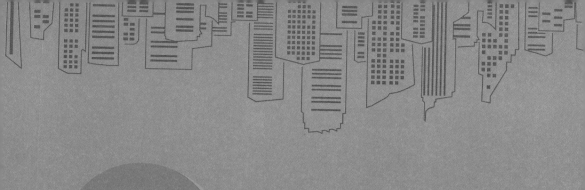

개설
도로로
맹지탈출하기

디디알부동산연구원 www.ddr114.co.kr

개발행위허가 핵심 키워드

	허가 제외(§56①3호 → 영§53 → 운영 지침)	연접 → 심의	강화(2012.7.1.)	세부 기준	처리 기한
국토 계획법	① 도시계획 사업 ② 재해 복구 ③ 신고 건축물 개축·증축 ④ 경미한 행위: 토지 형질변경 ㉠ 50cm↓ 절·성토, 정지(수 성유 있는 지목 변경 제외) ㉡ 관리·농림 660m²↓ (지목 변경 제외) ㉢ 택지 개발 사업 ㉣ 대·공장·창고·주 유·주차·창고·(점) ㉤ 직접 건축물 있는	영§57 ①의 2 (2011.3.9.)	§56③ 모든 임야 (농업 ×)	(지자체 조례) 개발행위허가 운영 지침	15일(심의 제외) 의제 협의 20일 내 일괄 협의 10일 내

개발 행위 허가 기준 §58① (영 별표 1의 2)	법	(별표) (1) 분야별 검토	(2) 대상별 검토 → 도시계획 조례		(3) 용도지역별 검토(법§58③) 및 규모(영§55 →조례)			
	1. 개발 행위 규모	1. 공통 분야 ☞	① 건축·공작	도로·상하수도	주거·상업(1만m²)·공업지역(3만)	시가화 용도	개발 유도	
	2. 도시관리계획 내용		② 형질 변경	비탈·절개·옹벽	계획·생산 관리(3만↓)·지목(1만)	유보 용도	탄력 완화	
	3. 도시계획 사업 시행		③ 토석 채취	인근 피해 ×(조례)	보전·농림(3만)·생녹(5만)·자연·보녹(5천)	보전 용도	강화	
	4. 주변 지역과 조화		④ 토지 분할	녹지·비도시만	군사/대도시계획 심의 통과			
	5. 기반시설 적정 확보		⑤ 물건 적치	위해·오염·훼손	지구단위계획 내 면적 초과 가능	농어촌정비 사업	성장관리계획	

☞ 토지의 형질 변경은 표고·경사도·임상 및 인근 도로의 높이, 물의 배수 등 도시·군계획 조례가 정하는 기준에 적합할 것. (별표 3)

㉮ 입지 기준		생태자연도 1등급 ×	*진입도로는 도시계획시설, 시군도, 농어촌도로에 접속. 단, 1천m²↓ 1종 근생·단독주 택·농어업용 시설(창고 등 통행 가능 자량 증기를 수반하지 않는) 이하 기준 마을 안길·농로 연접 or 개설(2014.12.23.)	산지표고 100m↓ ↔ 유보 150m↓ 보전 100m↓	경관 관련 개발행위허가 기준 (별표 3)
건축 허가 기준	② 계획 기준	진입로 (심의 완화)		토지 형질변경 (부지 조성)	① 스카이라인 보호 ② 기존 지형 고려·경계 재료·조망 확보 ③ 녹지 훼손 저감 방안
		5천↓ 3만↑		상수도 무인 창고 제외 시가화·유보	비도시지역 경관 관리 기준 (별표 4)
		4m↑ 6m↑ 8m↑		하수도 보전 용도	① 높이(조망) ② 스카이라인(시계 차단 ×) ③ 형태(조형미) ④ 색채 조화 ⑤ 기타(광고)
③ 환경 및 경관 기준(경관 체크리스트)					

도시계획 심의 (법 제59조) 연접	규모 이상 모두 심의	규모 이하 녹지·비도시	예외 ㉮ 지연 취락, 개발 진흥, 수복 구역, 기반시설 부담 구역, 준산업단지, 공장입지 유도 ㉯ 도로 설치가 고시된 지역 ㉰ 단독·공동·근생, 창고(농업 660m²↑)·(변경 불가) ㉱ 집단화 유도+50m↓ (도로 ×) ㉲ 계획 관리 1만m² ↓ ㉳ 방재 기준(위해 방지 체크리스트)

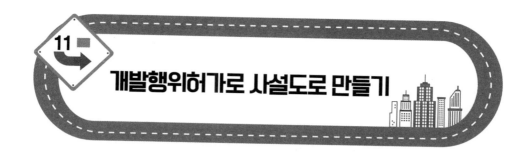

11 개발행위허가로 사설도로 만들기

① 국토의 효율적 이용

(1) 헌법 제122조에 '국토의 효율적 이용'은 국가와 국민 모두가 지켜야 한다. 이를 근거로 국토기본법과 국토계획법이 제정되었으며, 국토이용체계가 정립되었다. 국토기본법에는 국토의 효율적 이용을 달성하기 위하여 국토종합계획–도종합계획–시군종합계획이 수립되고, 국토계획법에는 광역도시계획과 도시계획 등의 행정계획이 있고, 도시계획은 다시 도시군기본계획과 도시군관리계획으로 나뉘는데, 이 도시군관리계획이 직접적으로 토지(국토)의 행위제한을 하는 것이다.

헌법 제122조 법 조항 살펴보기
국가는 국민 모두의 생산 및 생활의 기반이 되는 국토의 효율적이고 균형있는 이용·개발과 보전을 위하여 법률이 정하는 바에 의하여 그에 관한 필요한 제한과 의무를 과할 수 있다.

(2) 국토의 효율적이용을 위한 '국토이용체계'는 4단계로 구성되어 있는데, ①국토이용계획체계(행정계획) ②용도지역제(21개~334개) ③국토개발체계(대–중–소규모에 따른)는 전국 공통이고, 수도권에는 ④수도권규제(수도권정비계획법)가 추가된다.

(3) 개발행위허가는 개발규모에 따른 국토개발체계에 포함된 것으로 국토의 효율적 이용은 ①대형개발은 지구지정부터 ②중형개발은 지구단위계획을 수립하여 ③ 소형 개발은 개발행위허가를 통해서 달성하려는 것이다.

2 개발행위허가 제도

계획적 개발의 유도

공공 시설이 아직 정비되지 않은 상태에서 좁은 도로를 따라 공장이나 부대시설의 난립 가능성이 있다.
이로 인해 산발적인 건립으로 토지가 비효율적으로 이용되거나, 반대로 지나치게 밀집되어 교통안전과 방재 등이 불안해질 가능성이 높다. 또한 열악한 노동환경이 생산성 향상을 저해할 수 있다.

계획적인 개발로 난개발을 방지하고 도로, 공원 등 공공 시설을 정비함으로써 안전하고 쾌적한 환경이 조성되도록 유도할 수 있다.

(1) 개발행위허가 제도는 소규모 개발을 계획적으로 관리하는 핵심 수단으로서, 토지 이용은 도시계획 차원에서 관리하는 것이 타당하다고 판단되는 경우에 시장·군수의 허가를 받도록 하는 제도이다. 이는 소규모 난개발 문제에 대응하는 중요한 역할을 수행해 왔다.

또한 개발행위허가제도는 ①계획의 적정성 ②기반시설의 확보여부 ③주변 환경과의 조화 등을 고려하여 개발행위에 대한 허가여부를 결정함으로써 계획에 의한 개발이 이루어지도록 하기위한 제도이다.

(2) 개발행위허가 대상은 5가지이다.(국토계획법 제56조) 이 중 국토계획법 제57조1항 단서규정에서 건축법 적용을 받는 건축물의 건축 또는 공작물의 설치에 대해서는 국토계획법 절차에 따라 신청서류를 제출하지 아니하고(개발행위허가신청서에 '건축물의 건축'은 없음) 건축법에 따른 건축허가 신청서류를 제출하고 의제·협의하면 개발행위허가를 받은 것으로 갈음한다.(국토계획법 해설집 214p. 2018)

개발행위허가 대상 (국토계획법)

건축물의 건축 공작물 설치

형질 변경

토석 채취

토지 분할

적치행위 (녹지지역, 관리지역, 자연환경보전지역)

개발 행위

허가 신청

개발행위 허가

시장 군수

개발행위에 대한 여러요소를 고려하여 허가함으로써 난개발을 방지합니다.

(3) 2011년 4월 14일, 개발행위허가 기준(국토계획법 제58조 3항)이 시가화 용도·유보 용도·보전 용도로 나뉘고, 그에 따라 기준을 다르게 적용한다. 시가화 용도는 이미 개발(협의)된 주거·상업·공업지역이고, 유보 용도는 개발이 가능한 자연녹지, 계획 관리, 생산 관리지역이고, 보전 용도는 그 이외의 지역이다(개발행위허가의 구체적 기준은 앞 장에서 표로 정리하였고, 이곳에서는 진입로에 관한 규정만 설명한다).

(4) 건축하려는 대지(垈地)의 지목(地目)이 대(垈)가 아닌 임야, 전·답·과수원 등일 때에는 그 토지에 개발행위허가를 받아서 지목 변경이 가능한 상태여야 비로소 건축이 가능하다

(실제 지목 변경은 토목 공사 후 건축 준공 전). 즉, 어떤 토지에 건축물을 지으려면 먼저 토지의 형질 변경 목적의 개발행위허가를 받아야 한다.

다만 예외적으로, 대지가 택지개발법 등으로 조성되었거나, 지목이 6가지(대, 학교, 공장, 주유소, 주차장, 창고)로써 기반시설이 확보된 경우에는 개발행위허가를 받지 않으며, 또한 그 대지가 기존의 (건축법의) 도로에 연결된 경우 그 도로가 건축법 기준에 맞거나 개발행위허가의 예외에 해당하면 간단하게 건축허가가 가능하다.

(5) 건축허가신청자가 갖추어야 할 접도의무는 기존의 도로에 연결하는 방법이 있지만, 그 도로(=접속로)가 없는 경우에는 ①진입도로를 신규로 개설하거나 ②도시계획 예정도로의 일부 또는 전부를 개발행위허가를 받거나, 전용 허가를 받아서 접속하는 방법이 있다.

(6) 만약 형질변경할 토지가 개발행위대상이면 건축법 기준이 아니라 개발행위허가 기준을 우선 적용하는데, 개발행위허가에는 기반시설(진입로)의 확보가 필수적이므로, 허가신청자는 진입로를 매입 또는 사용승낙을 받아서 개설해야 한다. 이 진입로는 (2013.12.23.) 개발행위허가운영지침이 개정되어, 개발면적에 따라 최소 4~8m 이상의 도로가 확보되어야 허가가 가능하다.(개발행위허가운영지침 3-3-2-1 도로 (2) 참조) 그러나 1천㎡ 미만의 단독주택 및 1종근생, 농업용시설의 경우에는 기존의 마을안길 또는 농로를 통하여 허가(신고)받을 수 있다(운영지침 3-3-2-1 도로 (3) ① 참조).

국토계획법	개발 규모		도로 확보 기준 및 예외 (개발행위허가운영지침)
개발행위 허가1)	5천㎡ 미만	4m 이상	① 차량 진출입이 가능한 기존 마을 안길, 농로 등에 접속한 농업·어업·임업용시설(가공·유통·판매시설 제외), 부지 면적 1천㎡ 미만의 제1종 근린생활시설 및 단독주택 비적용 ② 증축 위한 기존 대지 10%↓ 확장 ③ 증·개축
	5천~3만㎡↓	6m 이상	
	3만㎡ 이상	8m+ (교통)	

1) 진입로는 도시·군계획도로 또는 시·군도, 농어촌도로에 접속하는 것을 원칙.

개설 도로로 맹지탈출하기

(7) 그러므로 ①대지(=목적사업부지)와 진입로(=접속도로)가 모두 개발행위허가(형질변경) 대상인지 ②대지와 진입로 모두 개발행위허가 대상이 아닌지 ③진입로만 개발행위허가 대상인지 ④대지만 개발행위허가 대상인지에 따라서 결과가 달라진다.

형질변경(≒지목) 여부에 따른 개발행위허가

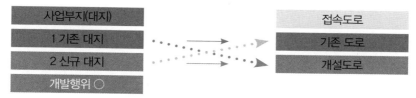

토지형질변경
- 절토·성토·정지·포장 등의 방법으로 토지의 형상을 변경하는 행위와 공유수면의 매립(경작을 위한 토지의 형질변경은 제외)

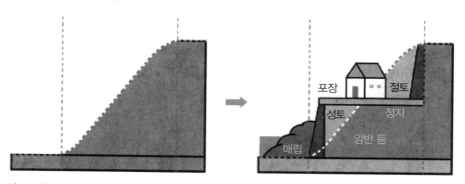

절토 : 평지나 평면을 만들기 위하여 흙을 깎아내는 일
성토 : 종전의 지반위에 다시 흙을 돋구어 쌓는 것
매립 : 연안의 옅은 수역에 토사를 운반하여 지반을 높이고 새로운 육지를 만드는 것
정지 : 흙을 이동시켜, 수평 또는 균일경사의 지표면을 조성하는 것
포장 : 길바닥에 아스팔트·돌·콘크리트 등을 깔아 단단하게 다져 꾸미는 일

③ 개발행위허가운영지침의 도로 확보 기준

제3장 개발행위허가 기준

[시행 2021.3.31.][국토교통부훈령 제1375호]
국토교통부(도시정책과), 044-201-3717

1-2-2

허가권자는 국토계획법, 시행령에서 위임한 범위 안에서 도시·군계획조례를 마련하여 개발행위허가제를 운영할 수 있다. 이 경우 도시·군계획조례로 정한 기준은 이 지침에 우선하여 적용한다.

제2절 분야별 검토 사항 〔영 별표 1의 2〕

3-2-5 기반시설

⑴ 대지와 도로의 관계는 「건축법」에 적합할 것.

⑵ 「도로법」과 「건축법」상의 도로가 아닌 진입도로는 국토교통부장관이 정한 기준에 적합하게 확보(지자체 조례로서 별도의 조례를 정한 경우 조례에 따라 확보)하되, 해당 시설의 이용 및 주변의 교통소통에 지장을 초래하지 아니할 것

⑶ 도시군계획조례로 정하는 건축물의 용도규모(대지의 규모를 포함한다)·층수 또는 주택호수 등에 따른 도로의 너비 또는 교통소통에 관한 기준에 적합할 것

제3절 건축물의 건축 및 공작물의 설치

3-3-2-1 도로

⑴ 건축물을 건축하거나 공작물을 설치하는 부지는 도시군계획시설도로 또는 시군도, 농어촌도로에 접속하는 것을 원칙으로 하며, 위 도로에 접속되지 아니한 경우 ⑵ 및 ⑶의 기준에 따라 진입도로를 개설해야 한다.

⑵ ⑴에 따라 개설(도로확장 포함)하고자 하는 진입도로의 폭은 개발규모(개설 또는 확장하는 도로면적은 제외한다)가 5천㎡ 미만은 4m 이상, 5천㎡ 이상 3만㎡ 미만은 6m 이상, 3만㎡이상은 8m 이상으로서 개발행위규모에 따른 교통량을 고려하여 적정 폭을 확보하여야 한다. 이 경우 진입도로의 폭은 실제 차량 통행에 이용될 수 있는 부분으

≫

로 산정한다.

(3) 진입도로의 길이를 산정할 경우 단지(주택단지, 공장단지 등) 내 도로는 제외하며, 변속차로 및 기존 도로의 확장된 부분은 포함한다.

(4) 다음 각 호의 어느 하나에 해당하는 경우에는 (2)의 도로확보기준을 적용하지 아니할 수 있다.

① 차량진출입이 가능한 기존 마을안길, 농로 등에 접속하거나 차량통행이 가능한 도로를 개설하는 경우로서 농업·어업·임업용 시설(가공, 유통, 판매 및 이와 유사한 시설은 제외하되, 「농업농촌 및 식품산업 기본법」제3조에 의한 농업인 및 농업 경영체, 「수산업·어촌 발전 기본법」에 따른 어업인, 「임업 및 산촌 진흥촉진에 관한 법률」에 의한 임업인, 기타 관련 법령에 따른 농업인·임업인·어업인이 설치하는 부지면적 2천㎡ 이하의 농수산물 가공, 유통, 판매 및 이와 유사한 시설은 포함), 부지면적 1천㎡ 미만으로서 제1종 근린생활시설 및 단독주택(건축법 시행령 별표1 제1호 가목에 의한 단독주택)의 건축인 경우

② 건축물 증축 등을 위해 기존 대지 면적을 10%이하로 확장하는 경우

③ 부지확장 없이 기존 대지에서 건축물 증축·개축·재축(신축 제외)하는 경우

④ 광고탑, 철탑, 태양광발전시설 등 교통유발 효과가 없거나 미미한 공작물을 설치하는 경우

(5) (1)~(2)까지의 기준을 적용함에 있어 지역여건이나 사업특성을 고려하여 법령의 범위내에서 도시계획위원회 심의를 거쳐 이를 완화하여 적용할 수 있다.

(6) (2)와 (4)를 적용함에 있어 산지에 대해서는 산지관리법령의 규정에도 적합하여야 한다. 다만, 보전산지에서는 산지관리법령에서 정한 기준을 따른다.

3-3-2-4 기반시설의 적정성

도로·상수도 및 하수도가 3-3-2-1 ～ 3-3-2-3의 규정에 따라 설치되지 아니한 지역에 대하여는 건축물의 건축행위(건축을 목적으로 하는 토지의 형질변경 포함)는 원칙적으로 허가하지 아니한다. 다만, 무질서한 개발을 초래하지 아니하는 범위 안에서 도시·군계획조례로 정하는 경우에는 그러하지 아니한다.

4 개발행위허가 기준이 도시계획 조례로 위임된 사항

(1) 국토계획법 시행령(이하 '영')에 개발행위허가 관련규정이 지자체 조례로 위임되거나, 조례에 규정되어 있는데 진입로 관련 몇 가지만 살펴 본다.

①영 제54조의 허가권자의 허가 조건 부여

②영 제56조의 '개발행위허가운영지침' 제정(도시계획조례가 우선)

③영 [별표1의2] 제1호마목(3)의 건축물에 따른 도로의 너비

④영 [별표1의2] 제2호가목(2)에 따른 진입로 규정

(2) 영 제54조에 의한 허가권자의 조건은 대부분의 지자체가 비슷하다.

1. 공익상 또는 이해관계인의 보호를 위하여 필요하다고 인정될 때

2. 해당 행위로 인하여 주변환경·경관·미관 등이 손상될 우려가 있을 때

3. 역사적·문화적·향토적 가치가 있거나 원형보전의 필요가 있을 때

4. 조경·재해예방 등 조치가 필요할 때

5. 관계 법령에 따라 공공시설 등이 행정청에 귀속될 때

6. 그밖에 도시의 정비 및 관리에 필요하다고 인정될 때

(3) 여기서 중요한 것은 개발행위허가를 받으려는 토지에 이미 현황도로(마을길 또는 농로)가 있을 때에 신청자가 임의로 그 현황도로를 훼손할 수 없으므로 허가권자는 그

현황도로에 대한 대체도로를 확보하라고 조건을 붙일 수 있고, 또한 일반의 소통에 제공할 필요가 있는 도로는 허가권자가 신청자에게 기부채납을 요구할 수 있다는 것이다.(법 제57조4항 및 국토계획법 해설집 214p)

(4) 영 [별표1의2] 제1호마목(3)에 의하여 기반시설 중 도로의 너비가 개발행위허가운영지침에 위임되는데, 운영지침에서 지자체 도시계획조례로 정한 것은 조례가 우선이라고 규정하고 있다. 예를 들어 '건축물의 용도 등에 따른 도로의 너비'를 개발규모 2.5~3천㎡ 미만은 3m로 허가할 수 있다고 완화한 지자체가 많은데, 그런 규정이 없는 지자체도 있어 해석에 차이가 있다.

(5) 또한 영 [별표1의2] 제2호가목(2)에 따라 도로 등이 미설치 된 지역에서의 개발행위허가의 진입로는 '건축법 기준에 맞게'이면서 각 지자체가 도시계획조례로 규정하고 있다. 이 조례는 「개발행위허가운영지침」(2021.3.31. 개정)보다 우선이다. 그래서 경기도 31개 시·군 및 광역시의 조례가 규정한 '건축법 도로가 미설치된 곳과 개발규모에 따른 진입로의 너비' 등을 표로 정리하였다. 이 조례 및 규칙에 정해져 있지 않은 사항은 행정지도로 이루어지는데 지자체마다 약간 다르게 해석하여 국민의 불편이 크다.(대법원 2013다33454 참조)

(6) 개발행위허가로 개설된 도로에도 통과도로가 있고, 막다른 도로가 있다. 여기서 '통과도로'란 개발행위허가로 신설된 통로(=도로=기반시설)의 양쪽 부분이 기존의 마을 안길과 접해 있는 것을 말하는데, 이런 통로의 경우는 동의가 필요 없다고 해석해야 한다. 반면 '막다른 도로'란 기존의 마을 안길에 연결되어 본인 토지로만 연결되는 통로를 말하는데, 이 경우에는 공로여부에 대한 해석에 이견이 있을 수 있지만, 그래도 도로의 공공성 및 공익성을 위주로 판단하여야 한다(대법원 2016다264556 등).

(개발행위허가의 진입로) 지자체 도시계획조례 비교

2023.1.8.

지자체	조1)	본문 건축법 도로3)	1. 도로설치 44조 적합	1. 도로설치 지정·공고	2. 창고 도로만	3. 농업 등 주거용 용도지역4)	3. 농업 등 주거용 증·개축 면적5)	조2)	1.마. 기반시설 (3) 건축물 용도별 너비	막다른 도로	계단 형태
가평군	19	○	○	○	○	○	○	18-2	「지침」, 3천㎡↓ 예외		
고양시	20				4m	○					
과천시	23	○	○		○	자연녹지	330㎡↓	33	4m	회전	×
광명시	별표	◎	○	○	○	자연녹지	1200㎡↓	별표	4m	회전	×
광주시	24			○?6)	○	○	○				
구리시	23-2				○	○	○				
군포시	22				○	○	○	택지개발 및 난개발 불허			
김포시	21				○	○	○	별표27	비도시지역 3m↑7)	분할	
남양주	별표	◎								회전	×
동두천	17										
부천시	20	○	○		○	자연·생산					
성남시	22				○	녹지지역		택지개발 및 난개발 불허			
수원시	23	○	○	○	○	자연·생산	○				
시흥시	18				○	자연녹지					
안산시	17				○	자연·생산	○				
안성시	21				○	(심의) ① 5천㎡↓ 포장된마을안길+농로 ② ~3만㎡↓ 4m↑ 기존도로					
안양시	20				○	녹지지역	○				
양주시	21				○	○	○				
양평군	19	○(2022.11.9.삭제)		○	○	○		18-2	개설50m↑, 너비6m↑ (단독주택예외)		
여주시	23	○	○	○	○	○	○	별표2	① 5천㎡↓ 포장 마을안길+농로 ② ~3만㎡↓ 4m↑ 기존도로 *(심의)		
연천군	21	○	○		○	○	○		창고·버섯재배사 등		
오산시	20	○	○		○	자연·생산	○				
용인시	21				○	○	○				
이천시	22				○	○	○				
의왕시	22				○	녹지지역	○				
의정부	18				○	자연·생산	○				
파주시	21				○	○	○				
포천시	21	지침 3-3-2-1. 도로			○	○	○				
평택시	21				○	○	○				
하남시	20				○	○	○				
화성시	19	○	○	○	○	○	○				
서울시	별표	◎			○	자연·생산	1200㎡↓	별표	주거용 신축 가능	회전	×
부산시	23				○	×	×	기장군은 도시계획조례에 도로규정 없음			
대구시	21		달성군		○	○	○	달성군은 도시계획조례 없음			
인천시	21		강화·옹진 조례없음		○	녹지·관리·농림지역	○	별표6 8)	① 2천㎡↓ -3m↑ ② 2천㎡↓ -4m↑ 등 ② 50m↑ 2m*5m 대기차로9)		
광주시	30				○	○	○				
대전시	24				○	자연, 생산	○				
울산시	21		울주군		○	○	○	울주군은 도시계획조례에 도로규정 없음			
세종시	22				○	○	○	규칙	비도시10) 2,500㎡↓ 3m↑	회전	
제주시	24 별표	조례 제24조의 별표 및 조례 시행규칙 참조						규칙 별표	읍면지역의 주택10호↑, 숙박 등 너비 6m↑11) 등	회전, 35m↓	

---

1) 영 제56조제1항 [별표1의2]의 2.가.(2)에서 도시계획조례로 정한 도로가 미설치된 지역의 개발행위허가시 진입로 기준
2) 영 제56조제1항 [별표1의2]의 1.마.(3)에서 도시계획조례로 정한 건축물 규모에 따라 설치하는 도로의 너비 기준
3) 도로 등이 미설치된 지역에서 확보해야 할 도로는 건축법 제2조제1항11호 나목의 도로로써, 비도시도 지정 가능함
4) 농업·임업·어업·광업인의 주거용 건축물(증개축, 신축제외)은 녹지와 관리지역(보전녹지·보전관리 제외), 농림지역임
5) 대부분 1,000㎡ 미만이므로 해당되면 ○으로 표시하고, 다른 면적만 기재한다. 비도시지역이 없는 지자체도 있다.
6) 녹지 및 비도시지역에서 다가구주택과 연립주택·다세대주택은 너비 6m를 확보하여야 한다.
7) 면적에 따라 너비 다름(현황도로+법정도로). 폭 4m↑로써 길이가 50m↑하면 대기차로 설치. 분할·지목변경 필요
8) 개발규모 및 건축물 종류에 따라 너비 기준 차등. 농어업용 시설과 2호 미만의 주택 진입로는 20% 완화 적용
9) 대기차로는 통상 50m 초과에 2m*5m 확보이나, 세종시는 3m*35m이상임(세종시 조례규칙 별표 참조)
10) 조례규칙 [별표]는 비도시지역만 적용 : ①대지면적 2,500㎡↑이면 너비 5~6m↑ 확보 ②도로는 지목 무관한 콘크리트 포장된 공공 통로, 비포장은 국공유(지목 도로)와 주택(1천㎡↓)에 한정 ③기타 「지침」에 따름
11) 주택 10~50가구(읍면 30~50가구)는 너비 8m↑. 그 이상의 주택과 주택 외 건물은 건물면적에 따라 8~12m↑ 확보

〔별표〕도로너비 및 교통소통에 관한 기준 (제5조 관련)

구분			도로너비 (차도 폭)	교통소통	비고
건축물의 용도 (가)	「건축법시행령」 별표 1에 따른 공동주택 및 숙박시설과 판매시설, 공장 및 창고(농업용은 제외한다) 중 연면적 2,000㎡ 이상인 건축물		6m(2차로) 이상		
건축물의 용도 (가) 외	규모 (대지 면적)	2,500㎡ 미만	3m 이상	대기 차로는 100m 이내에 1개소 이상 설치	
		2,500㎡ 이상 ~ 10,000㎡ 미만	5m 이상	대기 차로는 100m 이내에 1개소 이상 설치	
		10,000㎡ 이상	6m(2차로) 이상		

【비고】

1. 도시지역 및 지구단위계획구역 외에 적용한다.

2. 다른 법령에 도로에 대한 규정이 따로 있는 경우 그 기준이 이 조례의 기준보다 높으면 그 법령에 따른다.

3. 위 표에도 불구하고 도시계획 도로, 시도, 농어촌도로 이상과 접속되지 아니하고 별도의 진입도로를 개설하는 경우 등에는 「개발행위허가운영지침」(국토교통부 훈령)의 도로 계획 기준에 따른다.

4. 도로너비는 건축물의 용도와 규모 중 가장 높은 기준을 적용하며, 도로너비에 따른 교통소통 기준을 적용한다. [다른 도로와의 연결은 곡선 반경(R) 8m 이상으로 한다]

5. "도로"의 인정은 지목과 관계없이 콘크리트 등 인공 구조물로 포장되어 공공이 활용하는 통로, 도로 등을 말한다. 다만, 비포장도로는 국유지·공유지의 지목이 "도로"인 경우와 차량 출입이 가능한 부지 면적 1,000㎡ 미만인 「건축법 시행령」 별표 1 제1호 가목에 따른 단독주택에 한정하여 인정할 수 있다.

6. 도로너비가 6m 미만인 경우에 한정하여 지형이나 주변 여건상 도로너비를 확보하는 것이 현실적으로 곤란하다고 시장이 인정하는 경우에는 도시계획위원회의 심의를 거쳐 완화하여 적용할 수 있다.

7. 다른 도로와의 연결이 예정되어 있거나 차를 돌릴 수 있는 공간이 있는 경우 등 차량의 통행에 지장이 없는 경우를 제외하고는 막다른 길이 되어서는 아니 된다.

8. 대기 차로 설치기준(예시)

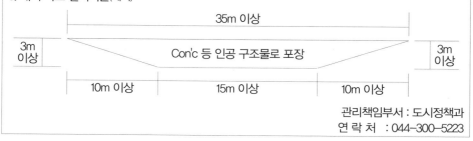

관리책임부서 : 도시정책과
연 락 처 : 044-300-5223

(1) 어떤 목적 사업의 부지가 형질 변경(≒지목 변경)을 전제로 개발되는 경우에는 개발행위허가를 받아야 하고, 이때 기반시설인 진입로가 필요하다. 여기서 기반시설이란 개발행위허가신청자가 확보해야 할 의무이지만, 주로 도시지역에 도시관리계획으로 미리 결정되는 도시계획시설의 전 단계인 기반시설과 유사하다.

(2) 이 진입로가 기존의 법정도로 또는 건축법 기준에 맞는 현황도로에 연결되거나, 건축법 제44~45조를 적용하지 않는 비도시·면지역인 경우를 제외하고, 대지가 건축법의 도로에 접하지 않아 대지에서 도로까지 통로(=진입로=기반시설)를 신설하여, 그 통로를 2차선 이상의 도로에 접속하는 경우에는, 그 통로는 개발행위허가 대상이다(농지·산지 전용 포함).

(3) 이 진입로를 개설하면서, 단순히 개발행위허가만 받아서 도로가 되는 경우도 있고, 각종 허가가 추가로 의제되는 경우도 있다.

㈎ 지목이 도로가 아닌 것을 형질 변경과 함께 도로로 만드는 경우에는 개발행위허가를 받으면 된다.

㈏ 농지 또는 임야를 도로로 만들려면 개발행위허가에 농지·산지 전용 허가가 의제된다(포함되어 일괄 처리된다).

㈐ 기존 도로법 도로(준용 도로 포함)에 연결될 때에는 개발행위허가에 의제되어, 도로 점용(연결 포함) 허가를 받아야 한다.

㈑ 도로를 확장하거나 포장 및 정지 작업을 하는 경우에는 개발행위허가 대상이다. 기존의 농로(지목만 도로 포함)가 국공유지이지만 도로법의 도로가 아니면 국유재산 사용(수익) 허가를 받아야 한다.(part 5-12 국유재산 사용허가 참조)

㈒ 하천점용·소하천점용·공유수면 점용허가 등의 방법으로 개설된 도로는 개발행

위허가에 의제된다.(part 5-13 하천점용허가, 5-15 공유수면점용허가 참조)

㈏ 개울을 복개하거나 구거를 건너가는 경우에는 개발행위허가에 의제되어 구거 점용허가를 받아야 할 때가 있다.(part 5-14 농업생산기반시설 사용허가 참조)

(4) 단순히 사유지를 개발행위허가를 받아서 기반시설을 신설할 때에 맹지를 탈출하려면, 건축법에 맞게 ①토지를 매입하거나 ②성·절토를 해야 할 때가 있다. 이때 사유지를 ㉠적정 가격에 매입하고, 어려우면 ㉡고가로 매입하고(도로면적이 전체 사업에서 차지하는 비중은 적다) ㉢소유권은 이전하지 않고 사용승낙만 받거나 ㉣복개(포장)하는 방법으로 처리할 수 있다.

(5) 사인私人이 어떤 목적사업을 위하여, 건축물의 건축과 토지형질변경 목적의 개발행위허가를 (동시에) 받으면서, 목적 사업부지와 별도의 필지에 (개발행위허가로) 지목이 도로道路인 진입로를 만들어 2차선 도로에 접속한 경우, 그 (개발행위) 도로가 건축허가 시 도로로 지정되지 않았다면, 제3자가 건축허가(신고)를 위하여 그 진입로에 접도할 경우 (농어촌도로 또는 농림지역 등에서 사도법에 의한 도로를 개설하는 경우를 제외하고) 그 진입도로 소유자의 동의(=사용승낙)가 필요하다고 해석하는 지자체도 있다.

(6) 그런데 개발행위허가로 도로를 만들어 접속의무를 다한 곳은 다음과 같은 이유로 기반시설인 진입로를 공로公路로 볼 수 있다.

① 개발행위허가 시 허가신청자가 확보해야 할 도로는 기반시설이고 공공시설이다.

② 건축허가 및 신고에서 허가신청자는 그 진입로의 배타적 이용권을 허가권자에게 제공하여 공도가 확보되는 것인데, 개발행위허가의 도로만 배타적 사용수익권을 보장받는다면 형평에 어긋난다.

③ 통상 비도시지역의 도로는 길어서 면적이 넓다. 만약 대지와 도로의 개발행위허가를 하나로 받았다면 도로가 개발행위허가 면적(계획관리지역 10,000㎡ 미만)에 포함

되어 불이익을 받을 수 있는데, 따로 신청하면 진입로는 개발행위허가 면적에 포함되지 않는 혜택을 받는다. 2019.8.29. 개발행위허가운영지침이 개정되어 진입로는 개발면적에서 제외되고 있다.

④ 도로 면적은 연접(2012년 도시계획심의로 변경) 제한도 받지 않았으므로 혜택을 받았다. 그러므로 개발행위허가로 만들어진 도로는 목적 사업에 지장을 주지 않는 범위 내에서 공도公道로 보아서, 조례도로로 지정할 필요가 있다.

⑤ 참고로 토지보상법 시행규칙 제26조2항 1호부터 4호까지에 의하면, 자기 편익을 위하여 스스로 개설한 도로는 인근 토지평가액의 1/3로 보상하는 것으로 규정한 것을 보아도 현황도로는 이미 배타적 사용·수익권이 포기된 것으로 볼 수 있을 것이다.

(7) 특히 ①비도시·면지역은 (공장)허가를 하면서 건축법의 도로지정을 하지 않아서 도로관리대장에 등재되지 않았고, ②비도시·면지역이 아닌 곳은 건축허가 시 도로로 지정해야 하는데, 개발행위허가와 건축허가가 복합민원으로 처리되지 않았던 2003~2007년 이전에는 건축법의 도로로 지정하지 않아서 도로관리대장에 없는 도로도 있으며, ③건축법 제44조제1항제1호(해당 건축물의 출입에 지장이 없다고 인정되는 경우) ④또는 비도시·면지역은 건축법 제44조의 접도의무와 제45조의 지정의무가 없으므로, 건축허가(신고) 시 이미 (현황)도로가 있을 때에 그 진입도로를 주민이 오랫동안 자유롭게 이용했다면 그 현황도로는 이미 공로가 된 것이므로 지금 개발행위허가의 진입로로 사용한다고 하여 모두 현황도로 소유자의 사용승낙이 필요하다고 해석하는 것은 무리한 것이다.

(8) 허가권자가 개발행위허가로 신설된 도로소유자의 배타적 사용수익권을 보호하기 위하여 또는 민원의 소지를 없애기 위하여, 새로운 허가신청자에게 건축법 및 국토계획법에 없는 규제를 적용하는 것은 재량권의 일탈·남용이 될 수 있다. 이때는 현황도로를 건축법 제45조1항단서2호에 의한 조례도로로 지정하는 것이 옳다.

4차선 국도변에 음식점을 운영하기 위하여 개발행위허가를 받은 사례이다.

음식점을 운영하기 위한 개발행위허가는 진입로의 폭이 4m 이상이어야 한다.

지자체 조례로 진입로의 너비가 강화된 경우도 있다.(세종시 도시계획 조례 참조)

토지이용계획확인서

지목	답			면적	2,084㎡
개별공시지가 (㎡당)	136,300원 (2015/01)				
지역지구등 지정여부	「국토의 계획 및 이용에 관한 법률」에 따른 지역·지구등		계획관리지역, 개발행위허가제한지역(다가구주택, 환경오염시설 등)		
	다른 법령 등에 따른 지역·지구등		가축사육제한구역(2013-02-28)(가축분뇨의 관리 및 이용에 관한 법률)		
「토지이용규제 기본법 시행령」 제9조제4항 각 호에 해당되는 사항					

(1) 건축법 제2조 1항 11호 가목의 도로가 아닌 나목의 현황도로나 개발행위허가를 별도로 받는 도로는 연결허가가 대상이 아니다.

(2) 추후 개발행위허가 기준이 강화되어 6m 이상의 2차선 도로가 되면 점용허가 대상이 될 수 있다.

12 국·공유지 도로를 확장하기
(국유재산 사용허가)

1 국유재산의 종류 및 사용절차

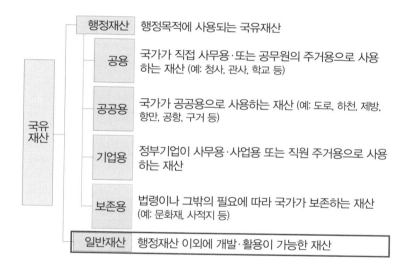

국유재산	행정재산		행정목적에 사용되는 국유재산
		공용	국가가 직접 사무용·또는 공무원의 주거용으로 사용하는 재산 (예: 청사, 관사, 학교 등)
		공공용	국가가 공공용으로 사용하는 재산 (예: 도로, 하천, 제방, 항만, 공항, 구거 등)
		기업용	정부기업이 사무용·사업용 또는 직원 주거용으로 사용하는 재산
		보존용	법령이나 그밖의 필요에 따라 국가가 보존하는 재산 (예: 문화재, 사적지 등)
	일반재산		행정재산 이외에 개발·활용이 가능한 재산

(1) 국유재산은 행정재산과 일반재산으로 나뉘는데, 행정재산은 사용허가를 받아서 사용할 수 있고(사용료), 일반재산은 대부계약으로 사용할 수 있다.(대부료) 다만 국공유지에는 영구시설물을 축조할 수 없으나 준공 후 기부채납은 가능하다.

(2) 행정재산은 원칙적으로 매각할 수 없고, 용도폐지로 일반재산이 되면 특별한 경우를 제외하고 매각이 원칙인데, 일반경쟁 또는 제한경쟁·지명경쟁은 공개입찰을 하여야 하고, 예외적으로 수의계약도 가능하다.

〈국유재산 매각절차도〉

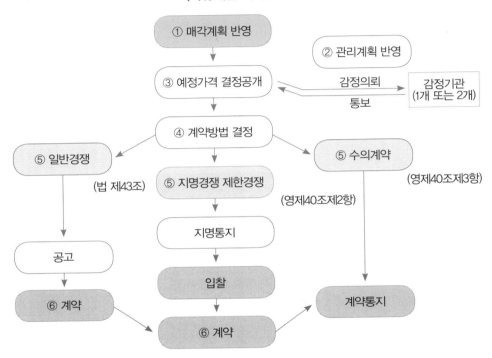

(3) 국토부 국유재산관리규정 제19조에 의하면 행정재산도 주위토지통행권 조건에 해당되면 통행로로 사용을 허락할 수 있다고 하였다.

국토교통부 국유재산관리규정 [시행 2022.1.1.][국토교통부훈령 제1458호]

국토교통부(운영지원과), 044-201-3183

제19조(조건부 사용허가) ① 행정재산은 다음 각 호의 경우에 원상회복이나 시설물 포기를 조건으로 하여 사용허가 할 수 있다.

1. 민법 제218조에 따른 수도 등 시설권이 인정되는 경우로서 상하수도·선로 등을 설치하기 위한 최소한의 범위.

2. 민법 제219조에 따른 주위토지통행권이 인정되는 경우로서 통행로 제공을 위한 최소한의 범위

개설 도로로 맹지탈출하기 ≫

3. 존속기간이 영구하다고 인정되는 공공용 도로, 구거부지 등에 설치하는 지상·지하 시설물로서, 재산관리에 지장이 없고 국유재산을 사용하지 않고는 시설물 설치가 심히 곤란한 경우.

② 통행로 등 다수인이 사용할 수 있는 목적으로 사용허가 할 경우에는 향후 제3자도 공동사용이 가능하도록 허가변경, 철회 등의 허가조건을 부하여 독점사용으로 인한 분쟁이 없도록 하여야 한다.

2 국유재산 사용허가

(1) 국유인 토지의 지목이 도로道路라도, 그 도로가 도로법의 도로가 아니면 도로점용허가 대상이 아니고, 국유재산법에 의한 사용허가 대상이 된다.

(2) 국·공유인 현황도로(관습상 도로), 지적도의 도로너비가 개발행위허가 기준에 미달할 경우에는 국유재산법 및 공유재산법에 의한 국(공)유지 사용허가를 받아서 그 도로너비를 개발행위허가 기준에 맞게 확장할 수 있다.

(3) 국유재산 중 공공용 재산(도로, 하천, 구거, 제방, 항만 등) 또는 보존용 재산은 그 용도나 목적에 장애가 되지 않는 범위에서 사용허가할 수 있다(국유재산법 제30조).

(4) 사용허가 방법은 일반 경쟁에 부쳐야 하는 것이나, 도로로 사용하는 경우에는 수의隨意 계약이 가능하다(법 제31조-영 제27조).

(5) 이 사용허가는 도시·군계획시설사업 인가(≒개발행위허가)에 의제되고(국토계획법 제92조), 마을정비구역으로 지정 등에 의제된다.(농어촌정비법 제106조)

(6) 연간 사용료는 개별 공시지가의 5%이고, 목적에 따라 감면이 있다(영 제29조).

사용 목적	사용 요율
일반 목적	재산가액[1]의 5%
경작용[2]	재산가액의 1%
주거용	재산가액의 2% (기초생활보장법 1%)
사회복지사업	재산가액의 2.5%
소상공인 직접 사용	재산가액의 3%
기부채납한 자	기부 금액 범위 내

1) 토지는 개별 공시지가, 주택은 개별 주택 가격, 기타는 시가 표준액이다.
2) 경작용인 경우에는 위 계산 금액과 해당 시도의 농가별 농업 총수입의 1/10과 비교하여 적은 쪽으로 한다.

(7) 참고로 2011년 국유재산법이 개정되어, 소극적·규제적 매각 제도의 운영에 따라 보존·활용할 필요가 없는 일반재산(행정재산 외의 재산으로 옛날 잡종재산임)의 매각 부진으로 관리 부담이 늘어나고 있는 문제가 있는바, 보존 부적합 재산의 효율적 매각을 유도하기 위하여 매각 기준을 네거티브 시스템으로 변경하였다(법 제48조).

(8) 도로법, 하천법 등에서 관리되지 않는 소규모공공시설법의 소교량, 세천細川, 취입보取入洑, 낙차공落差工, 농로 및 마을 진입로 등은 국가가 공공시설로 만들어야 한다.

국유재산법 [시행 2022.6.29.][법률 제18661호]
제48조(매각) ① 일반재산은 다음 각 호의 어느 하나에 해당하는 경우 외에는 매각할 수 있다.
1. 중앙관서의 장이 행정목적으로 사용하기 위하여 그 재산에 대하여 제8조제4항에 따른 행정재산의 사용 승인이나 관리전환을 신청한 경우
2. 「국토의 계획 및 이용에 관한 법률」 등 다른 법률에 따라 그 처분이 제한되는 경우
3. 장래 행정목적의 필요성 등을 고려하여 제9조제4항제3호의 처분기준에서 정한 처분제한 대상에 해당하는 경우
4. 제1호부터 제3호까지의 규정에 따른 경우 외에 대통령령으로 정하는 바에 따라 국가가 관리할 필요가 있다고 총괄청이나 중앙관서의 장이 지정하는 경우 [전문개정 2011.3.30.]

하 대	236-4	(도)	175㎡	111㎡
하 대	236-5	전	259㎡	126㎡
하 대	236-6	전	929㎡	39㎡
하 대	238-5	유	397㎡	13㎡
하 대	1234	(도)	4,651㎡	54㎡
	8필지		6,876㎡	578㎡
근 거	토지대장 및 구적기에의함			

사도법의 사도를 개설하려는 부지에 국유지인 도로가 있는 경우에는 국유재산법의 사용허가를 받아야 한다(제30조).

지목:도

국유재산 사용허가를 받은 경우 사용료는 공익시설인 경우 면제될 수 있다.

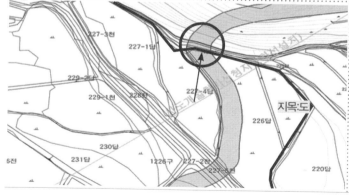

지목:도

지목이 도로인 농로의 일부를 사도법의 사도로 사용하는 경우에는 사용료를 납부해야 한다.

토지이용계획확인서

지목	도로		면적	1,696㎡
개별공시지가 (㎡당)	6,600원 (2015/01)			

지역지구등 지정여부	「국토의 계획 및 이용에 관한 법률」에 따른 지역·지구등	생산관리지역
	다른 법령 등에 따른 지역·지구등	가축사육제한구역(200m이내의지역)(가축분뇨의 관리 및 이용에 관한 법률), 가축사육제한구역(250m이내의지역)(가축분뇨의 관리 및 이용에 관한 법률), 가축사육제한구역(400m이내의지역)(가축분뇨의 관리 및 이용에 관한 법률), 가축사육제한구역(주거지역1700m이내의지역)(가축분뇨의 관리 및 이용에 관한 법률)
	「토지이용규제 기본법 시행령」 제9조제4항 각 호에 해당되는 사항	국유재산수익허가
확인도면	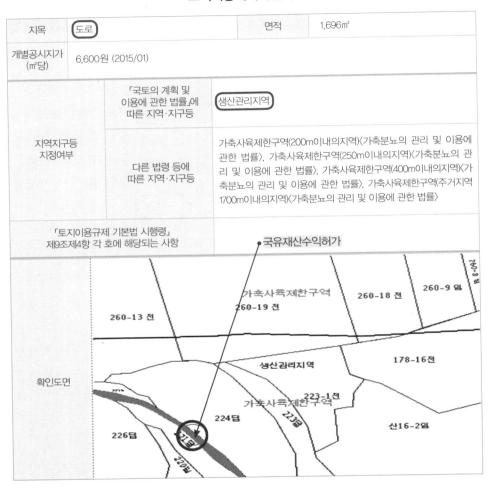	

(1) 지목이 도로道路이지만, 건축법 제2조 1항 11호 가목의 도로가 아닌 경우에 그 토지가 국공유지이면 국유재산 사용허가를 받아서 공도를 개설할 수 있다.

(2) 사도법의 도로 개설 기준이 2013년 완화되어, 농어촌도로 구조·시설기준에 맞추고, 농어촌도로에 연결할 수 있게 되었다.

하천 및 소하천에 교량 설치
(하천점용허가)

1 하천점용허가

국토의 계획 및 이용에 관한 법률 [시행 2022.7.21.][법률 제18310호]

국토교통부(도시정책과-개발행위), 044-201-3717

제61조(관련 인·허가 등의 의제) ① 개발행위허가를 할 때에…… 미리 관계 행정기관의 장과 협의한 사항에 대하여는 그 인·허가 등을 받은 것으로 본다.

11.「소하천정비법」제14조에 따른 소하천의 점용허가

18.「하천법」제33조에 따른 하천점용의 허가

(1) 개발하려는 부지를 2차선 도로에 접속하려는데, 그 구간에 하천 또는 소하천이 지나가는 경우에는 그 하천 및 소하천점용허가를 받아서 도로를 만들 수 있다.

(2) 국가 하천은 국토부, 지방 하천은 도지사, 소하천은 시장·군수가 관리한다. 시장·군수는 허가권자로서 하천 기본 계획에 맞는지를 확인하며, 이 하천을 건너가는데 교량을 설치하게 되면 공공시설이 되므로 기부(채납)하여야 한다.

(3) 지목이 하천河川이란 '자연의 유수流水가 있거나 있을 것으로 예상되는 토지'를 말하

는 것이며, 소하천은 소하천정비법이 1995년 제정되어 별도로 소하천 기본 계획이 있다. 소하천이란 평균 하폭 2m, 연장 500m 이상인 경우를 말한다.

(4) 그러므로 현황은 좁아 보이더라도, 하천 기본 계획에서 너비가 넓은 하천인 경우에는 예상보다 교량 설비 비용이 많이 들어갈 수 있다. 이 하천 제방 및 교량 공사를 통하여 진입로가 확보되는 것이다. 하천 기본 계획에 포함된 토지로서 하천법의 행위 제한을 받지만, 눈으로 쉽게 구분하기 어려운 사실상 하천은 조심할 필요가 있다.

(5) 임야 등 대형 토지를 개발하는 경우, 맹지 탈출하는 데 교량 설치 비용이 큰 비중을 차지하지 않는데도, 그 교량 설치 비용이 아까워서 개발되지 못한 토지가 주변에 있을 것이다. 이런 토지를 개발하면 큰 성공을 할 수 있다.

(6) 하천관리청은 하천의 신설, 그 밖의 하천 공사로 새로이 하천 구역으로 편입될 토지를 하천 예정지로 지정할 수 있고(3년간), 하천 예정지 안에서 공작물의 신축 또는 개축 등의 행위를 하려는 자는 하천관리청의 허가를 받도록 규정하고 있었는데, 실효성이 없어 2015년 하천 예정지 지정 및 행위 제한 규정을 삭제하였다.

| 하천법 | 국토교통부(하천계획과-하천점용), 044-201-3622 |
| 소하천정비법 | 행정안전부(재난경감과), 044-205-5147 |

하천 구역의 기본 단면도

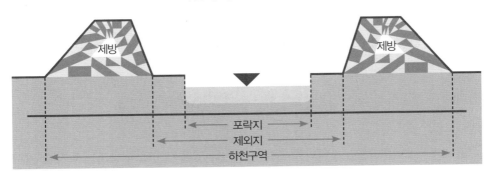

개설 도로로 맹지탈출하기

완성 제방이 설치된 곳

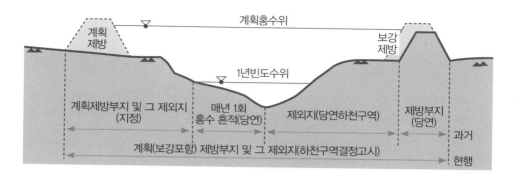

완성 제방 설치가 예정(계획 제방 또는 보강 제방)된 곳

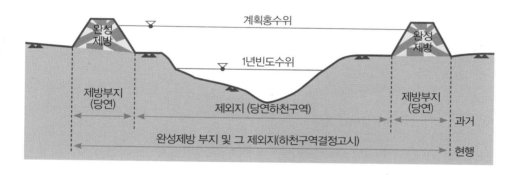

제방 설치 계획이 없는 곳 (하천 기본 계획 수립)

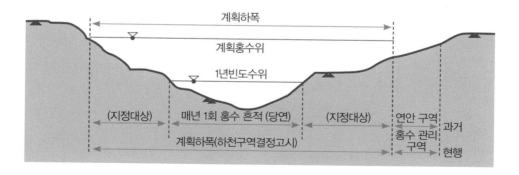

* 당연 = 당연하천구역

일반 주택 허가에서 진입로 확보를 위한 소하천점용

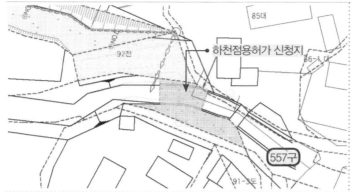

소하천 허가를 신청하려면, 교량 양쪽 토지소유자의 동의가 필요하다. 소하천법의 소하천 구역에 있는 토지의 지목은 구거이다.

소하천점용허가로 진입도로를 확보하기 위하여 7m 소교량(박스)을 설치하여 기부채납함.

전원주택 단지 2만 평의 진입로는 8m 이상의 되어야 하나, 2014년까지는 4m(대기 차선 확보. 거리·개수 제한 없음)로 가능했음.

토지이용계획확인서

지목	대		면적	800㎡
개별공시지가 (㎡당)	168,300원 (2015/01)			

지역지구등 지정여부	「국토의 계획 및 이용에 관한 법률」에 따른 지역·지구등	도시지역, 자연녹지지역, 자연취락지구
	다른 법령 등에 따른 지역·지구등	가축사육제한구역(200m이내의지역)(가축분뇨의 관리 및 이용에 관한 법률), 소하천구역(청광터천-294)(소하천정비법), 공장설립승 인지역(2012-11-23)(수도법), 하수처리구역(하수도법)
	「토지이용규제 기본법 시행령」 제9조제4항 각 호에 해당되는 사항	
확인도면		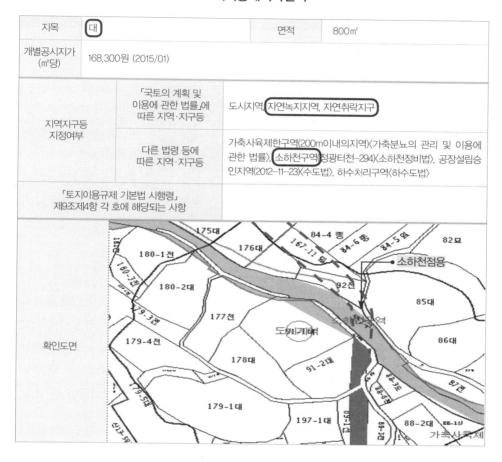

(1) 산에서 내려오는 구거라도 소하천법의 소하천 구역으로 지정되면 소하천 정비 계획에 맞게 점용허가를 받아서 교량을 설치하여야 한다.

(2) 마을 안길은 4~6m 정도이었으나, 전원주택 단지 조성을 위한 개발행위허가를 받기 위해서는 8m 이상의 사설도로를 개설하였다.

주차장(주기장) 개발의 진입로 확보를 위한 하천점용허가

고속도로 IC에서 500m이내의 임야로써, 하천에 둘러싸여 맹지상태임.
주변에 첨단산업단지가 있어 개발수요가 많음.

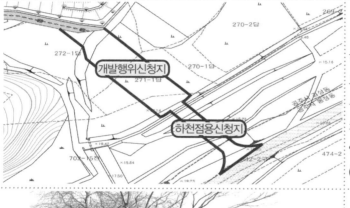

하천법의 점용허가로 교량설치 (도시·군계획시설은 무상귀속, 기부채납) 6*35m 공사비 약 1억 5천만 원 소요 (2006년 당시)

하천정비기본계획에 맞는 교량 너비확보하고 점용비용은 토지가격의 100분의 3(하천법)이다.

토지이용계획확인서

지목	주차장		면적	6,252㎡
개별공시지가 (㎡당)	25,100원 (2015/01)			
지역지구등 지정여부	「국토의 계획 및 이용에 관한 법률」에 따른 지역·지구등	계획관리지역		
	다른 법령 등에 따른 지역·지구등	가축사육제한구역(200m이내의지역)(가축분뇨의 관리 및 이용에 관한 법률), 배출시설설치제한지역(수질 및 수생태계 보전에 관한 법률)		
「토지이용규제 기본법 시행령」 제9조제4항 각 호에 해당되는 사항				

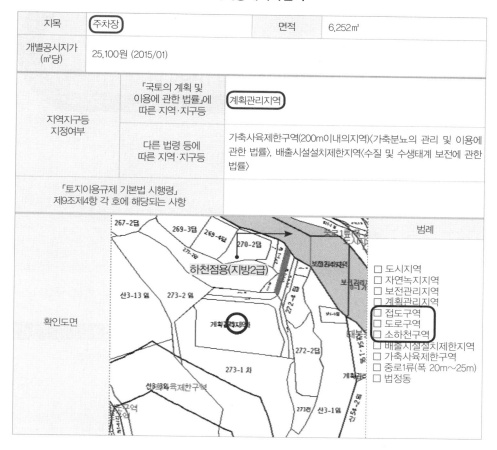

(1) 지방 하천이 소하천으로 강등된 소하천 구역이 소하천 정비 계획에 맞게 교량을 설치하여 맹지를 탈출한 사례이다.

(2) 이 교량 및 진입로 개설로 주변 농지 및 임야의 활용도가 높아지고, 지가가 2배 이상이 상승하였다.

구거를 도로로 만들기
(농업생산기반시설 사용허가)

(1) 물이 흐르는 곳은 토지소유자라도 일방적으로 막을 수 없고(민법 제221-236조), 개발행위허가에서 그 처리 계획(물이 잘 흘러가도록 유도)을 수립해야 할 의무가 있다.

> **법 조항 살펴보기** ⚖️
>
> **민법**
> **제221조**(자연유수의 승수의무와 권리) 이웃 토지에서 흘러내리는 물을 막지 못함
> **제229조**(수류의 변경) 대안 토지소유자의 동의, 내 토지라도 하류와 맞게
> **제231조**(공유하천용수권) 타인의 용수를 방해하지 않는 범위 내에서
> **제236조**(용수장해의 공사와 손해배상, 원상회복) 옆집 건축으로 피해를 입을 경우

(2) 진입도로를 개설하면서 구거를 건너가야 할 경우에는 농어촌정비법 제23조의 '농업생산기반시설의 사용허가(구. 목적외사용승인 = 구거점용허가)를 받아야 한다(국토계획법 제61조). 그 점용 기간은 10년 이내이다.

(가) 구거溝渠란 하천보다 규모가 작은 4~5m 폭의 개울을 말하며, 도시·군계획시설이 될 수 있으며, 농업 소득세를 피하려고 농지도 하천·임야 등의 지목으로 되어 있는 경우도 있다.

(나) 지목이 구거溝渠란 '용수 또는 배수를 위하여 일정한 형태를 갖춘 인공적 수로·둑

및 그 부속물의 부지와 자연의 유수가 있거나 예상되는 소규모 수로 부지'를 말한다.

㈐ 구거의 소유자는 농림부가 대부분이고, 한국농어촌공사, 사유 등이 있으며, 소유자가 불분명한 경우에는 국토부가 소유자가 된다.

㈑ 특히 건기^{乾期}에는 보이지 않고 우기^{雨期}에만 보이는 구거도 보호하여야 하므로, 개발에는 전문가(토목 사무실 등)의 도움이 필요하다.

㈒ 참고로 지목이 유지^{溜池}이면 '물이 고이거나 상시로 물을 저장하고 있는 댐·저수지·소류지·호수·연못 등의 토지와 연·왕골 등이 자생하는 배수가 잘 안 되는 토지'를 말한다.

(3) 농업생산기반시설 관리자는 농업생산기반시설이나 용수를 본래 목적 외의 목적에 사용하게 할 때 시장·군수·구청장의 승인을 받아야 한다. 다만, 농업생산기반시설 관리자가 한국농어촌공사인 경우와 농업생산기반시설의 유지·관리에 지장이 없는 범위(300㎡ 이하)에서 시장·군수·구청장의 승인을 받지 않아도 된다.

(4) 농업생산기반시설의 토지(용수로·배수로, 농로)를 통행로·진입로로 사용하는 경우에는 그 토지 공시지가의 5%로 한다(영 제32조).

농어촌정비법 [시행 2022.12.1.][법률 제18522호]

농림축산식품부(농촌정책과), 044-201-1520, 1521

---

(5) 농어촌정비법 제2조 6호의 농업생산기반시설인 도로(농어촌도로정비법의 농로 등 농로 포함), 제55조의 생활환경정비계획의 도로, 제101조의 마을정비구역 내의 도로 등이 건축법 제2조 1항 11호 가목의 법정도로가 되지 못한 마을안길 및 농로는 국가 및 지자체가 선제적으로 공공시설로 만들어야 한다.

비도시지역에서 농지
를 개발하려면 구거나
하천을 건너야 하는
경우가 많은데, 구거
점용을 받아야 한다.

구거나 하천이 말라서
또는 이용 편의상 지
적과 현황이 다른 경
우가 뜻밖에 많아서,
대형 개발은 토목 사
무실의 도움을 받아야
한다.

이곳은 대형 저수지
로 유입되는 구거이
므로 농업용수로서
보존할 가치가 큰 곳
이다.

토지이용계획확인서

지목	답		면적	152㎡
개별공시지가 (㎡당)	20,000원 (2015/01)			

지역지구등 지정여부	「국토의 계획 및 이용에 관한 법률」에 따른 지역·지구등	생산관리지역		
	다른 법령 등에 따른 지역·지구등	가축사육제한구역(1700m이내의지역)(가축분뇨의 관리 및 이용에 관한 법률)		
「토지이용규제 기본법 시행령」 제9조제4항 각 호에 해당되는 사항				

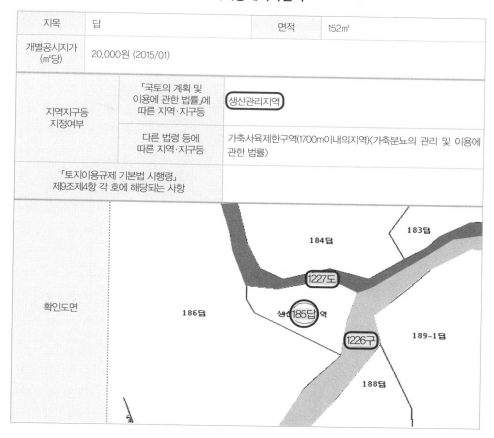

확인도면

(1) 비도시지역에서 대형 개발을 위한 진입로를 확보하는 경우, 그 도로(예정) 부지가 농업진흥지역 중 농업보호구역인 경우에는 사도법의 사도로 개설하여야 한다.

(2) 이때 진입로가 구거를 가로질러 가는 경우에는 구거 점용허가(농업생산기반시설 사용허가)를 받아야 한다. 구거는 농업용수로 보기 때문에 전문가(토목 측량 사무실)의 도움을 받아야 한다.

농업진흥구역의 농지는 일반 개발이 안 되고, 농업인 주택과 창고 등 농업용 시설만 가능하다.

4차선 국도에 인접한 농지를 전용하여 개발하려면 접도구역, 시도 점용, 구거 점용허가를 동시에 받아야 한다.

일반 개발이 안 되는 농업진흥구역은 접근성이 좋고 가격도 상대적으로 저렴하다. 그래서 이런 곳은 귀농·귀촌자에게 혜택이 된다.

토지이용계획확인서

지목	구거			면적	559㎡
개별공시지가 (㎡당)	11,800원 (2015/01)				
지역지구등 지정여부	「국토의 계획 및 이용에 관한 법률」에 따른 지역·지구등		농림지역 중로1류(폭 20m~25m)(2013-12-30)(저촉)		
	다른 법령 등에 따른 지역·지구등		가축사육제한구역(주거지역 1700m이내의지역)(가축분뇨의 관리 및 이용에 관한 법률), 농업진흥구역(농지법), 도로구역(도로법) 접도구역(도로법), 재해위험지구(자연재해대책법)		
	「토지이용규제 기본법 시행령」 제9조제4항 각 호에 해당되는 사항		구거점용 (농업기반시설목적외사용)		

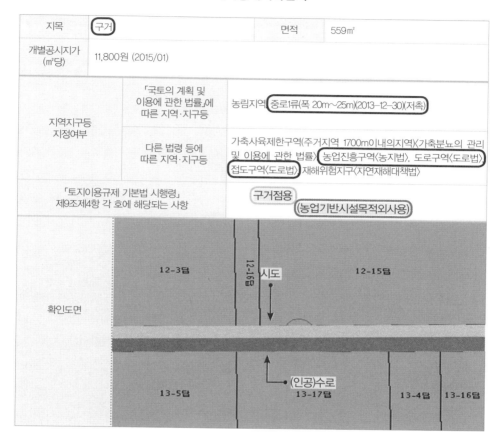

(1) 농업진흥구역의 경지 정리된 농지에는 모두 용수로와 배수로가 설치되어 있으므로, 인공 수로를 점용하는 구거 점용허가(농업생산기반시설 사용허가)를 받아야 한다.

(2) '농업기반시설 목적외 사용'이 '농업생산기반시설 사용허가'로 용어가 바뀌었다. 이 허가에는 사용 기간 및 사용료가 있다.

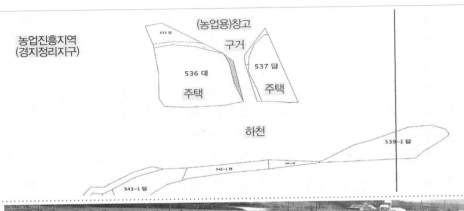

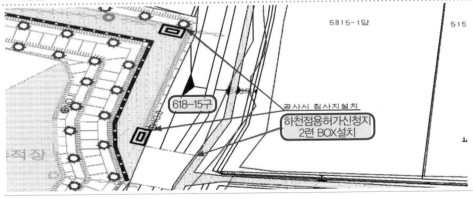

공유수면을 도로로 만들기
(공유수면 점용허가)

국토의 계획 및 이용에 관한 법률 [시행 2022.7.21.][법률 제18310호]

국토교통부(도시정책과–개발행위), 044–201–3717

제61조 (관련 인·허가 등의 의제)

① 개발행위허가를 할 때에…… 미리 관계 행정기관의 장과 협의한 사항에 대하여는 그 인·허가 등을 받은 것으로 본다.

1. 「공유수면 관리 및 매립에 관한 법률」(약칭 : 공유수면법) 제8조에 따른 공유수면公有水面의 점용·사용허가

(1) 공유수면에 도로를 개설하려면 공유수면법에 의해 점용·사용허가를 받아야 하고 (공유수면법 제8조), 실제로 물이 흐르지 않는 법정 하천도 허가 대상일 수 있다.

(2) 공유수면이란 국유로서, 바다·바닷가·하천河川·호소湖沼·구거溝渠 기타 수면水面 및 수류水流를 말하는 것으로, 하천법·소하천법·농어촌정비법·항만법 등이 적용되는 공유수면은 이 법의 적용을 배제한다.

(3) 지목이 구거가 아닌 국유의 토지에 사실상 구거가 존재하는 경우, 그 구거는 공유수면법 제2조 제1호 다목에 따른 공유수면에 해당한다.(법제처 14–0280, 2014.10.14)

(4) 실제로 해안가를 개발하다 보면, 바다 및 바닷가를 매립하여 도로를 개설해야 하는 경우가 있는데, 이때는 공유수면 매립면허를 받아야 한다(법 제28조).

(5) 빈지濱地(=바닷가)란 '만조 수위선으로부터 지적공부에 등록된 지역까지의 사이'를 말한다. 자연의 상태 그대로 공공용에 제공될 수 있는 실체를 갖추고 있는, 이른바 자연공물로서 국유재산법상의 행정재산에 속하는 것으로, 사법상 거래의 대상이 되지 아니한다(대법원 2000.5.26. 선고 98다15446).

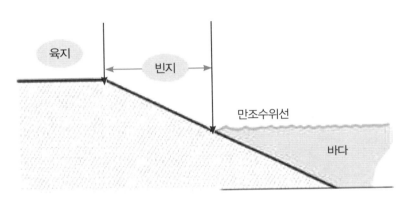

(6) 포락浦落지란 지적공부에 등록된 토지가 (바다)물에 침식되어 수면 밑으로 잠긴 토지를 말한다. 이런 곳은 '공유수면 매립 기본 계획'에 맞게 매립을 하여야 하므로 예상보다 시간과 비용이 많이 소요될 수도 있다.

(7) 국·공유재산인 공유수면을 매입하여 도로로 개설하는 경우에는 공공시설이 되어 무상 귀속을 할 때가 있다. 이런 국공유재산은 행정재산과 일반재산(잡종)으로 나뉘고, 행정재산을 매각하려면 용도 폐지가 선행되어야 한다.

(8) 바닷가에 접한 도로가 법정도로는 아니나 사실상 도로로 사용되고 있다면 그 도로 위에 설치된 시설물은 도로법, 공유수면법이 아닌 국유재산법을 적용해야 한다.(법제처 10-0371, 2010.11.26)

개설 도로로 맹지탈출하기 ≫

충청남도 천안시 (법제처 14-0280, 2014.10.14.)

[질의] 「공유수면 관리 및 매립에 관한 법률」 제2조 제1호 다목에서는 하천, 호소, 구거, 그 밖에 공공용으로 사용되는 수면 또는 수류로서 국유인 것을 공유수면으로 정의하고 있는 바, 지목이 구거가 아닌 국유의 토지에 사실상 구거가 존재하는 경우, 해당 구거가 「공유수면 관리 및 매립에 관한 법률」 제2조 제1호 다목에 따른 공유수면에 해당하는지?

[질의 배경] 천안시가 관리하는 지목이 도로인 국유의 토지 일부가 사실상 구거의 형태를 지니고 있는바, 천안시는 해당 구거에 대해 공유수면법에 따라 점용·사용허가를 할 수 있는 지에 대해 해양수산부에 질의하였고, "해당 토지의 지목이 구거가 아니므로 공유수면에 해당하지 않아 점용·사용허가의 대상이 될 수 없다"는 답변을 받자 이에 이견이 있어 법령 해석을 요청함.

[회신] 지목이 구거가 아닌 국유의 토지에 사실상 구거가 존재하는 경우, 해당 구거는 「공유수면 관리 및 매립에 관한 법률」 제2조 제1호 다목에 따른 공유수면에 해당한다고 할 것입니다.

[이유] 「공유수면 관리 및 매립에 관한 법률」(이하 "공유수면법"이라 함) 제2조 제1호 다목에서는 "하천·호소湖沼·구거溝渠, 그 밖에 공공용으로 사용되는 수면 또는 수류水流로서 국유인 것"을 공유수면이라고 정의하고 있고, 같은 법 제8조 제1항에서는 공유수면에 부두, 방파제 등 인공 구조물을 신축·개축하는 행위 등을 하려는 자는 공유수면관리청으로부터 공유수면의 점용 또는 사용의 허가를 받아야 한다고 규정하고 있습니다.

한편, 「측량·수로 조사 및 지적에 관한 법률」 제67조 제1항에서는 "구거"를 지목의 한 종류로 규정하고 있고, 같은 법 시행령 제58조 제18호에서는 "구거"를 "용수用水 또는 배수排水를 위하여 일정한 형태를 갖춘 인공적인 수로·둑 및 그 부속 시설물의 부지와 자연의 유수流水가 있거나 있을 것으로 예상되는 소규모 수로 부지"라고 규정하고 있습니다. 이 사안은 지목이 구거가 아닌 국유의 토지에 사실상 구거가 존재하는 경우, 해당 구거가 공유수면법 제2조 제1호 다목에 따른 공유수면에 해당하는지에 관한 것이라 하겠습니다.

먼저, 공유수면법 제2조 제1호 다목에서는 "하천·호소湖沼·구거溝渠, 그 밖에 공공용으로 사용되는 수면 또는 수류水流로서 국유인 것"을 공유수면으로 규정하고 있는바, 이러한 공유수면은 소위 자연공물로서 그 자체가 직접 공공의 사용에 제공되는 것이므로 별도의 공용 개시행위가 필요하지 않다(대법원 1995.12.5. 선고 95누10327 판결례 참조)고 할 것입니다.

따라서 국유의 토지에 존재하는 하천, 호소, 구거 등의 수류가 공유수면법에 따른 공유수면에 해당하는지 여부는 해당 수류의 형상, 공중의 이용 관계 등을 고려하여 그 실질에 따라 판단하여야 할 것입니다.

그리고 공유수면법 제4조 제1항에서 공유수면은 친환경적으로 관리되어야 한다고 규정하고 있고, 같은 법 제5조에서는 공유수면에서 폐기물, 폐유, 폐수, 오수, 분뇨, 가축 분뇨, 오염 토양, 유독물, 동물의 사체 등 오염 물질을 버리거나 흘러가게 하는 행위(제1호), 수문水門 또는 그 밖에 공유수면의 관리를 위한 시설물을 개폐開閉하거나 훼손하는 행위(제2호), 선박을 버리거나 방치하는 행위(제3호)를 금지하고 있는바, 이는 공유수면이 수면 또는 수류라는 특성상 해양 환경, 생태계, 수산 자원 및 자연경관 등의 보호를 위하여 특별히 규율하고 있는 것으로 볼 수 있습니다.

그렇다면 국가가 사실상 구거가 존재하는 토지의 지목을 「측량·수로 조사 및 지적에 관한 법률」상 구거로 설정하지 아니하였다고 하더라도, 해당 구거에 대해서 지목이 구거인 것과 동일하게 관리될 수 있도록 해석하는 것이 공유수면법의 취지에 부합하는 해석이라고 할 것입니다.

한편, 사실상 구거가 공유수면법 제2조 제1호 다목에 따른 공유수면이 되기 위해서는 해당 토지의 지목이 "구거"로 설정되어야 한다는 주장이 있을 수 있습니다. 그러나 공유수면법에서는 공유수면의 요건으로 해당 토지가 「측량·수로 조사 및 지적에 관한 법률」에 따른 지목에 해당하여야 한다고 규율하고 있지 아니하고, 공유수면의 종류로 하천, 호소, 구거 외에도 "그 밖에 공공용으로 사용되는 수면 또는 수류"를 공유수면으로 규정하고 있습니다.

그런데 하천, 호소, 구거의 경우에는 각각 「측량·수로 조사 및 지적에 관한 법률 시행령」 제58조의 지목 구분에 따라 "하천"(제17호), "유지溜池"(제19호), "구거"(제18호)로 설정할 수 있다고 하더라도, "그 밖에 공공용으로 사용되는 수면 또는 수류"의 경우에는 「측량·수로 조사 및 지적에 관한 법률」상 어떤 지목으로 분류하여야 하는지가 분명하지 않다는 점에 비추어 볼 때, 공유수면법에 따른 공유수면의 개념과 「측량·수로 조사 및 지적에 관한 법률」에 따른 지목의 분류가 반드시 일치하는 것은 아니라고 할 것이므로, 토지의 지목에 따라 공유수면인지 여부를 판단하는 것은 타당하지 않다고 할 것입니다.

이상과 같은 점을 종합해 볼 때, 지목이 구거가 아닌 국유의 토지에 사실상 구거가 존재하는 경우, 해당 구거는 공유수면법 제2조 제1호 다목에 따른 공유수면에 해당한다고 할 것입니다.

현황은 도로 옆 임야
이지만, 지적공부에
바닷가(빈지)인 경우
에는 공유수면 점용
허가를 받을 수 있다.

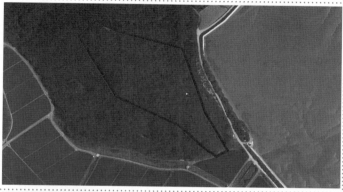

개발 부지는 준보전산
지이고 보전 관리지역
이면 주택 허가는 가
능할 것이다.

이 현황도로를 농로로
보고, 개발행위허가
의 예외를 적용할 수
있을지는 허가권자가
판단할 사항이다.

토지이용계획확인서

지목	임야		면적	28,860㎡
개별공시지가 (㎡당)	5,650원 (2015/01)			
지역지구등 지정여부	「국토의 계획 및 이용에 관한 법률」에 따른 지역·지구등	보전관리지역	현황도로는 공부상 공유수면이고, 현황도로와 개발부지 사이에도 공유수면이 존재한다.	
	다른 법령 등에 따른 지역·지구등	준보전산지〈산지관리법〉		
	「토지이용규제 기본법 시행령」 제9조제4항 각 호에 해당되는 사항			
확인도면				

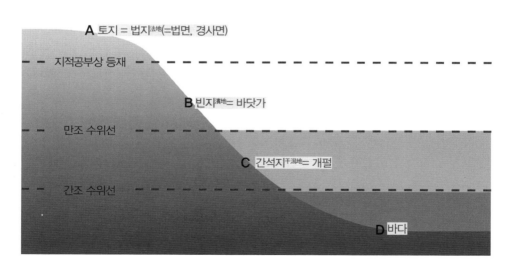

270 　　　　개설 도로로 맹지탈출하기 　　　　≫

주민협의로 도로 만들기

1 주민의 건축협정으로 맹지탈출 하기

건축법 [시행 2022.4.20.][법률 제18508호]

국토교통부(건축정책과), 044-201-3762, 3763

제77조의13 (건축협정에 따른 특례)

③ 건축협정의 인가를 받은 건축협정구역에서 연접한 대지에 대하여는 다음 각 호의 관계 법령의 규정을 개별 건축물마다 적용하지 아니하고 건축협정구역의 전부 또는 일부를 대상으로 통합하여 적용할 수 있다.

2. 제44조에 따른 대지와 도로와의 관계

6. 「주차장법」 제19조에 따른 부설주차장의 설치

8. 「하수도법」 제34조에 따른 개인하수처리시설의 설치

(1) 건축협정^{建築協定}(=건축물의 건축·대수선 또는 리모델링에 관한 협정)이 체결되면 건축법의 접도의무 및 주차장법, 하수도법 등에 대한 특례가 적용되어 맹지를 탈출할 수 있게 된다.(건축법 제77조의 13)

(2) 주로 도시지역의 노후된 지역(정비구역 등)에는 사실상 맹지가 많다. 이런 곳의 도시 및 건축물의 정비를 토지소유자 등이 자발적으로 참여하여 효율적으로 추진하기

위하여 건축협정을 체결할 수 있도록 건축법을 개정하였다.(2014.1.14. 신설)

(3) 건축협정을 체결할 수 있는 지역 또는 구역은 ①지구단위계획구역 ②정비구역(주거환경개선사업·주거환경관리사업) ③존치지역(도시재정비촉진법) ④도시재생활성화 지역 ⑤건축협정인가권자(지자체장)가 해당 지자체 조례로 정하는 구역이다.

(4) 건축협정을 체결할 수 있는 자는 ①토지 또는 건축물의 소유자(공유자 포함) ②그 지상권자 ③소유자의 동의를 받은 건축조례로 정하는 이해관계자로서, 전원의 합의로 건축협정을 할 수 있다.(건축법 제77조의4)

(5) 건축협정이 체결되면 연접한 둘 이상의 대지에서 건축허가를 동시에 신청하는 경우 하나의 대지로 보아 완화된 기준을 적용하고, 맞벽 건축이 가능하고, 대지안의 조경, 대지와 도로의 관계, 지하층의 설치, 부설주차장의 설치를 통합 적용할 수 있도록 특례 규정을 두었다.

(6) 그러나 건축협정으로 특례를 인정받은 이후 건축협정체결자의 과반수 동의를 얻어 건축협정을 폐지하는 편법의 우려가 있어, 건축협정을 체결한 후 20년이 지난 후에 건축협정 폐지인가를 신청할 수 있도록 하였다.

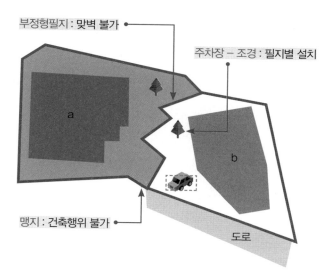

부정형필지 : 맞벽 불가

주차장 – 조경 : 필지별 설치

맹지 : 건축행위 불가

도로

- 필지 : 부정형 (맞벽건축 불가)
- 도로 : 각대지접도필요 (a대지건축불가)
- 주차장·조경 개별 설치

- 건물 높이 : 도로너비×1.5 이내
- 허가·감리·사용승인 : 각각 적용

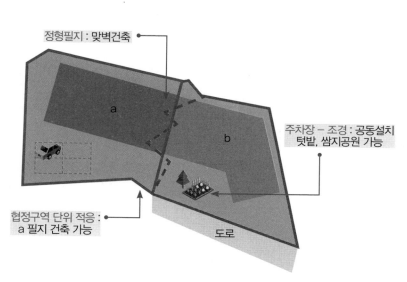

정형필지 : 맞벽건축

주차장 – 조경 : 공동설치
텃밭, 쌈지공원 가능

협정구역 단위 적응 :
a 필지 건축 가능

도로

① 구획정리 (맞벽건축 가능)
② 협정지단위로 도로적용 (a대지건축가능)
③ 주차장·조경 공동 설치

④ 조례로 적정 높이 규정
⑤ 건축절차 협정지 단위로 일괄적용
   (One–Stop)

2 지적재조사사업지구를 지정하여 맹지탈출 하기

토지소유자 및 면적의 2/3 이상의 동의로 지적재조사법에 의한 사업지구를 지정하여 아래 사업을 진행할 수 있다(지적재조사법 제7조).

① 건축물 저촉 해소 및 실제 현황에 맞게 토지를 정형화할 수 있다.

② 지적과 현실경계(마을안길)를 일치시켜 맹지를 해소할 수 있다.

③ 현실경계와 일치시켜 건물저촉 및 맹지해소가 가능하다.

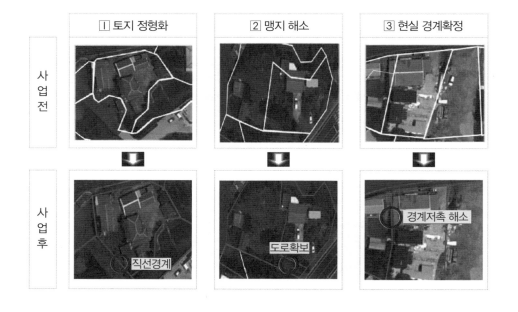

3 보차혼용통로로 맹지탈출하기

(1) 보차혼용통로는 지구단위계획구역에 있다. 보차혼용통로란 원래 지적도의 도로가 아니고 주민들이 사용했던 현황도로를 (도시)재정비, 환지사업 등(간혹 신설지구에도 있음)에서 기존의 통행로를 없앨 수 없기 때문에 부득이하게 만들어놓은 통로이다.

(2) 한마디로 말하면 도시관리계획을 수립하면서 그 이전에 있었던 현황도로 소유자

의 배타적 사용·수익권에 대한 처리를 도시계획법(국토계획법)에서 해결할 수 없어서 그 지역 실정을 잘 알고 있는 지자체장의 판단에 맡긴 것이다.

(3) 이런 통로는 지구단위계획구역 수립 시 '보차혼용통로 및 건축한계선'으로 결정·고시한 사항이기 때문에, 먼저 지구단위계획수립지침을 보고 그리고 건축허가권자이면서 지구단위계획수립자이기도 한 지자체장이 승인한 그 지침내용을 살펴보고, 대법원 판례(97누3088, 2011두8277 등) 등을 참조하여야 한다.

대법원 1997. 10. 24. 선고 97누12693 판결 〔판례 살펴보기 🔍〕

[판결 요지] [2] 도시설계지구 내에 위치하여 도시설계로 보차혼용통로로 지정된 당해 대지 부분은 도시설계에 있어서 대지 중 사람들과 차량의 통행을 위하여 공지로 남겨놓은 부분으로서 건물의 건폐율과 용적율 산정에 있어 대지면적에 포함되는 대지 내의 공지에 불과한 것이므로, 이는 그 대지가 도시설계지구에 포함됨으로써 건축에 있어 받게 되는 건물의 위치, 형태, 규모 등의 제한의 일환으로서 그 부분을 공지로 남겨 두어야 할 부담에 지나지 아니하는 것이고, 보차혼용통로 부분이 건축법상 건축이 제한되는 도시계획시설로서의 도로가 되는 것은 아니다.

---

(4) 이 통로를 이용하여 건축허가는 가능하다고 보나, 준공은 되지 않을 수 있다. 왜냐하면 이 통로는 지구단위계획구역에서 일종의 건축법 제2조1항11호가목의 예정도로 또는 건축법 제44조1항 단서에 의하여 건축허가는 될 수 있지만, 준공 시까지 실제로 보행과 자동차통행이 가능한 통로가 없는 것이 되어, 접도의무가 충족되지 않았기 때문이다.

(5) 이런 경우 건축허가의 도로로 볼 것인가에 대한 판단은 허가권자의 재량이기 때문에 일단 허가권자의 의지 또는 판단기준을 문서로 확인하여야 할 것이다.

(6) 다음은 지구단위계획구역 내에서 주민들이 협의하여 보차혼용통로를 만들어 맹지를 탈출한 사례이다.

- 건축허가일 : 2016. 3. 25.

- 대지 현황 : 보차혼용통로(현황도로:사유지)에 접함

※ 불광지구 재정비 고시 : 2011. 4.

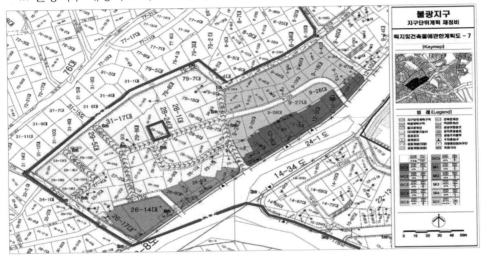

보차혼용통로를 이용하면 건축허가가 가능하다. 건축기획팀 – 3161, 2006.5.19

[질의] 수개의 필지가 지적상의 도로가 없고 수년간 사용해온 현황도로를 이용하여 출입하였으나, 현황도로를 「국토의 계획 및 이용에 관한 법률」에 의한 지구단위계획 수립 시 "보차혼용통로 및 건축한계선"으로 결정·고시한 사항으로 대지가 건축법령에 따른 도로가 아닌 "보차혼용통로"에만 접해있을 경우 건축허가가 가능한 지 여부.

[회신] 건축법령에서 대지와 도로와의 관계는 건축물 이용자의 통행상의 편의뿐만 아니라 유사시의 피난상, 소방상, 위생상 안정한 상태를 유지·보존하도록 하기 위한 공익상의 측면을 고려하여 규정하고 있으며, 특히 건축법 제44조 규정에 따르면 건축물의 대지는 2미터 이상을 건축법상 도로에 접하도록 하고 있어, 출입에 지장이 없다고 인정되거나 주변에 공지가 있는 경우 등 부득이하거나 특별한 경우 이외에는 이를 적용하여 법 제정의 취지를 살려야 할 것임.

질의의 "보차혼용통로"에 접해 있는 대지가 위와 같은 부득이하거나 특별한 경우에 해당하는지 여부에 관하여는 허가권자가 판단할 사항이므로 주변여건, 법 취지 등을 면밀하게 고려하시어 적의 처리하기 바람.

SUPPLEMENT

★ »»

부록

디디알부동산연구원   www.ddr114.co.kr

1. 독점적·배타적인 사용·수익권의 행사의 제한에 관한 대법원 판례

대법원 2019. 1. 24. 선고 2016다264556 전원합의체 판결
[시설물철거및토지인도청구의소]
〈토지소유자의 배타적 사용·수익권 포기에 관한 법리가 문제된 사건〉

1. 사건의 개요와 쟁점

가. 원고는 용인시 처인구 (주소 생략) 전 1,587㎡의 소유자로서 이 사건 토지에 매설된 우수관의 관리 주체인 피고를 상대로 이 사건 우수관 철거와 함께 그 부분 토지 사용에 따른 차임 상당의 부당이득반환을 구하고 있다. 이에 대하여 피고는, 이 사건 토지 중 우수관이 매설된 부분을 소유하던 소외 1(원고의 부, 이하 '망인'이라 한다)이 우수관 매설 당시 이 사건 계쟁토지 부분에 대한 독점적이고 배타적인 사용·수익권을 포기하였다고 주장하였다.

나. 1심은 피고의 주장을 배척하고 원고의 청구를 전부 받아들였으나, 원심은 피고의 주장을 받아들여 망인이 우수관 매설 당시 이 사건 계쟁토지 부분에 대한 독점적이고 배타적인 사용·수익권을 포기하였고, 상속인인 원고도 그러한 제한이 있는 토지를 상속하였다고 판단하여 원고의 이 사건 우수관 철거 및 부당이득반환청구를 기각하였다. 원고는, 이 사건 우수관은 하수도법상 '공공하수처리시설'에 해당하므로 법령이 정한 절차에 따라 이 사건 토지에 대한 수용 및 손실보상이 이루어져야 하고, 배타적 사용·수익권 포기에 관한 대법원 판례가 적용되어서는 안 되며, 원심이 든 여러 사정들만으로는 이 사건에서 배타적 사용·수익권의 포기가 있었다고 볼 수 없다고 주장하며 상고하였다.

다. 이 사건의 쟁점은 독점적·배타적인 사용·수익권 포기에 관한 기존의 대법원 판례를 적용하여 원고의 이 사건 우수관 철거 및 부당이득반환청구를 배척할 수 있는지 여부이다. 쟁점에 대한 판단을 위하여 먼저 이에 관한 기존의 대법원 판례

를 재검토하고, 그 판단기준이나 적용범위 등에 관하여 살펴보기로 한다.

2. 독점적·배타적인 사용·수익권의 행사의 제한에 관한 대법원 판례

가. 판례의 전개와 타당성

토지 소유자가 택지를 분양하면서 그 소유의 토지를 택지와 공로 사이의 통행로로 제공한 경우에 토지 소유자는 택지의 매수인, 그밖에 주택지 안에 거주하게 될 모든 사람에게 그 토지를 무상으로 통행할 수 있는 권한을 부여하여 그들의 통행을 인용할 의무를 부담하기 때문에 그 토지에 대한 독점적이고 배타적인 사용·수익권을 행사할 수 없다고 판단하였고,

> **73다401**, 74다399, 85다카421, 88다카16997, 90다7166, 93다2315

→ 토지 소유자 스스로 그 소유의 토지를 일반 공중을 위한 용도로 제공한 경우에 그 토지에 대한 소유자의 독점적이고 배타적인 사용·수익권의 행사가 제한되는 법리가 확립되었고,

→ 대법원은 그러한 법률관계에 관하여 판시하기 위하여 ①'사용·수익권의 포기', ②'배타적 사용·수익권의 포기', ③'독점적·배타적인 사용·수익권의 포기', ④ '무상으로 통행할 권한의 부여' 등의 표현을 사용하여 왔다. 이러한 법리는 대법원이 오랜 시간에 걸쳐 발전시켜 온 것으로서, 현재에도 여전히 그 타당성을 인정할 수 있다

→ 다만, 토지 소유자의 독점적이고 배타적인 사용·수익권 행사의 제한 여부를 판단하기 위해서는 ①토지 소유자의 소유권 보장과 공공의 이익 사이의 비교형량을 하여야 하고, ②원소유자의 독점적·배타적인 사용·수익권 행사가 제한되는 경우에도 특별한 사정이 있다면 특정승계인의 독점적·배타적인 사용·수익권 행사가 허용될 수 있다. 또한, ③토지 소유자의 독점적·배타적인 사용·수익권 행사가 제한되는 경우에도 일정한 요건을 갖춘 때에는 사정변경의 원칙이 적용되어 소유자가 다시 독점적·배타적인 사용·수익권을 행사할 수 있다고 보아야 한다.

나. 구체적인 내용

(1) 판단기준과 효과

토지 소유자가 그 소유의 토지를 도로, 수도시설의 매설 부지 등 일반 공중을 위한 용도로 제공한 경우에, ①소유자가 토지를 소유하게 된 경위와 보유기간, ②소유자가 토지를 공공의 사용에 제공한 경위와 그 규모, ③토지의 제공에 따른 소유자의 이익 또는 편익의 유무, ④해당 토지 부분의 위치나 형태, ⑤인근의 다른 토지들과의 관계, ⑥주위 환경 등 여러 사정을 종합적으로 고찰하고,

토지 소유자의 소유권 보장과 공공의 이익 사이의 비교형량을 한 결과, 소유자가 그 토지에 대한 독점적·배타적인 사용·수익권을 포기한 것으로 볼 수 있다면, 타인[사인私人뿐만 아니라 국가, 지방자치단체도 이에 해당할 수 있다.]이 그 토지를 점유·사용하고 있다 하더라도 특별한 사정이 없는 한 그로 인해 토지 소유자에게 어떤 손해가 생긴다고 볼 수 없으므로, 토지 소유자는 그 타인을 상대로 부당이득반환을 청구할 수 없고

> **88다카16997**, 91다11889, 96다36852, 2004다22407, 2013다33454

토지의 인도 등을 구할 수도 없다. 2010다84703, 2011다63055

소유권의 핵심적 권능에 속하는 사용·수익 권능의 대세적·영구적인 포기는 물권법정주의에 반하여 허용할 수 없으므로

> 2009다228, 235, 2007다83649, 2010다81049, 2012다54133, 2017다211528, 2017두50843

토지 소유자의 독점적·배타적인 사용·수익권의 행사가 제한되는 것으로 보는 경우에도, 일반 공중의 무상 이용이라는 토지이용현황과 양립 또는 병존하기 어려운 토지 소유자의 독점적이고 배타적인 사용·수익만이 제한될 뿐이고, 토지 소유자는 일반 공중의 통행 등 이용을 방해하지 않는 범위 내에서는 그 토지를 처분하거나 사용·수익할 권능을 상실하지 않는다. 2001다8493, 2004다26874

(2) 적용범위

(가) 물적 범위

위와 같은 법리는 토지 소유자가 그 소유의 토지를 도로 이외의 다른 용도로 제공한 경우에도 적용된다. 2015다238185

또한, 토지 소유자의 독점적·배타적인 사용·수익권의 행사가 제한되는 것으로 해석되는 경우 특별한 사정이 없는 한 그 지하 부분에 대한 독점적이고 배타적인 사용·수익권의 행사 역시 제한되는 것으로 해석함이 타당하다. 2009다25890

(나) 상속인의 경우

상속인은 피상속인의 일신에 전속한 것이 아닌 한 상속이 개시된 때로부터 피상속인 의 재산에 관한 포괄적 권리·의무를 승계하므로(민법 제1005조), 피상속인이 사망 전에 그 소유 토지를 일반 공중의 이용에 제공하여 독점적·배타적인 사용·수익권을 포기한 것으로 볼 수 있고 그 토지가 상속재산에 해당하는 경우에는, 피상속인의 사망 후 그 토지에 대한 상속인의 독점적·배타적인 사용·수익권의 행사 역시 제한된다고 보아야 한다.

(다) 특정승계인의 경우

원소유자의 독점적·배타적인 사용·수익권의 행사가 제한되는 토지의 소유권을 경매, 매매, 대물변제 등에 의하여 특정승계한 자는, 특별한 사정이 없는 한 그와 같은 사용·수익의 제한이라는 부담이 있다는 사정을 용인하거나 적어도 그러한 사정이 있음을 알고서 그 토지의 소유권을 취득하였다고 봄이 타당하므로, 그러한 특정승계인은 그 토지 부분에 대하여 독점적이고 배타적인 사용·수익권을 행사할 수 없다. 94다20013, 99다11557, 2006다32552, 2010다84703, 2012다26411, 2011다63055

이때 특정승계인의 독점적·배타적인 사용·수익권의 행사를 허용할 특별한 사정이 있는지 여부는 특정승계인이 토지를 취득한 경위, 목적과 함께, 그 토지가 일반 공중의 이용에 제공되어 사용·수익에 제한이 있다는 사정이 이용현황과 지목 등을 통하여 외관에 어느 정도로 표시되어 있었는지, 해당 토지의 취득가액에 사용·수익권 행사의 제한으로 인한 재산적 가치 하락이 반영되어 있었는지, 원소유자가 그 토지를 일반 공중의 이용에 무상 제공한 것이 해당 토지를 이용하는 사람들과의 특별한 인적 관계 또는 그 토지 사용 등을 위한 관련 법령상의 허가·등록 등과 관계가 있었다고 한다면, 그와 같은 관련성이 특정승계인에게 어떠한 영향을 미치는지 등의 여러 사정을 종합적으로 고려하여 판단하여야 한다.

⑶ 사정변경의 원칙

토지 소유자의 독점적·배타적인 사용·수익권 행사의 제한은 해당 토지가 일반 공중의 이용에 제공됨으로 인한 공공의 이익을 전제로 하는 것이므로, 토지 소유자가 공공의 목적을 위해 그 토지를 제공할 당시의 객관적인 토지이용현황이 유지되는 한도 내에서만 존속한다고 보아야 한다. 따라서 토지 소유자가 그 소유 토지를 일반 공중의 이용에 제공함으로써 자신의 의사에 부합하는 토지이용상태가 형성되어 그에 대한 독점적·배타적인 사용·수익권의 행사가 제한된다고 하더라도, 그 후 토지이용상태에 중대한 변화가 생기는 등으로 독점적·배타적인 사용·수익권의 행사를 제한하는 기초가 된 객관적인 사정이 현저히 변경되고, 소유자가 일반 공중의 사용을 위하여 그 토지를 제공할 당시 이러한 변화를 예견할 수 없었으며, 사용·수익권 행사가 계속하여 제한된다고 보는 것이 당사자의 이해에 중대한 불균형을 초래하는 경우에는, 토지 소유자는 그와 같은 사정변경이 있은 때부터는 다시 사용·수익 권능을 포함한 완전한 소유권에 기한 권리를 주장할 수 있다고 보아야 한다. 이때 그러한 사정변경이 있는지 여부는 해당 토지의 위치와 물리적 형태, 토지 소유자가 그 토지를 일반 공중의 이용에 제공하게 된 동기와 경위, 해당 토지와 인근 다른 토지들과의 관계, 토지이용 상태가 바뀐 경위와 종전 이용상태와의 동일성 여부 및 소유자의 권리행사를 허용함으로써 일반 공중의 신뢰가 침해될 가능성 등 전후 여러 사정을 종

합적으로 고려하여 판단하여야 한다. 2012다54133

3. 이 사건에 대한 판단

가. 원심판결 이유와 기록에 의하면, 다음의 사실을 알 수 있다.

(1) 이 사건 우수관이 설치되기 전에는 저지대인 이 사건 토지로 빗물과 인접 토지의 생활하수가 흘러와 도랑의 형태로 이 사건 토지를 가로질러 악취를 풍기고 주변경관을 해치고 있었다.

(2) 이 사건 토지를 소유하던 망인을 포함한 마을 주민들은 1970~1980년경 새마을운동 사업을 추진하면서 주민회의를 거쳐 이 사건 토지에 우수관 시설을 설치하여 인근에 위치한 주택들에서 나오는 오수가 유입되도록 함으로써 악취 및 경관 문제를 해결하기로 하였다. 이에 따라 이 사건 토지를 관통하던 도랑을 대체하여 이 사건 우수관이 매설되었는데, 이로써 이 사건 토지 중 실제 밭으로 이용할 수 있는 면적이 증대되었다.

(3) 이후 망인이 1994년경 사망하였고, 원고가 1995. 5. 29. 협의분할에 의한 상속을 원인으로 이 사건 토지의 소유권이전등기를 마쳤다.

(4) 이 사건 토지 진입로 부분(원심판결 별지 도면의 15, 37의 각 점 주변 부분)부터 이 사건 단독주택(망인이 1987. 3. 3. 건축한 연면적 221.19㎡의 스레트 연와 목구조 단독주택으로서 원심판결 별지 도면의 12, 13, 31의 각 점 주변 부분에 위치하고 있다가 2011.경 이후 철거되었다)이 위치하던 곳의 앞부분까지는 콘크리트로 포장되어 있고, 포장도로 중간에 둥근 맨홀이 설치되어 있으며, 그 출입구 부근에 사각형의 이 사건 우수관 맨홀 덮개가 설치되어 있다.

(5) 피고는 2008. 11. 19. 이 사건 토지의 좌측 상단부(원심판결 별지 도면의 2, 3, 28의 각 점 주변 부분)에 한강수계개발사업의 일환으로 우수관을 설치한 바 있는

데, 그 우수관의 위치가 이 사건 우수관과 일부 중첩된다.

(6) 이 사건 단독주택이 철거되기 전까지 망인과 원고는 피고에게 이 사건 우수관의 철거 또는 부당이득반환을 요구한 적이 없다.

(7) 이 사건 우수관은 이 사건 토지 주변 주민들의 편익을 위한 시설일 뿐만 아니라 공공수역의 수질보전 역할도 하고 있다. 이 사건 우수관이 철거될 경우 인근 주민들이 그들의 주택에서 우수와 오수를 배출하기 곤란해진다.

나. 위와 같은 사실관계를 앞에서 본 법리와 판단기준에 비추어 살펴보면, 이 사건 우수관 설치 당시 망인은 자신이 소유하던 이 사건 토지와 그 지상 단독주택의 편익을 위하여 자발적으로 이 사건 우수관을 설치하도록 한 것으로 볼 수 있고, 망인의 독점적이고 배타적인 사용·수익권의 행사를 제한하는 것을 정당화할 정도로 분명하고 확실한 공공의 이익 또한 인정되므로, 망인은 이 사건 계쟁토지 부분을 포함한 이 사건 토지에 대하여 독점적이고 배타적인 사용·수익권을 행사할 수 없게 되었고, 망인의 상속인인 원고의 독점적이고 배타적인 사용·수익권의 행사 역시 제한된다고 보아야 한다. 따라서 피고에 대한 원고의 이 사건 우수관 철거 및 그 부분 토지 사용에 따른 차임 상당의 부당이득반환청구는 받아들일 수 없다. 같은 취지의 원심 판단에 상고이유 주장과 같이 토지 소유자의 독점적·배타적인 사용·수익권 행사의 제한에 관한 법리를 오해하는 등으로 판결 결과에 영향을 미친 잘못이 있다고 볼 수 없다.

4. 결론

그러므로 상고를 기각하고 상고비용은 패소자가 부담하기로 하여, 주문과 같이 판결한다. 판결에는 대법관 조희대, 대법관 김재형의 각 반대의견이 있는 외에는 관여 법관의 의견이 일치하였으며, 다수의견에 대한 대법관 권순일, 대법관 박상옥, 대법관 민유숙의 보충의견, 대법관 김재형의 반대의견에 대한 보충의견이 있다.

2. 개별법의 도로道路의 정의

① 공익公益시설, 공공公共시설, 공용共用시설
② 공간정보관리법의 地目도로와 사실상 도로의 차이
③ 기반시설基盤施設, 도시계획시설, 통로通路, 공로公路, 육로陸路

법 조항 살펴보기

대한민국헌법 [시행 1988.2.25.]

제23조

① 모든 국민의 재산권은 보장된다. 그 내용과 한계는 법률로 정한다.

② 재산권의 행사는 공공복리公共福利에 적합하도록 하여야 한다.

③ 공공필요에 의한 재산권의 수용·사용 또는 제한 및 그에 대한 보상은 법률로써 하되, 정당한 보상을 지급하여야 한다.

제37조

② 국민의 모든 자유와 권리는 국가안전보장·질서유지 또는 공공복리公共福利를 위하여 필요한 경우에 한하여 법률로써 제한할 수 있으며, 제한하는 경우에도 자유와 권리의 본질적인 내용을 침해할 수 없다.

제122조

국가는 국민 모두의 생산 및 생활의 기반이 되는 국토의 효율적이고 균형 있는 이용·개발과 보전을 위하여 법률이 정하는 바에 의하여 그에 관한 필요한 제한과 의무를 과할 수 있다.

(1) **건축법** [시행 2020.10.8.] [법률 제17223호]

제2조 (정의) ① 이 법에서 사용하는 용어의 뜻은 다음과 같다.

11. "도로"란 보행과 자동차 통행이 가능한 너비 4미터 이상의 도로(지형적으로 자동차 통행이 불가능한 경우와 막다른 도로의 경우에는 대통령령으로 정하는 구조와 너비의 도로)로서 다음 각 목의 어느 하나에 해당하는 도로나 그 예정도로를 말한다.

　가. 「국토의 계획 및 이용에 관한 법률」, 「도로법」, 「사도법」, 그 밖의 관계 법령에 따라 신설 또는 변경에 관한 고시가 된 도로

나. 건축허가 또는 신고 시에 특별시장·광역시장·특별자치시장·도지사·특별자치도지사(이하 "시·도지사"라 한다) 또는 시장·군수·구청장(자치구의 구청장을 말한다)이 위치를 지정하여 공고한 도로

(2) **공간정보의 구축 및 관리 등에 관한 법률** [시행 2020.8.5.][법률 제16912호]

제2조 (정의) 이 법에서 사용하는 용어의 정의는 다음과 같다.

24. "지목地目"이란 토지의 주된 용도에 따라 토지의 종류를 구분하여 지적공부에 등록한 것을 말한다.

법 조항 살펴보기 ⚖

영 제58조 (지목의 구분)

법 제67조 제1항에 따른 지목의 구분은 다음 각 호의 기준에 따른다.

14. 도로道路

다음 각 목의 토지. 다만, 아파트·공장 등 단일單一 용도의 일정한 단지團地 안에 설치된 통로通路 등은 제외한다.

가. 일반 공중公衆의 교통 운수를 위하여 보행이나 차량운행에 필요한 일정한 설비 또는 형태를 갖추어 이용되는 토지

나. 「도로법」 등 관계 법령에 따라 도로로 개설된 토지

다. 고속도로의 휴게소 부지

라. 2필지 이상에 진입하는 통로로 이용되는 토지

---

(3) **국토의 계획 및 이용에 관한 법률** [시행 2020.7.30] [법률 제16902호]

제2조 (정의) 이 법에서 사용하는 용어의 뜻은 다음과 같다.

6. "기반시설"이란 다음 각 목의 시설로서 대통령령으로 정하는 시설을 말한다.

가. 도로·철도·항만·공항·주차장 등 교통시설

법 조항 살펴보기 ⚖

영 제2조 (기반시설)

제2조(기반시설) ① 「국토의 계획 및 이용에 관한 법률」(이하 "법"이라 한다) 제2조제6호 각 목 외의 부분에서 "대통령령으로 정하는 시설"이란 다음 각 호의 시설(당해 시설 그 자

---

7. "도시·군계획시설"이란 기반시설 중 도시관리계획으로 결정된 시설을 말한다.

13. "공공시설"이란 도로·공원·철도·수도, 그 밖에 대통령령으로 정하는 공공용시설을 말한다.

⑷ 도시·군계획시설의 결정·구조 및 설치기준에 관한 규칙 [시행 2020.9.10.]

제9조 (도로의 구분) 도로는 다음 각 호와 같이 구분한다.

1. 사용 및 형태별 구분

가. 일반도로 : 폭 4미터 이상의 도로로서 통상의 교통소통을 위하여 설치되는 도로

나. 자동차전용도로 : 특별시·광역시·특별자치시·시 또는 군(이하 "시·군"이라 한다)내 주요지역간이나 시·군 상호간에 발생하는 대량교통량을 처리하기 위한 도로로서 자동차만 통행할 수 있도록 하기 위하여 설치하는 도로

다. 보행자전용도로 : 폭 1.5미터 이상의 도로로서 보행자의 안전하고 편리한 통행을 위하여 설치하는 도로

라. 보행자우선도로: 폭 10미터 미만의 도로로서 보행자와 차량이 혼합하여 이용하되 보행자의 안전과 편의를 우선적으로 고려하여 설치하는 도로

마. 자전거전용도로 : 하나의 차로를 기준으로 폭 1.5미터(지역 상황 등에 따라 부득이하다고 인정되는 경우에는 1.2m) 이상의 도로로서 자전거의 통행을 위하여 설치하는 도로

바. 고가도로 : 시·군내 주요 지역을 연결하거나 시·군 상호 간을 연결하는 도로로서 지상 교통의 원활한 소통을 위하여 공중에 설치하는 도로

사. 지하도로 : 시·군내 주요 지역을 연결하거나 시·군 상호 간을 연결하는 도로로
　　서 지상 교통의 원활한 소통을 위하여 지하에 설치하는 도로(도로·광장 등의 지하
　　에 설치된 지하 공공보도시설을 포함한다). 다만, 입체교차를 목적으로 지하에 도로
　　를 설치하는 경우를 제외한다.

2. 규모별 구분

가. 광로廣路

　　① 1류 : 폭 70m 이상인 도로

　　② 2류 : 폭 50m 이상 70m 미만인 도로

　　③ 3류 : 폭 40m 이상 50m 미만인 도로

나. 대로大路

　　① 1류 : 폭 35m 이상 40m 미만인 도로

　　② 2류 : 폭 30m 이상 35m 미만인 도로

　　③ 3류 : 폭 25m 이상 30m 미만인 도로

다. 중로中路

　　① 1류 : 폭 20m 이상 25m 미만인 도로

　　② 2류 : 폭 15m 이상 20m 미만인 도로

　　③ 3류 : 폭 12m 이상 15m 미만인 도로

라. 소로小路

　　① 1류 : 폭 10m 이상 12m 미만인 도로

　　② 2류 : 폭 8m 이상 10m 미만인 도로

　　③ 3류 : 폭 8m 미만인 도로

3. 기능별 구분

가. 주간선主幹線도로 : 시·군내 주요 지역을 연결하거나 시·군 상호 간을 연결하여 대
　　량통과교통을 처리하는 도로로서 시·군의 골격을 형성하는 도로

나. 보조간선補助幹線도로 : 주간선도로를 집산도로 또는 주요 교통발생원과 연결하여 시·군 교통의 집산기능을 하는 도로로서 근린주거구역의 외곽을 형성하는 도로

다. 집산도로集散道路 : 근린주거구역의 교통을 보조간선도로에 연결하여 근린주거구역 내 교통의 집산기능을 하는 도로로서 근린주거구역의 내부를 구획하는 도로

라. 국지局地도로 : 가구街區(도로로 둘러싸인 일단의 지역을 말한다. 이하 같다)를 구획하는 도로

마. 특수特殊도로 : 보행자전용도로·자전거전용도로 등 자동차 외의 교통에 전용되는 도로

(5) **주차장법** [시행 2020.8.5] [법률 제16951호]

제2조 (정의) 이 법에서 사용하는 용어의 뜻은 다음과 같다.

4. "도로"란 건축법 제2조 제1항 제11호에 따른 도로로서 자동차가 통행할 수 있는 도로를 말한다.

(6) **도로법** [시행 2020.8.5] [법률 제16912호]

제2조 (정의) ① 이 법에서 사용하는 용어의 뜻은 다음과 같다.

1. "도로"란 차도車道, 보도步道, 자전거도로, 측도側道, 터널, 교량橋梁, 육교陸橋 등 대통령령으로 정하는 시설로 구성된 것으로서 제10조에 열거된 것을 말하며, 도로의 부속물을 포함한다.

법 조항 살펴보기 ⚖

제10조 (도로의 종류와 등급)
도로의 종류는 다음 각 호와 같고, 그 등급은 다음 각 호에 열거한 순서와 같다.

1. 고속국도(고속국도의 지선 포함)	2. 일반국도(일반국도의 지선 포함)
3. 특별시도特別市道·광역시도廣域市道	4. 지방도
5. 시도市道	6. 군도郡道	7. 구도區道

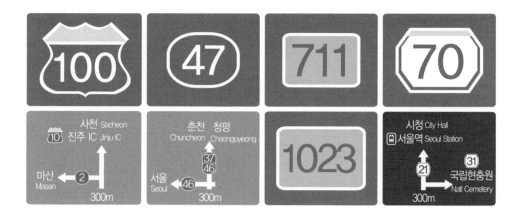

(7) 사도법 [시행 2019.1.19] [법률 제16001호]

제2조 (정의) 이 법에서 사도私道란 다음 각 호의 도로가 아닌 것으로서 그 도로에 연결되는 길을 말한다. 다만, 제3호 및 제4호의 도로는 「도로법」 제50조에 따라 시도市道) 또는 군도郡道 이상에 적용되는 도로 구조를 갖춘 도로에 한정한다. 〈개정 2014.1.14.〉

1. 「도로법」 제2조 제1호에 따른 도로

2. 「도로법」의 준용을 받는 도로

3. 「농어촌도로 정비법」 제2조 제1항에 따른 농어촌도로

4. 「농어촌정비법」에 따라 설치된 도로

(8) 농어촌도로 정비법 [시행 2020.6.11] [법률 제16764호]

제2조 (농어촌도로의 정의) ① 이 법에서 '농어촌도로'란 「도로법」에 규정되지 아니한 도로(읍 또는 면지역의 도로만 해당한다)로서 농어촌지역 주민의 교통 편익과 생산·유통 활동 등에 공용共用되는 공로公路 중 제4조 및 제6조에 따라 고시된 도로를 말한다.

> **법 조항 살펴보기** ⚖
>
> **제4조** (도로의 종류 및 시설기준 등)
> ① 이 법에서 도로는 면도面道, 이도里道 및 농도農道로 구분한다.
> ② 제1항에 따른 도로의 종류별 기능은 다음 각 호와 같다.
>   1. 면도面道 : 「도로법」 제10조 제6호에 따른 군도郡道 및 그 상위 등급의 도로와 연결되는 읍·면지역의 기간基幹도로

⑼ 농어촌도로의 구조·시설기준에 관한 규칙 [시행 2015.11.16.]

제2조 (정의) 이 규칙에서 사용하는 용어의 정의는 다음 각 호와 같다.

1. '보도步道'라 함은 차량 및 자전거의 통행과 분리하여 보행자(소아 및 신체장애인용 의자차를 포함한다. 이하 같다)의 통행에 사용하기 위하여 연석·울타리·노면표시 기타 이와 유사한 공작물로 구별하여 설치되는 도로의 부분을 말한다.

4. "차도車道"라 함은 차량의 통행에 사용되는 도로의 부분(자전거도로를 제외한다.)을 말하며 차선으로 구성한다.

⑽ 농어촌정비법 [시행 2020.8.28.] [법률 제16568호]

제2조 (정의) 이 법에서 사용하는 용어의 뜻은 다음과 같다.

6. "농업생산기반시설"이란 농업생산기반 정비사업으로 설치되거나 그 밖에 농지보전이나 농업 생산에 이용되는 저수지, 양수장揚水場, 관정管井(우물) 등 지하수 이용시설, 배수장, 취입보取入洑(하천에서 관개용수를 수로에 끌어 들이기 위하여 만든 저수시설), 용수로, 배수로, 유지溜池(웅덩이), 도로(「농어촌도로 정비법」 제4조에 따른 농도農道 등 농로를 포함한다. 이하 같다), 방조제, 제방堤防 (둑) 등의 시설물 및 그 부대시설과 농수산물의 생산·가공·저장·유통시설 등 영농시설을 말한다.

⑾ 도시 및 주거환경정비법 [시행 2020.7.8.] [법률 제17219호]

제2조 (용어의 정의) 이 법에서 사용하는 용어의 뜻은 다음과 같다.

4. "정비기반시설"이라 함은 도로·상하수도·공원·공용주차장·공동구(국토의 계획 및 이용에 관한 법률 제2조 제9호의 규정에 의한 공동구를 말한다) 그 밖에 주민의 생활에 필요한 열·가스 등의 공급시설로서 대통령령이 정하는 시설을 말한다.

⑿ **도로교통법** [시행 2020.6.9.] [법률 제17371호]

제2조 (정의) 이 법에서 사용하는 용어의 뜻은 다음과 같다.

1. "도로"란 다음 각 목에 해당하는 곳을 말한다.

가. 「도로법」에 따른 도로

나. 「유료도로법」에 따른 유료도로

다. 「농어촌도로 정비법」에 따른 농어촌도로

라. 그 밖에 현실적으로 불특정 다수의 사람 또는 차마車馬가 통행할 수 있도록 공개된 장소로서 안전하고 원활한 교통을 확보할 필요가 있는 장소

⒀ **산림자원의 조성 및 관리에 관한 법률** [시행 2020.8.28.] [법률 제17091호]

제2조 (정의) 이 법에서 사용하는 용어의 뜻은 다음과 같다.

1. '산림'이란 다음 각 목의 어느 하나에 해당하는 것을 말한다. 다만, 농지, 초지草地, 주택지, 도로, 그 밖의 대통령령으로 정하는 토지에 있는 입목立木·죽竹과 그 토지는 제외한다.

라. 산림의 경영 및 관리를 위하여 설치한 도로[이하 '임도林道'라 한다]

⒁ **산지관리법** [시행 2020.10.1] [법률 제17170호]

제2조 (정의) 이 법에서 사용하는 용어의 뜻은 다음과 같다.

1. "산지"란 다음 각 목의 어느 하나에 해당하는 토지를 말한다. 다만, 주택지(주택지 조성사업이 완료되어 지목이 대垈로 변경된 토지를 말한다) 및 대통령령으로 정하는 농지, 초지草地, 도로, 그 밖의 토지는 제외한다.

마. 임도林道, 작업로 등 산길

⒂ **공익사업을 위한 토지 등의 취득 및 보상에 관한 법률**(약칭: 토지보상법) [시행 2020.10.8.] [법률 제17225호]

제4조 (공익사업) 이 법에 따라 토지 등을 취득하거나 사용할 수 있는 사업은 다음 각

호의 어느 하나에 해당하는 사업이어야 한다.

2. 관계 법률에 따라 허가·인가·승인·지정 등을 받아 공익을 목적으로 시행하는 철도·도로·공항·항만·주차장·공영차고지·화물터미널·궤도軌道·하천·제방·댐·운하·수도·하수도·하수종말처리·폐수처리·사방砂防·방풍防風·방화防火·방조防潮·방수防水·저수지·용수로·배수로·석유비축·송유·폐기물처리·전기·전기통신·방송·가스 및 기상 관측에 관한 사업

⑯ 민법 [시행 2020.10.20.] [법률 제17503호]

제219조 (주위토지통행권) ① 어느 토지와 공로公路 사이에 그 토지의 용도에 필요한 통로가 없는 경우에 그 토지소유자는 주위의 토지를 통행 또는 통로로 하지 아니하면 공로에 출입할 수 없거나 과다한 비용을 요구하는 때에는 그 주위의 토지를 통행할 수 있고 필요한 경우에는 통로를 개설할 수 있다. 그러나 이에 따른 손해가 가장 적은 장소와 방법을 선택하여야 한다.

② 전항의 통행권자는 통행지 소유자의 손해를 보상하여야 한다.

제220조 (분할, 일부 양도와 주위통행권) ① 분할로 인하여 공로에 통하지 못하는 토지가 있는 때에는 그 토지소유자는 공로에 출입하기 위하여 다른 분할자의 토지를 통행할 수 있다. 이 경우에는 보상의 의무가 없다.

② 전항의 규정은 토지소유자가 그 토지의 일부를 양도한 경우에 준용한다.

⑰ 형법 [시행 2020.10.20.] [법률 제17511호]

제185조(일반교통방해) 육로, 수로 또는 교량을 손괴 또는 불통하게 하거나 기타 방법으로 교통을 방해한 자는 10년 이하의 징역 또는 1천 500만 원 이하의 벌금에 처한다. 〈개정 1995.12.29.〉

3. 건축법의 도로관리대장 (양식)

■ 건축법 시행규칙 [별지 제27호서식] 〈개정 2012.12.12〉

도 로 관 리 대 장

지정번호			
대지 위치		지번	
건축주	생년월일 (사업자 또는 법인등록번호)	허가(신고)번호	
도로길이 m	도로너비 m	도로면적 m²	

이해관계인동의서

아래 부분을 「건축법」 제45조에 따른 도로로 지정함에 동의합니다.
※ 지정된 도로는 「건축법」 제2조에 따른 도로로 인정됩니다.

관련지번	동의면적(m²)	동의일자	토지소유자	생년월일(법인등록번호)	서명 또는 인

작성자: 직급   성명   (서명 또는 인)

확인자: 직급   성명   (서명 또는 인)

위치도 및 현황도

- 위치도 및 현황도를 작성합니다.

위치도	축 척 〈임 의〉

현황도	축 척 [ ] 1/600, [ ] 1/1,200

4. 주차장법 시행령 〔별표 1〕 부설주차장의 설치기준

〔별표 1〕 〈개정 2016. 7. 19.〉

부설주차장의 설치대상 시설물 종류 및 설치기준 (제6조제1항 관련)

시설물	설치기준
1. 위락시설	○ 시설면적 100㎡당 1대(시설면적/100㎡)
2. 문화 및 집회시설(관람장은 제외한다), 종교시설, 판매시설, 운수시설, 의료시설(정신병원·요양병원 및 격리병원은 제외한다), 운동시설(골프장·골프연습장 및 옥외수영장은 제외한다), 업무시설(외국공관 및 오피스텔은 제외한다), 방송통신시설 중 방송국, 장례식장	○ 시설면적 150㎡당 1대(시설면적/150㎡)
3. 제1종 근린생활시설[「건축법 시행령」 별표 1 제3호바목 및 사목(공중화장실, 대피소, 지역아동센터는 제외한다)은 제외한다], 제2종 근린생활시설, 숙박시설	○ 시설면적 200㎡당 1대(시설면적/200㎡)
4. 단독주택(다가구주택은 제외한다)	○ 시설면적 50㎡ 초과 150㎡ 이하: 1대 ○ 시설면적 150㎡ 초과: 1대에 150㎡를 초과하는 100㎡당 1대를 더한 대수[1+{(시설면적−150㎡)/100㎡}]
5. 다가구주택, 공동주택(기숙사는 제외한다), 업무시설 중 오피스텔	○ 「주택건설기준 등에 관한 규정」 제27조제1항에 따라 산정된 주차대수. 이 경우 다가구주택 및 오피스텔의 전용면적은 공동주택의 전용면적 산정방법을 따른다.
6. 골프장, 골프연습장, 옥외수영장, 관람장	○ 골프장: 1홀당 10대(홀의 수×10) ○ 골프연습장: 1타석당 1대(타석의 수×1) ○ 옥외수영장: 정원 15명당 1대(정원/15명) ○ 관람장: 정원 100명당 1대(정원/100명)
7. 수련시설, 공장(아파트형은 제외한다), 발전시설	○ 시설면적 350㎡당 1대(시설면적/350㎡)
8. 창고시설	○ 시설면적 400㎡당 1대(시설면적/400㎡)
9. 학생용 기숙사	○ 시설면적 400㎡당 1대(시설면적/400㎡)
10. 그 밖의 건축물	○ 시설면적 300㎡당 1대(시설면적/300㎡)

【비고】

1. 시설물의 종류는 다른 법령에 특별한 규정이 없으면 「건축법 시행령」 별표 1에 따르되, 다음 각 목의 어느 하나에 해당하는 시설물을 건축하거나 설치하려는 경우에는 부설주차장을 설치하지 않을 수 있다.

   가. 제1종 근린생활시설 중 변전소·양수장·정수장·대피소·공중화장실, 그 밖에 이와 유사한 시설

   나. 종교시설 중 수도원·수녀원·제실祭室 및 사당

   다. 동물 및 식물 관련 시설(도축장 및 도계장은 제외한다)

   라. 방송통신시설(방송국, 전신전화국, 통신용 시설 및 촬영소만을 말한다) 중 송신·수신 및 중계시설

   마. 주차전용건축물(노외주차장인 주차전용 건축물만을 말한다)에 주차장 외의 용도로 설치하는 시설물
   (판매시설 중 백화점·쇼핑센터·대형점과 문화 및 집회시설 중 영화관·전시장·예식장은 제외한다)

   바. 「도시철도법」에 따른 역사(「철도건설법」 제2조제7호에 따른 철도건설사업으로 건설되는 역사를 포함한다)

   사. 「건축법 시행령」 제6조제1항제4호에 따른 전통한옥 밀집지역 안에 있는 전통한옥

2. 시설물의 시설면적은 공용면적을 포함한 바닥면적의 합계를 말하되, 하나의 부지 안에 둘 이상의 시설물이 있는 경우에는 각 시설물의 시설면적을 합한 면적을 시설면적으로 하며, 시설물 안의 주차를 위한 시설의 바닥면적은 그 시설물의 시설면적에서 제외한다.

3. 시설물의 소유자는 부설주차장(해당 시설의 부지에 설치하는 부설주차장은 제외한다)의 부지의 소유권을 취득하여 이를 주차장전용으로 제공해야 한다. 다만, 주차전용 건축물에 부설주차장을 설치하는 경우에는 그 건축물의 소유권을 취득해야 한다.

4. 용도가 다른 시설물이 복합된 시설물에 설치해야 하는 부설주차장의 주차대수는 용도가 다른 시설물별 설치기준에 따라 산정(위 표 제5호의 시설물은 주차대수의 산정대상에서 제외하되, 비고 제8호에서 정한 기준을 적용하여 산정된 주차대수는 따로 합산한다)한 소수점 이하 첫째 자리까지의 주차대수를 합하여 산정한다. 다만, 단독주택(다가구주택은 제외한다. 이하 이 호에서 같다)의 용도로 사용되는 시설의 면적이 50㎡ 이하인 경우 단독주택의 용도로 사용되는 시설의 면적에 대한 부설주차장의 주차대수는 단독주택의 용도로 사용되는 시설의 면적을 100㎡로 나눈 대수로 한다.

5. 시설물을 용도 변경하거나 증축함에 따라 추가로 설치해야 하는 부설주차장의 주차대수는 용도 변경하는 부분 또는 증축으로 인하여 면적이 증가하는 부분(이하 "증축하는 부분"이라 한다)에 대해서만 설치기준을 적용하여 산정한다. 다만, 위 표 제5호에 따른 시설물을 증축하는 경우에는 증축 후 시설물의 전체면적에 대하여 위 표 제5호에 따른 설치기준을 적용하여 산정한 주차대수에서 증축 전

시설물의 면적에 대하여 증축 시점의 위 표 제5호에 따른 설치기준을 적용하여 산정한 주차대수를 뺀 대수로 한다.

6. 설치기준(위 표 제5호에 따른 설치기준은 제외한다. 이하 이 호에서 같다)에 따라 주차대수를 산정할 때 소수점 이하의 수(시설물을 증축하는 경우 먼저 증축하는 부분에 대하여 설치기준을 적용하여 산정한 수가 0.5 미만일 때에는 그 수와 나중에 증축하는 부분들에 대하여 설치기준을 적용하여 산정한 수를 합산한 수의 소수점 이하의 수. 이 경우 합산한 수가 0.5 미만일 때에는 0.5 이상이 될 때까지 합산해야 한다)가 0.5 이상인 경우에는 이를 1로 본다. 다만, 해당 시설물 전체에 대하여 설치기준(시설물을 설치한 후 법령·조례의 개정 등으로 설치기준 또는 설치제한기준이 변경된 경우에는 변경된 설치기준 또는 설치제한기준을 말한다)을 적용하여 산정한 총주차 대수가 1대 미만인 경우에는 주차대수를 0으로 본다.

7. 용도 변경되는 부분에 대하여 설치기준을 적용하여 산정한 주차대수가 1대 미만인 경우에는 주차대수를 0으로 본다. 다만, 용도 변경되는 부분에 대하여 설치기준을 적용하여 산정한 주차대수의 합(2회 이상 나누어 용도 변경하는 경우를 포함한다)이 1대 이상인 경우에는 그러하지 아니하다.

8. 단독주택 및 공동주택 중 「주택건설기준 등에 관한 규정」이 적용되는 주택에 대해서는 같은 규정에 따른 기준을 적용한다.

9. 승용차와 승용차 외의 자동차를 함께 주차하는 부설주차장의 경우에는 승용차 외 자동차의 주차가 가능하도록 하여야 하며, 승용차 외의 자동차를 더 많이 주차하는 부설주차장의 경우에는 그 이용빈도에 따라 승용차 외 자동차의 주차에 적합하도록 승용차 외의 자동차를 주차할 주차장을 승용차용 주차장과 구분하여 설치해야 한다. 이 경우 주차대수의 산정은 승용차를 기준으로 한다.

10. 「장애인·노인·임산부 등의 편의증진 보장에 관한 법률 시행령」 제4조 또는 「교통약자의 이동편의 증진법 시행령」 제12조에 따라 장애인전용 주차구역을 설치해야 하는 시설물에는 부설주차장 설치기준에 따른 부설주차장 주차대수의 2%부터 4%까지의 범위에서 장애인의 주차수요를 고려하여 지방자치단체의 조례로 정하는 비율 이상을 장애인전용 주차구획으로 구분·설치해야 한다. 다만, 부설주차장의 설치기준에 따른 부설주차장의 주차대수가 10대 미만인 경우에는 그러하지 아니하다.

11. 제6조제2항에 따라 지방자치단체의 조례로 부설주차장 설치기준을 강화 또는 완화하는 때에는 시설물의 시설면적·홀·타석·정원을 기준으로 한다.

12. 경형자동차의 전용주차구획으로 설치된 주차단위구획은 전체 주차단위구획 수의 10%까지 부설

주차장 설치기준에 따라 설치된 것으로 본다.

13. 2008년 1월 1일 전에 설치된 기계식주차장치로서 다음 각 목에 열거된 형태의 기계식주차장치를 설치한 주차장을 다른 형태의 주차장으로 변경하여 설치하는 경우에는 변경 전의 주차대수의 2분의 1에 해당하는 주차대수를 설치하더라도 변경 전의 주차대수로 인정한다.

　　가. 2단 단순승강 기계식주차장치: 주차구획이 2층으로 되어 있고 위층에 주차된 자동차를 출고하기 위하여는 반드시 아래층에 주차되어 있는 자동차를 출고해야 하는 형태로서, 주차구획 안에 있는 평평한 운반기구를 위·아래로만 이동하여 자동차를 주차하는 기계식주차장치

　　나. 2단 경사승강 기계식주차장치: 주차구획이 2층으로 되어 있고 주차구획 안에 있는 경사진 운반기구를 위·아래로만 이동하여 자동차를 주차하는 기계식주차장치

14. 비고 제13호에 따라 기계식주차장치를 설치한 주차장을 변경하여 변경 전의 주차대수로 인정받은 후 해당 시설물의 용도변경 또는 증축 등으로 인하여 주차장을 추가로 설치해야 하는 경우에는 비고 제13호 각 목의 기계식주차장치를 설치한 주차장을 변경하면서 줄어든 주차대수도 포함하여 설치해야 한다.

15. '학생용 기숙사'란 기숙사 중 「초·중등교육법」 제2조 및 「고등교육법」 제2조에 따른 학교에 재학 중인 학생을 위한 기숙사를 말한다.

건축과 도로 3단계 핵심 정리

I. 건축법 도로 개념

건축 도로¹⁾	조문	목적(연혁)		
① 도로의 정의	2조1항11호	보·차通路로(교통·피난·방화·위생)		
② 너비	4m (영3조의3)	막다른도로 / 지침(86.12.31)		
③ 법정도로	가목(신설·고시)	완성도로 / ~예정(사용동의)		
④ 지정도로	나목(지정·공고)	허가(62)·신고(92.6.1) / 조례도로		
⑤ 적용완화	제3조2항[비도시·면지역 / 네도시·군지역 / 제5조2·동]			
⑥ 접도의무	제44조(너2개2m점)	예외 ① 출입지장없음 ② (영구공지)		
[도로확인] ① 토지이음(2009.8.13) ② 도로관리대장 ③ 현장조사서 ④ 허가건물				
⑦ 도로 지정의무	제45조1항	허가·위 동의	4m↓지정근가펄	⑤ 허가건물
⑧ 이해관계인 동의	제45조1·2항	사용승낙	(현재↔연혁)	
⑨ (조례지정동의x)	제45조1항 단서	건축위원회 심의	99.2.8도인	
⑩ 도로 폐지(변경)	제45조2 (62.1.20)	이해관계인동의	68.217	
⑪ 도로관리대장	제45조3 (81.10.8)	법정양식(94.7.21)	99.2.8한행	
⑫ 건축후퇴선	제46조	4M이면후퇴	도로중통이	*양면후퇴
[동의없이 만드는 법] ① 76.2.1 전 ② 제44조1항1호 ③ 건축조례 ④ 도시계획조례 ⑤ 민법·판례				
⑬ 개발행위허가	3-2-5 기반시설	사설도로 – (건축법에 맞게)		

II. 공도 찾기

찾는 순서	공부 찾기	찾는 곳²⁾
1. 공부확인	토지이음·조례	토지이음
2. 임장확인	현공사진·연담	현공사진
3. 사유도로	2016다264556	2016다264556
4. 현황도로	관리자·개설자	관리자·개설자
5. 정보공개		정보공개
6. 전문상담		토목·변호사 등
⑤ 도로명주소대장	하기건물	
7. 경계측량	지적재조사법	지적재조사법
8. 대면상담	2004두618	2004두618
9. 서면질의	민원처리법	민원처리법
10. 국토부	해석집·기존질의	해석집·기존질의
11. 법제처	유권해석	유권해석
12. 신청	사전결정·하가신고	사전결정·하가신고
13. 행정소송	2015두41579	2015두41579

III. 맹지탈출 16가지

① 비도시·면지역 ↔ 비도시·읍·동 / 도시지역
② 형질변경여부(개발행위허가·전용하가)
③ 기반시설여부(도로·시설·지정·시설·현황)

구분		
건축법도로	1	국토계획	기반시설 / 도시계획시설
	2	도로법	고시 / 점용·연결허가
	3	사도법	사도개설기준
	4	기타관계령	농어촌도로(개별고시)
	5	지정도로	위치지정·공고 / 대장
현황도로³⁾	6	도시지역	도로대장 없는 도로
	7	녹지·비도시	마을간·사후신고건축
	8	비도시·면지역	비지정 / 용도지역성향
	9	건축조례	해당가구 / 주민오랜통로
	10	민법(판례)	218~220(통행·시설권)
	11	개발행위허가	(사설도로)기반시설
개설도로	12	국공유지사용	법정도로 0번 국공유
	13	하천점용허가	하천별 소하천법
	14	구거점용허가	농업기반시설사용허가
	15	공유수면허가	바다, 바닷가, 호소 외
	16	주민협의	건축법 / 지적재조사 등

1) 연결도, 진입도, 통행도, 통행로, 공도(공로), 농로(농어촌도로, 농도/농어촌도로), 사도(사도통로), 사도별 도로 등 현재 상황이 인지보행 및 긴급자동차통행 기능한 곳으로, 건축허가를 받을 수 있는 도로
란 ① 법정도로에 도로점용(연결허가)를 받거나 ② 지정도로(도로관리대장)에 접도하거나(진도예정) ③ 도시계획예정도로에 접도하면(준공 때에) 통행이 기능한 사설상 통로가
있거나 ④ 배타적 사용권이 제한된 도로라고(줄임에 지정이 없는) 허가면자가 판단한 도로이어야 한다.

2) 한판(비례원칙) > 법령 > 대법원판례 > 법제처해석 > 조례 > 개발행위(허가)지침 > 국토부질의회신 > 건축행정길라잡이 등이 하기공무원을 구속하는 것임

3) 현황(現況)도로란, 현재 상황으로 판단으로 판단하여 맹지탈출을 해야 하는(건축법의 맹지탈출을 해 ① 행정도로 이미 다른 인허가가 난 경우 ② 미리 2개 이상의 주택 진·출입로 사용하고 있는 도로 ③
길이거나 ④ 지적이 0번 것 등도 포함한다. ** 선림정이 "행정도로"란 ① 행정도로 이미 ... 기능한 기준 마을인길 등도
지자체에서 공고목적으로 포함하는 도로 ④ 지상건축물이 기능한 기준 마을인길 등도

부동산 투자에 성공하려면, 많은 사람이 선호하는 부동산을 저렴하게 구입하여 보유 기간 동안 높은 수익도 창출하면서 매도 시 큰 시세 차익을 남겨야 한다. 즉, 환금성, 수익성, 안정성을 모두 가진 부동산에 투자하여야 한다.

잘 아시다시피 부동산은 금융 상품과 달리 환금성이 약한 상품이다. 특히 토지는 아파트와 달리 객관적 시세를 알 수 없으므로 환금성이 더더욱 약하다. 그런데도 많은 사람들이 토지에 관심을 두는 이유는 특정 지역의 개발로 인하여 지가가 일시적으로 폭등하면 큰 시세 차익을 얻을 수 있기 때문이다.

여러분이 토지 투자에 성공하려면 개발 호재가 있는 곳에 남보다 한발 빠른 투자를 하면 되겠지만, 개발 호재보다 오히려 내재 가치 있는 토지에 투자하는 것이 더 확실한 성공이 될 것이다. 이 내재 가치를 분석하는 방법의 첫 번째는 투자하려는 토지가 '그 지역에서 많은 사람들이 선호하는 용도의 건축허가가 되는지'일 것이다.

또한, 건축허가 여부를 결정하는 첫 단추는 '대지(=투자하려는 토지)가 도로에 접해 있거나 또는 대지가 도로와 연결될 통로가 있느냐'이다. 그런데 대지가 도로에 접해 있어도 그 도로의 소유자로부터 별도의 허가 또는 사용승낙을 받아야 한다면, 대지의 가치는 그렇지 않은 토지에 비해 상대적으로 낮을 것이다.

건축법의 접도接道 의무에 대한 판단은 곧 맹지 탈출 방법을 찾는 것인데, 그 진입로의 형질변경 여부에 따라 크게 두 가지로 나눌 수 있다. (ㄱ) 현황도로를 이용하여 (진입로를 형질 변경을 하지 않고) 건축법의 접도의무를 다하는 것과 (ㄴ) 국토계획법의 개발행위허가를 통하여 접속시설(=기반시설)을 새롭게 만드는 것이다.

특히 대형 토지가 맹지인 경우에는 도로 개설을 위하여 상당한 금액이 소요되더라도, 그 투자로 인하여 개발하려는 대형 토지의 가치가 몇 배로 오른다면, 그 도로를 만들어 무상으로 기부(채납)하는 방법도 좋다는 것이다.

현재 국토교통부에는 허가신청자인 국민을 위한 건축허가와 관련된 건축법 및 국토계획법에 대한 통일된 업무편람이 없고, 법조문과 건축조례가(조례로 지정할 수 있는 도로) 제대로 다듬어지지 않아서 국민의 고통이 엄청난데도, 국토교통부 및 일선 지자체장은 현행 건축법의 개정에 엄두를 내지 못하고 있는 것 같다. 국토부에서는 국민을 위한 업무편람을 하루빨리 제정하고, 건축법을 개정할 필요가 있다.

디디알부동산연구원

원장 배 연 자

디디알부동산연구원　www.ddr114.co.kr

맹지 탈출
노하우

건축과
도로

맹지 탈출 노하우
건축과 도로

개정판 1쇄 발행 2020년 11월 25일
개정판 3쇄 발행 2023년 01월 20일
지은이 서영창

펴낸이 김양수
편집·디자인 이정은
교정교열 박순옥

펴낸곳 도서출판 맑은샘
출판등록 제2012-000035
주소 경기도 고양시 일산서구 중앙로 1456(주엽동) 서현프라자 604호
전화 031) 906-5006
팩스 031) 906-5079
홈페이지 www.booksam.kr
블로그 http://blog.naver.com/okbook1234
이메일 okbook1234@naver.com

ISBN 979-11-5778-466-0 (03320)